GERHARD SCHWEIZER

Mit offenem Blick

Begegnungen mit fremden Kulturen

Klett-Cotta

MIX
Papier aus verantwortungsvollen Quellen
FSC® C014496
FSC
www.fsc.org

Klett-Cotta
www.klett-cotta.de

Printed in Germany
Cover: Rothfos & Gabler, Hamburg
unter Verwendung eines Fotos von © iStock, zodebala
Gesetzt von Dörlemann Satz, Lemförde
Gedruckt und gebunden von GGP Media GmbH, Pößneck
ISBN 978-3-608-96377-9

Bibliografische Information der Deutschen Nationalbibliothek:
Die Deutsche Nationalbibliothek verzeichnet diese Publikation
in der Deutschen Nationalbibliografie; detaillierte bibliografische
Daten sind im Internet über http://dnb.d-nb.de abrufbar.

Für Brigitte

Inhalt

Soziale und religiöse Krisen

Zusammenprall der Kulturen

Einleitung
Über die eigene Kultur hinaus

Faszination und Irritation

Kamele und Dattelpalmen ... Frauen in leuchtend bunten Saris, Männer mit Turban ... Pagoden inmitten von Reisterrassen ... Es sind stereotype Sehnsuchtsbilder für Reisende, die einen starken Kontrast zum eigenen Kulturraum suchen. Aber eine meiner ersten grundlegenden Erfahrungen unterwegs war, dass ich die größten Überraschungen nicht dann erlebte, wenn ich mich erwartungsvoll auf die Oberflächenexotik konzentrierte, die jeder Reiseprospekt anbietet. Die verblüffendsten Einsichten stellten sich vielmehr bei meinen zahlreichen, oft beiläufig erscheinenden Gesprächen mit Einheimischen ein.

So wurde ich anfangs meist gefragt, ob ich verheiratet sei, welchen Beruf ich ausübe, welcher Religion ich angehöre. Und solche Gespräche mündeten immer wieder in Diskussionen darüber, was die Unterschiede zwischen Menschen in westlichen Industriegesellschaften und denen in anderen Kulturen seien. Im Detail ging es um Differenzen im Verständnis von sozialem Leben, von Politik, von Religion, von Toleranz, von Freiheit, von Individualität. Gerade die Diskussionen, die sich meist zufällig in Eisenbahnabteilen, in Autobussen, in Teestuben, in Basaren, in religiösen Kultstätten ergaben, führten mich immer wieder über bisher vertraute Denkmuster hinaus.

Fremde Kulturen verstehen ... Mit offenem Blick reisen, die Welt erfahren ...

Im vorliegenden Buch schildere ich am Beispiel meiner Reisen, wie schwierig es ist, nun tatsächlich über die festgefügten Strukturen unseres eigenen Kulturraums hinauszudenken. Mögen auch die Städte weltweit in ihrem Erscheinungsbild mit Betonwohnblocks und Hochhäusern nach dem Vorbild westlicher Zivilisation immer gleichförmiger werden, mag auch die Kleidung im westlichen Stil global immer uniformer erscheinen, mag auch der Gebrauch einer international genormten Technik in die letzten Winkel der Welt vordringen – unter dem Firnis einer solchen Globalisierung überdauern trotzdem tiefgehende Unterschiede zwischen den einzelnen Kulturen. Diese Problemlage werde ich anhand zahlreicher Begegnungen während meiner Reisen veranschaulichen. Hierbei lege ich besonderes Gewicht auf Beobachtungen, wie sie jeder Reisende mit Lust am Entdecken, mit Neugier auf fremde Kulturen machen kann.

Je intensiver sich westliche Reisende – wie auch westliche Leser – auf die Begegnung mit fremden Kulturen einlassen, desto deutlicher wird für sie, dass die eigenen Maßstäbe ihre scheinbar objektive, scheinbar universale Allgemeingültigkeit verlieren. Ich versuche, die vorhandenen Vorurteile und Missverständnisse zu veranschaulichen, die sich bei dem Blick auf das Fremde ergeben, und beschreibe die Begegnung mit dem »ganz Anderen« als eine Selbsterfahrung mit vielen Entwicklungsstufen. In diesem Zusammenhang gehe ich auf den Grundgedanken ein, dass das Reisen in die Ferne auf erstaunlich verschlungenen Umwegen zu einer intensiven Begegnung mit der eigenen Kultur zurückführen kann. Der Umweg über die Ferne hilft, Europa und den »Westen« aus einer neuen Perspektive, von außen zu sehen und gerade auf diese Weise verändert wahrzunehmen.

Was bedeutet es, unverwechselbar ein Europäer zu sein – im Kontrast zu fremden Kulturen? Ich schildere Schauplätze von Nordafrika über Vorderasien und Indien bis in den Fernen Osten, weil ich diese seit nahezu sechzig Jahren aus eigener Erfahrung kenne – und dabei Europa verstehen gelernt und mich selbst als Europäer entdeckt habe.[1] Die Begegnung mit fremden Kulturen bedeutet gerade auch eine Selbsterfahrung, eine Begegnung mit dem eigenen Ich, oder präziser ausgedrückt: mit dem touristisch ausgeprägten Ich. Die Auseinandersetzung mit diesem Aspekt soll aber nicht das Subjektive in den Vordergrund rücken, sondern soll verdeutlichen, dass der individuelle Blick auf das Fremdartige gar nicht so individuell ist, denn dieser Blick ist stark von gesellschaftlichen Prägungen abhängig.

Diese Erfahrungen schildere ich vor dem Hintergrund, dass das Phänomen des Reisens in den vergangenen zwei Jahrhunderten epochalen Veränderungen ausgesetzt war. Über viele Jahrhunderte waren nur Diplomaten, Kaufleute und Pilger auf weiten Reisen unterwegs, ansonsten Notleidende auf Arbeitssuche und politisch Verfolgte; die touristische Neugier auf fremde Welten ist folglich eine relativ junge Erscheinung. Diese neue Form des Reisens hat Mitte des 18. Jahrhunderts in Westeuropa begonnen und Mitte des 19. Jahrhunderts breitere Schichten des wohlhabenden Bürgertums erfasst. Eine große Dynamik hat diese Entwicklung allerdings erst in den 1960er- und 1970er-Jahren erfahren, als nun in westlichen Industriestaaten auch das Kleinbürgertum und die Arbeiterschaft sich zunehmend die touristische Mobilität leisten konnten. Nach Angaben der »World Tourism Organization« wurden 1950 erst rund 25 Millionen Reisende gezählt, die von einem Land in ein anderes unterwegs waren. Im Jahr 2018 waren es bereits 1,4 Milliarden Touristen, Tendenz weiter steigend.[2] Das Bedürfnis des touristischen Reisens hat aber inzwischen auch Völker uns fremder Kulturen erfasst. All das sind Entwicklungen, deren Ursachen und Konsequenzen zu hinterfragen sind.

Meine eigene Biographie fügt sich in diesen globalen Umbruch ein. Ich wurde 1940 geboren und reiste 1960 erstmals außerhalb der Grenzen Europas. Damals konnte ich noch eindringlich erleben, was es bedeutet, in Ländern unterwegs zu sein, die bis dahin noch kaum von Touristen bereist wurden – die aber Jahrzehnte später vom Massentourismus überrollt worden sind. So gehörte etwa zu einer meiner ersten grundlegenden Erfahrungen, dass ich oft innerhalb weniger Stunden den Eindruck hatte, von einem Jahrhundert in ein anderes zu wechseln – so in Regionen, in denen noch immer das Kamel oder das Maultier und nicht das Auto für den Warenverkehr über weite Strecken zuständig war, in denen der Ochse noch immer als Zugtier für Karren diente und nicht der Traktor. Es waren Regionen, in denen die meisten Bewohner noch immer nur eine vage Vorstellung davon besaßen, was sich außerhalb ihrer kleinen überschaubaren Lebenswelt abspielte. Aber ebenso bedeutete es für mich eine grundlegende Erfahrung, dass sich solch völlig autonom existierende Kulturräume innerhalb von nur wenigen Jahrzehnten drastisch veränderten, indem auch dort die westliche Zivilisation vordrang – und sich dort ein starkes Konfliktpotential entwickelte. Auf derartige kulturelle Umbrüche werde ich mit eigenen Beobachtungen besonders eingehen. Es sind Erlebnisse von der »Gleichzeitigkeit des Ungleichzeitigen«, wie der Philosoph Ernst Bloch diese grundlegende Konfliktkonstellation unserer Moderne benannt hat. Und es sind Veränderungen, die wir vor dem Hintergrund der Globalisierung sehen müssen. Gekoppelt daran sind die Fragen, ob nun die positiven oder negativen Auswirkungen überwiegen, ob sich durch die Umbrüche weltweit der Wohlstand vermehrt oder ob sich nicht die Kluft zwischen reichen und armen Regionen vertieft.

Zu einer weiteren wichtigen Erfahrung gehört in diesem Zusammenhang gerade auch, mit einer harten sozialen Realität konfrontiert zu sein: mit ausgedehnten Elendsvierteln, die in den Ballungszentren großer Städte durch Zuwanderer aus verelendeten Dörfern entstanden sind. Die Probleme von Armut und sogenannter Unterentwicklung sind aber inzwischen nicht nur eine schmerzhafte Erfahrung, die man in »Entwicklungsländern« selbst machen kann. Die Situation hat sich spätestens seit den 1990er-Jahren dramatisch dahingehend verändert, dass die Wanderungsströme der Notleidenden keineswegs mehr allein in den Großstadtslums ihres Heimatstaats enden – inzwischen ist aus der Binnenmigration eine globale Migration geworden, und sie wird in westlichen Medien häufig als der »Beginn einer Völkerwanderung« bezeichnet. Die Notleidenden der sogenannten Dritten Welt gelangen aufgrund verbesserter Verkehrswege bis nach Europa und brechen in dem Glauben auf, dort noch am ehesten soziale Sicherheit zu finden sowie finanziell überleben zu können. Hinzu kommen in immer größerer Zahl Flüchtlinge aus Bürgerkriegsregionen in Vorderasien und Afrika. Angesichts derartiger Umbrüche werden die Befürchtungen immer intensiver, dass eine solch massenhafte Zuwanderung von Menschen aus fremden Kulturen in Europa einen »Zusammenprall der Kulturen« zur Folge haben könnte. Die Konsequenz wäre, dass die Europäer in ihrer eigenen kulturellen »Identität« nachhaltig erschüttert würden.

Der Begriff »fremde Kulturen« verliert spätestens hier den Charme des Exotischen und bekommt eine völlig neue Bedeutung. Wir, die Bewohner saturierter westlicher Industriestaaten, waren es bisher gewohnt, die Einzigen zu sein, die in größerer Zahl in weit entfernte Länder reisten oder in sie eindrangen. Diese Entwicklung begann im Zeitalter des Kolonialismus, damals waren es Eroberer mit dem Gefühl einer zivilisatorischen Überlegenheit, und seit dem 20. Jahrhundert sind es zunehmend westliche Geschäftsreisende und Touristen. Umso irritierter reagieren wir in westlichen Industriestaaten, wenn nun umgekehrt Menschen aus fremden Kulturen in immer größerer Zahl nach Europa und Nordamerika kommen, also »bei uns eindringen«. Neben »Gastarbeitern« sowie Flüchtlingen aus Elendsgebieten der islamischen Welt und Afrikas sind es längst auch Geschäftsleute und Touristen aus dem wirtschaftlich aufstrebenden Fernen Osten.

Eine solche Entwicklung kann hochinteressant erscheinen und die intellektuelle Neugier wecken, weil »unsere« Gesellschaft mehr als bisher »multi-kulturell« sein wird. Eine solche Entwicklung kann aber auch beträchtliche Ängste auslösen. Das Letztere gilt besonders dann, wenn arbeitssuchende Zuwanderer die ungelösten politischen, sozialen und religiösen Konflikte ihrer Heimat mitbringen und es schwer haben, sich in die westliche Gesellschaft zu integrieren.

In diesem Zusammenhang ergeben sich weitere Fragen: Weshalb sind viele der westlichen Industriestaaten relativ wohlhabend, weshalb »entwickelt«? Und weshalb bleiben ausgerechnet viele Länder der islamischen Welt sowie auch im südlichen Asien »unterentwickelt«? Es handelt sich doch um Kulturräume, die einige Jahrhunderte früher in mancher Hinsicht jenen des Abendlands an Errungenschaften voraus waren.

Andererseits treffen wir heute in Ostasien auf Staaten, die noch vor nahezu sechs bis sieben Jahrzehnten ebenfalls als »Entwicklungsländer« oder bestenfalls als »Schwellenländer« galten, inzwischen sind sie aber wirtschaftlich, politisch sowie kulturell zu Konkurrenten für westliche Industriestaaten geworden. Die Welt des Fernen Ostens ist durch diesen Wandel nicht mehr so fern, aber auffällig nah rückt sie uns erst dadurch, dass ihre Menschen nun immer mehr auch in Europa präsent sind, ob als Geschäftsleute oder als Touristen. Diese so gegensätzlichen Entwicklungstendenzen lassen es umso dringlicher erscheinen, dass wir uns mit fremden Kulturen auseinandersetzen.

Das Jahr 2020 bringt allerdings durch die globale Ausbreitung des Corona-Virus noch weitere sehr ambivalente Signale einer Veränderung. Wir erleben, dass durch eine Seuche mit bisher nicht gekannten Ausmaßen soziale, wirtschaftliche sowie politische Strukturen in der ganzen Welt einer Zerreißprobe ausgesetzt sind. Über nachhaltige Folgen sind seriöse Analysen allerdings erst nach vielen Monaten oder gar erst in einem Jahr möglich. Daher werde ich im vorliegenden Buch auf diesen Aspekt nur am Rand eingehen. Doch Begegnungen mit fremden Kulturen sind auch schon lange vor der Corona-Krise mit einer Fülle von Problemen aufgeladen gewesen, die noch Jahrzehnte aktuell bleiben werden.

Ich beginne aber mit Schilderungen aus den Anfängen meiner »Entdeckungsreisen«, als ich noch Schwierigkeiten hatte, über das subjektive Erleben – meine eigenen touristischen Befangenheiten – hinaus das Fremde wahrzunehmen.

Begegnungen mit dem touristischen Ich

Eine schwierige Konfrontation

»Orient« und andere Träume

Eine erste Ernüchterung in Marokko

»Aladin lebt noch in Marokko. Tausend und eine Nacht und viele schöne Ferientage gilt es zu erleben.« So las ich in einem Ferienkatalog der *Tourist-Reisen* im Sommer 1984. »Tetuan ist schon von weitem sichtbar mit seinen Türmen und schneeweiß schimmernden Häusern, das begeisternde Traumbild einer morgenländischen Stadt.« Diese Hymne stammt aus einer Werbebroschüre für eine Marokko-Rundreise von *Ikarus-Tours* 1990.

Fast drei Jahrzehnte zuvor, im Oktober 1960, war ich zum ersten Mal über die Grenzen Europas hinausgekommen. Ich war über Frankreich, Spanien und die Meerenge von Gibraltar nach Marokko gereist – ein Flug war damals noch zu teuer. In Tetuan hatte ich das erste Mal »orientalische« Atmosphäre erlebt. Allerdings gab es 1960 nur wenige Reiseprospekte; der Tourismus in außereuropäische Länder befand sich noch in seinen Anfängen. Aber hätte ich solche Prospekte damals zu sehen bekommen, hätte ich diesen Texten voll und ganz zugestimmt. Eine solch psychologisch effektvolle Werbung entsprach exakt meinen Bedürfnissen.

Tetuan, die als märchenhaft angepriesene Stadt, war mein erstes größeres Ziel im äußersten Norden Marokkos. Als sich der Bus Tetuan näherte, genoss ich diesen ersten

Blick genauso, wie er im Reiseprospekt beschrieben wurde: eine Stadt mit einer Vielfalt an Minaretten und Kuppeln. Orient? Aber vom Balkon meines Hotelzimmers blickte ich auf einen Platz, auf dem westlich gekleidete Marokkaner überwogen, ein Platz, auf dem Autos und Motorräder parkten. Ein solcher Platz bedeutete für mich noch Europa, ein südländisches Europa zwar, aber eben doch Europa – deutlich geprägt von der spanischen Kolonialherrschaft in der ersten Hälfte des 20. Jahrhunderts. Ja, hier zeichnete sich für mich bereits in ersten Ansätzen eine Art Einheitszivilisation der Zukunft ab: überall auf der Welt ähnliche Häuser, die gleiche westliche Bekleidung, Autos und Motorräder, Shops und Restaurants.

In jenem Oktober 1960 suchte ich, ein zwanzigjähriger Student, den »Orient« als Kontrast zur eigenen Lebenswelt. Ich fand den »Orient« – nur wenige Gehminuten von meinem Hotel entfernt. Abrupt endete die linealgerade Neustadtstraße bei einem rotgetünchten Stadttor mit maurisch geformtem Bogen. Dahinter betrat ich ein Labyrinth gewundener Gassen, zu eng für jedes Auto, wimmelnd von Menschen in bunter Kleidung, Kapuzenmänteln, Turbanen. Fast alle Frauen waren mit Gesichtsschleiern und Kopftüchern verhüllt ... Zwischen die flirrenden Farben schoben sich als weitere Farbtupfer Reiter auf Eseln, Männer mit Handkarren, beladen mit Obst oder Stoffballen. Dazwischen immer wieder völlig unerwartete Ausblicke auf Kuppeln, Minarette, Torbögen und Dachfirste, alle kunstvoll ornamentiert – eine Architektur, deren Verfeinerung und Charme mir jedem historisch gewachsenen Viertel abendländischer Städte gleichrangig erschienen.

In dieser Altstadt von Tetuan erfuhr ich 1960 jenes einmalige, unwiederholbare Überraschungsmoment, abrupt nicht nur in eine völlig andere Kultur, sondern auch in eine weit zurückliegende Epoche katapultiert zu sein. Das sei eine Welt, die um vieles farbiger und um vieles sinnenfreudiger wirke als die unserer westlichen Zivilisation. So schrieb ich 1960 in mein Reisetagebuch. Zwar biete auch schon eine historisch gewachsene Altstadt in Europa ein kontrastreiches Flair zu einer gleichförmigen Allerweltsarchitektur – aber das Orientalische sei eine Steigerung, sei in seiner Andersartigkeit nicht zu übertreffen. Mehr noch: Hier sei man mit einer Kultur konfrontiert, die sich viel langsamer verändere als die unsere. Nicht diese Hektik, bei der man sich ständig auf neue Veränderungen einstellen müsse, nicht diese Hektik, durch die das Gewohnte und Vertraute allzu rasch verschwinde, nicht diese Hektik, die doch nur dazu diene, alle kulturelle Vielfalt zu vernichten.

Orient ... Ich habe einleitend bereits darauf hingewiesen, dass die Begegnung mit fremden Kulturen auch eine Selbsterfahrung, eine Begegnung mit dem eigenen Ich, bedeutet. Eine solch immer wieder neu gewonnene Einsicht rückt mir besonders die Anfänge meiner Entdeckungsreisen in ein neues Licht. Gerade mit Blick auf die 1960er-Jahre werde ich mir selber fremd. Und vergleiche ich die Erwartungshaltung von damals mit meinem späteren Verhalten, so wird mir nachdrücklich klar, wie vielschichtig, ja wie widersprüchlich die Begegnung mit dem »ganz Anderen« sein kann.

Die Neustadt von Tetuan ... Außer dem Weg vom Hotel zum Tor der Altstadt durchstreifte ich nur flüchtig die linealgeraden Straßen mit ihren Bauten im spanischen Kolonialstil. Aber gerade am Rand der Neustadt erlebte ich eine weitere Überraschung, die zu den prägenden Eindrücken meiner ersten Reise in den Orient gehören sollte.

Nahe dem Stadttor sprach mich ein junger Marokkaner auf Französisch an. Er, in Bluejeans und Poloshirt, war Student der Ingenieurswissenschaften, wohnte in Casablanca und war jetzt für ein paar Tage hier zu Besuch bei seinen Eltern. Er interessierte sich für die beruflichen Chancen in »Allemagne«. Er wolle unbedingt im Ausland arbeiten, vielleicht auch auf Dauer im Ausland leben. Warum das? Der junge Marokkaner machte eine wegwerfende Handbewegung. Es gebe hier so wenig Chancen. Warum ich eigentlich nach Marokko käme, fragte er. Ich erzählte ihm von meinen Eindrücken in den verwinkelten Gassen der Altstadt von Tetuan, dieser so »andersartigen Kultur«. Kultur? Seine Augenbrauen schnellten hoch. Kultur befinde sich hauptsächlich in der Neustadt, ich müsse die neue Siedlung unbedingt sehen, welche am Westrand von Tetuan entstehe, der moderne Standard dort unterscheide sich in nichts von Wohnvierteln in Frankreich. – Ich würde aber gerade den Unterschied suchen, mir käme es darauf an, das kennenzulernen, was die orientalische Kultur grundsätzlich von der westlichen unterscheide.

Orientalische Kultur ... Er dehnte die Vokale unwillig, indem er meinen Tonfall nachahmte. »Orient? Was ist das?« Er betonte jedes Wort bei dieser Frage und erklärte dann: Das sei ein Schlagwort, das von den Europäern erfunden worden sei. Er wies mit einer kurzen Handbewegung auf einen vorbeigehenden Mann mit Turban und Burnus. Ob ich so etwas mit orientalischer Kultur meine? So etwas würde in zwanzig bis dreißig Jahren völlig verschwunden sein. Er prophezeie mir schon heute, dass Marokko sich in ein bis zwei Generationen völlig von den alten Traditionen gelöst haben werde. Alle Marokkaner seien dann westlich gekleidet und nicht mehr von Europäern zu unterscheiden.

Auch die Frauen ... Er wies mit einer vagen Kopfbewegung zu einer völlig verhüllten Gestalt hin. Solche verschleierten Frauen werde es auch bald nicht mehr geben.

Ich schwieg. Und ich ertappte mich bei dem Gedanken, dass ich es schade fände, wenn dieses Flair völlig von Marokkos Straßen verschwände. Schließlich sagte ich: Natürlich müsse sich einiges verändern, aber radikale Reformen würden die eigentlichen Probleme nicht lösen. Alles, was zu schnell gehe, provoziere Rückschläge, rufe Widerstand hervor. – Widerstand bei wem? Seine Frage kam in scharfem Ton. Bei einem Großteil der Bevölkerung, antwortete ich. Bei ungebildeten Leuten, widersprach er. Ob ich Sympathie für die reaktionäre Haltung ungebildeter Leute hätte?

Wieder schwieg ich. 1960 war ich auf solch eine Diskussion noch nicht vorbereitet, vor allem nicht, wenn der Gesprächspartner derart emotional reagierte. Noch am selben Tag stellte ich mir die Frage, ob ich auch dann noch die islamische Welt bereisen würde, wenn der äußere Reiz bunter Exotik an Intensität verlieren würde.

1960 war Marokko gerade vier Jahre aus der Kolonialherrschaft entlassen worden. Weder die spanischen Kolonialherren im Norden noch die französischen im Süden hatten ihre Fremdherrschaft gegen den wachsenden Widerstand länger aufrechterhalten können. Unter den Marokkanern herrschte damals großer Zukunftsoptimismus, zumal Sultan Mohammed V. noch regierte, der als eine Symbolfigur der Unabhängigkeitsbewegung wie auch als Hoffnungsträger für eine bessere Zukunft verehrt wurde. Irritierend erschien mir damals nur die Begegnung mit dem jungen Marokkaner in Tetuan, der unbedingt im Ausland arbeiten wollte, weil er in der Heimat keine Chance sah.

1960 konnte ich mir nicht vorstellen, dass ich Marokko

nur zwei Jahrzehnte später als ein Land erleben würde, das von sozialen und religiösen Spannungen zerrissen war. Und dass ich mir dann, während der Regierungszeit von Sultan Hassan II. von 1961 bis 1999, rückblickend folgende Frage stellen sollte: War Marokko bei meiner ersten Begegnung noch völlig anders gewesen – oder hatte mich nur mein *anderer* Blick auf das Fremde an einer genaueren Wahrnehmung gehindert?

Diese Frage hat sich jedoch zu Beginn des 21. Jahrhunderts, seit Marokko unter der Herrschaft des Sultans Mohammed VI. steht, keineswegs erledigt. Im Gegenteil. Nun kam ein weiterer kritischer Punkt hinzu: Die international vernetzten Organisationen al-Qaida und Islamischer Staat (IS) konnten besonders in Marokko sozial und kulturell entwurzelte Muslime für Terroranschläge im eigenen Land sowie weltweit anwerben. Ins Bewusstsein der Weltöffentlichkeit eingeprägt haben sich bis heute die Attentate in Casablanca am 16. Mai 2003 mit 40 Toten und über 100 Verletzten, in Madrid am 11. März 2004 mit 192 Toten und rund 2050 Verletzten und in Marrakesch am 24. April 2011 mit 17 Toten. Laut einer Statistik des Jahres 2016 rangierten Marokkaner an vorderster Stelle, die als Zuwanderer im damaligen Herrschaftsgebiet der Terror-Organisation Islamischer Staat lebten.[1] Solche Muslime schockieren mit ihrem tiefen Hass gegen den »Westen« (darüber mehr im Abschnitt *Entwurzelte Muslime und »Heiliger Krieg«*).

Wie diese Widersprüche auf einen Nenner bringen? Fragen wie diese sollten mich auf weiteren Reisen begleiten.

»Ich merke, Sie sind Tourist«

Eine zweite Ernüchterung in Tunesien

Hinter mir hörte ich auf Französisch die Frage, aus welchem Land ich käme. Neben mir ging plötzlich ein etwa vierzigjähriger Mann, der sich mit seinem weißen Burnus und dem roten Fez äußerlich in keiner Weise von anderen Männern dieser traditionellen Umgebung unterschied. »Oh, Sie sind aus Deutschland?« Zu meiner Verblüffung redete er mich nun auch noch in fließendem, beinahe akzentfreiem Deutsch an. Er freue sich, einen Deutschen in Tunis zu treffen. Ob er mich zu einer Tasse Tee einladen dürfe? Er habe schon seit Wochen mit keinem Deutschen mehr gesprochen.

Es war im September 1962. Wir saßen in einer Teestube der Altstadt mit Blick auf eine Moscheekuppel. Wie mir Tunis, wie mir Tunesien gefalle, lautete seine einleitende und wenig überraschende Frage. Ich antwortete, Tunis würde zu Recht als eine der interessantesten Städte des Landes gelten, Tunis übertreffe alle meine Erwartungen, ich könne mich nicht sattsehen an der orientalischen Architektur, den bunt gekleideten Menschen, dem Flair …

Der Tunesier hörte mir lächelnd – und, wie mir schien, mit skeptisch hochgezogenen Augenbrauen – zu. Dann kam eine für mich verblüffende Frage: Ob ich es nicht hier sehr schmutzig fände? Er wies mit einer weitausholenden Handbewegung von der Moscheekuppel über die Hauswände hin zur Gasse.

Schmutzig? Ich entdeckte bei näherem Hinsehen Risse und bröckelnden Verputz an den Mauern, allerlei Abfall in den Rinnsteinen der Gasse. Ich tat die Entdeckung mit einem Kopfschütteln ab. So etwas störe mich nicht. – Aber in Deutschland sei doch alles sauber und sehr geordnet, sagte er. – Zu sauber, zu geordnet, sei in Deutschland alles, antwortete ich und erschrak über meinen Affekt. Er registrierte meine Antwort sichtlich irritiert. Diese Gasse hier, sagte ich und suchte nach Worten, habe eine ungewöhnliche Atmosphäre, sie sei sehr exotisch ...

Er lachte. »Ich merke, Sie sind Tourist«, sagte er.

Es schmerzte mich, dass er mich als Touristen bezeichnete. Für einen Moment entstand eine quälende Pause.

Woher er so gut Deutsch spreche, wollte ich wissen. Ob er es in Deutschland gelernt habe? – Nein, dort sei er bis jetzt nicht gewesen. In Tunis habe er Deutsch gelernt. – Was er beruflich mache? – Er sei ein Tourist Guide. – Ob es hier in Tunis schon viele Touristen gebe, fragte ich überrascht. Er antwortete: Einzelreisende gebe es eher selten, aber Reisegruppen seien öfter hier. Er führe Reisegruppen. Heute Abend käme eine französische Reisegruppe, nächste Woche eine deutsche. Der Tourismus habe in Tunesien eine große Zukunft. Jawohl, die Gruppen würden mit dem Flugzeug anreisen, auch das sei die große Tendenz für die Zukunft. Er lächelte, als ich ihm erklärte, ich sei auf dem Landweg über Italien bis nach Palermo und von dort mit dem Schiff nach Tunis unterwegs gewesen. – Wie lange ich denn gebraucht hätte? – Drei Wochen habe das gedauert, ich hätte mir ja in Italien manche Stadt angesehen. – Und der Rückweg wieder drei Wochen? – Ja, ich hätte Semesterferien, ich hätte Zeit dafür. Er zog wieder die Augenbrauen hoch. Bei diesem Punkt hatte er offenbar Schwierigkeiten, mich zu verstehen.

Nachdem wir Tee getrunken hatten, begleitete er mich noch plaudernd bei einem Bummel durch die Gassen. Plötzlich nahm er seinen Fez ab und setzte ihn mir auf den Kopf, betrachtete mich amüsiert und führte mich zu einem Spiegel bei einer Basarbude. Ich war wenig begeistert bei dem Anblick, mein Gesicht erschien mir zu blass im Kontrast zu dem tiefroten Fez. Oh nein, oh nein, beschwichtigte er, das sehe sehr gut aus, ich solle jetzt auch noch seinen Burnus anziehen. Ich zögerte. Er klopfte mir lachend auf die Schulter. »Das ist exotisch«, sagte er. Ich zögerte immer noch, war aber neugierig, welche Kleidung bei ihm unter dem traditionellen Umhang zum Vorschein kam.

Ich blickte auf eine westlich geschnittene Jacke, ein kariertes Hemd und Bluejeans. Der Tunesier merkte mein Erstaunen und schien nun seinerseits irritiert. Er zog sich den Hemdkragen zurecht, als hätte ich dort eine Unregelmäßigkeit entdeckt. Dann sagte er: Er müsse mich unbedingt fotografieren. Ob er dürfe? Er klopfte mit der Hand an meine Fototasche, bevor er mich unter einen weißgetünchten Torbogen führte. Meine Kamera bediente er sehr routiniert, als habe er das schon oft gemacht. Dann klatschte er in die Hände und winkte einem Vorbeigehenden, den er zu kennen schien. Er bat ihn, ein Foto von uns beiden zu machen. Er stellte sich neben mich: ein westlich gekleideter Tunesier und ein tunesisch gekleideter Westler auf einem gemeinsamen Bild. »Das ist exotisch«, sagte er nun noch einmal mit breitem Lächeln, wobei ich schwer einschätzen konnte, inwieweit er das ironisch meinte. Anscheinend verfuhr er in dieser Art mit seinen französischen und deutschen Reisegruppen.

Ob er in seiner Freizeit eher traditionelle oder westliche Kleidung bevorzuge, wollte ich wissen. – Mal dies, mal das. – Ob er in der Neustadt oder in der Altstadt wohne? – In der Neustadt. – Weshalb in der Neustadt? – Es sei dort modern. – Er bevorzuge also den Lebensstil dort? – Er schätze das eine, er schätze das andere. – Er sehe also zwischen beiden Verhaltensformen keinen Widerspruch? – Nein. Er schätze das eine, er schätze das andere, wiederholte er beharrlich.

»C'est moyen âge« ... Plötzlich wies er mit einer schwungvollen Geste auf einen Mauleselreiter mit grellrotem Turban und setzte auf Deutsch hinzu: »Das ist Mittelalter«. Er sagte das in einem Ton, als ob er jetzt Fremdenführer sei und er genau wüsste, was sein Kunde von ihm an Erklärungen erwarte. Und wieder schien es mir so, als ob eine leichte Ironie in seiner Stimme läge. Wie dachte er über die Fremden? Ob er mich nicht durch die Altstadt führen könne, fragte er mit einem Mal. Er biete mir einen Spezialpreis. – Nein, danke, ich hätte schon alles gesehen. – Das sei unmöglich. Nur mit einem Guide könne man alles sehen. Er biete mir einen besonderen Preis. – Ich sei gewohnt, alles auf eigene Faust zu erkunden. – Er biete mir einen Spezialpreis, einen Spezialpreis, ja? Als es ums Geschäftliche ging, stellte er seine Beharrlichkeit nun erst recht unter Beweis. Er folgte mir noch durch mehrere Gassen, ununterbrochen auf mich einredend. »Ich bin kein Tourist«, betonte ich. »Einen Spezialpreis«, wiederholte er.

Wie ihm erklären, dass ich mich im Gegensatz zu einem Touristen als einen Reisenden betrachtete, der ... ja, was eigentlich? Eine derartige Diskussion war schon mit Deutschen ein Problem. Alle Touristen seien bisher mit ihm zufrieden gewesen, erklärte er.

Es war eine schmerzliche Erfahrung, Tourist zu sein.

Ein Fremder in einer Oase

»Unberührte« Insel in Tunesien

Als »Tourist« – eine Einsicht, der ich mich auf Dauer nicht entziehen konnte – reiste ich weiter ins Landesinnere. Ich kam nach Sousse und Kairouan, deren historisch gewachsene Altstädte ihren »orientalischen Charme« noch ganz bewahrt hatten. Von dem Tourist Guide in Tunis abgesehen konnte ich 1962 noch mit dem Gefühl reisen, dass die meisten Einheimischen mich nicht als »Touristen« betrachteten, sondern als einen der eher seltenen Fremden, auf den man in den meisten Städten und erst recht in Oasen neugierig war. In den Neustadtvierteln sprach ich allerdings vorwiegend mit Tunesiern, die meist westlich gekleidet waren, eine Schule besucht hatten und Französisch beherrschten. Charmant und großzügig wie sie waren, luden mich viele zu einer Tasse Tee ein. Mich überraschte es, dass etliche fragten, wie denn die Arbeitsbedingungen in Deutschland seien. Könne man als Tunesier ein Arbeitsvisum für Deutschland bekommen? Solche Fragen erinnerten mich an den jungen Marokkaner in Tetuan. Ebenso wie er sahen sie nur geringe Chancen, sich beruflich im eigenen Land entfalten zu können.

Wie das? Tunesien war 1956, im selben Jahr wie Marokko, aus der französischen Kolonialherrschaft in die Unabhängigkeit entlassen worden. In Tunesien regierte seit 1957 Habib Bourguiba, der in Paris Jura und Politikwissenschaft studiert hatte und mit einer Französin verheiratet war. Wie der marokkanische Sultan Mohammed V. war auch er zu einer Ikone der Unabhängigkeitsbewegung geworden. Viele meiner tunesischen Gesprächspartner sahen 1962 in Bourguiba einen Hoffnungsträger für eine bessere Zukunft, einen erfolgversprechenden Vertreter einer »arabischen Moderne«. Bei meinen Rundgängen durch die Städte und die Dörfer spürte ich nichts auf, was diesem Zukunftsoptimismus fühlbar widersprochen hätte.

Im Süden des Landes, in den Randzonen der Sahara, traf ich aber auf eine Atmosphäre, die mir noch weitgehend unberührt von modernen Umbrüchen erschien. Ich kam in Oasen, die wie Inseln anmuteten.

Es begann in der Oase Gabès. Der Hauptort der Oase (mit gleichem Namen) war allerdings schon damals eine Kleinstadt mit linealgeraden Straßen und nüchternen Häusern, die typischerweise zum Erbe der französischen Kolonialherrschaft gehören. Meine Wanderungen durch die ausgedehnten Palmenhaine und die ockerfarbenen Lehmziegeldörfer führten mich jedoch in ein vergangenes Jahrhundert. Die Dörfer mit ihren sanften, den Hügeln angepassten Silhouetten schienen aus der Landschaft zu wachsen; sie waren nicht wie der Hauptort als eckige Fremdkörper in die Palmenhaine hineingeklotzt. Dazu die Stille. Vogelgezwitscher, hier und da das Trappeln von Maultierhufen, das Knarren einer Brunnenwinde, das Murmeln eines Baches. Die Menschen *noch* im Einklang mit der Natur? Ich zögerte, meine Eindrücke mit solch abgenutzten Formulierungen in meinem Reisetagebuch festzuhalten. Wie aber hätte ich mich stattdessen ausdrücken sollen?

Und dann fand eine Begegnung statt, für die ich fast keine passenden Worte fand. Am Rand eines der Lehmziegeldörfer traf ich auf Menschen, die einen Kreis gebildet hatten um tanzende Berberinnen, die in ihre bunte Tracht gekleidet waren. Man hatte sich zu einer Hochzeit eingefunden, wie mir ein junger Mann in gebrochenem Französisch erklärte. Etwa eine Viertelstunde stand ich mitten unter den

Zuschauern, als der junge Tunesier mir einen älteren Mann als Vater des Bräutigams vorstellte. Ich sei eingeladen, an dem Hochzeitsessen teilzunehmen. Wenig später saß ich mit dem Vater, seinem Sohn und einigen Verwandten in einer der Lehmhütten. Auf dem Boden stand eine große Messingschüssel, gefüllt mit Reis und Hammelfleisch. Frauen jedoch waren nicht anwesend, auch die Braut bekam ich nicht zu sehen. Die Männer, in Burnus und Turban, aßen mit der rechten Hand, indem sie Reis in die Soße tunkten, zu Bällchen formten und mit Fleischstücken zum Mund führten. Zum ersten Mal aß ich auf diese traditionelle Weise. In solchen Dörfern war es noch nicht wie in den städtischen Restaurants üblich, mit Messer und Gabel zu essen.

Ich war verlegen. Weshalb war ich, ein völlig Fremder, noch dazu ein Ausländer mit anderer Kultur und Religion, zum Hochzeitsessen eingeladen worden? Die vielen Gäste, die einen Kreis um die Tänzerinnen gebildet hatten, nahmen nicht am Festmahl teil; sie schauten uns von draußen durch die glaslosen Fensteröffnungen beim Essen zu. Die Lehmhütte war äußert karg ausgestattet; es musste sich um eine der ärmeren Familie handeln, für die eine Mahlzeit mit Fleisch fast unerschwinglich war und einen seltenen Luxus bedeutete.

Wie sollte ich mich für diese völlig überraschende Gastfreundschaft bedanken? Auch bei späteren Einladungen in der Oase Gabès und in anderen Oasen sollte mich diese Frage immer wieder aufs Neue bedrängen. Geld geben? Das hätte meine Gastgeber womöglich beleidigt – insoweit war ich schon durch Lektüre zum Thema fremde Kulturen vorbereitet. Meine drei Kugelschreiber verschenken? Das erschien mir lächerlich. Ausgiebig plauderte ich mit dem jungen Mann, der als Einziger Französisch verstand. Er dolmetschte den anderen Männern, was ich über meine Heimat »Allemagne« erzählte. Das war ein Land, das die meisten wohl vom Hörensagen kannten, das ihnen aber wohl wie ein ferner Stern vorkommen musste. Mein ausführlicher Bericht war offensichtlich die richtige Antwort auf die völlig unerwartete Gastfreundschaft. Denn noch bildeten Individualtouristen, die den Kontakt mit Einheimischen schätzten, eine willkommene Ausnahme. Noch schienen Fremde die einzige Gelegenheit zu bieten, etwas über die Welt jenseits des eigenen engen Lebensraums erfahren zu können. Dieser Sachverhalt galt selbst noch für viele Tunesier in bereits westlich geprägten Stadtvierteln, wenn auch abgeschwächt. Immer wieder hatte ich dort die Auskunft erhalten, Ausländer seien willkommen, allein von ihnen könne man wirklich interessante Informationen über das Ausland bekommen. In Tunesien würden Zeitungen, Rundfunk und Fernsehen massiv zensiert.

Ein Zeitsprung in die Gegenwart. Tunesien zählt inzwischen wie Marokko zu jenen Ländern des islamischen Kulturraums, in denen die Bevölkerung tief gespalten ist in eine Minderheit wohlhabender und eine Mehrheit notleidender Menschen. Es sind Länder, in denen es immer wieder zu heftigen Unruhen wegen drastischer Erhöhung der Lebensmittelpreise kommt.

In Tunesien war in den 1980er-Jahren, als ich zum zweiten Mal das Land bereiste, kaum noch etwas vom Elan der anfänglichen Reformpolitik zu spüren. Zwar lernte ich etliche Männer wie auch Frauen der Bildungsschicht kennen, die sehr interessiert mit mir über die Herausforderung der westlichen Moderne diskutierten (dies teilweise sogar auf Englisch oder Deutsch). Aber Bourguiba war im Verlauf von zwei Jahrzehnten zu einem autokratisch regierenden Staatspräsidenten mutiert. Die Situation verschärfte sich 1987, als der damalige Ministerpräsident Ben Ali putschte, das Amt des Staatspräsidenten übernahm und unverhohlen als Diktator regierte. Anfangs führte Ben Ali zwar etliche Sozialreformen durch, aber unter ihm versumpfte Tunesien binnen kurzem in Korruption und Misswirtschaft. Je mehr sich danach die Kluft zwischen Arm und Reich vertiefte, umso explosiver wurde die Lage. Ende Dezember 2010 kam es zu schweren Unruhen; im Januar 2011 musste Diktator Ben Ali fliehen. Dieser historische Augenblick löste jene Unruhen gegen Ausbeutung und Despotie aus, die innerhalb weniger Monate die gesamte arabische Welt erfassten und als »Arabischer Frühling« die Menschen begeisterten. Dann aber folgten neue Korruption und Misswirtschaft.

Von Tunesien aus versuchten besonders viele sozial Entwurzelte, Europa zu erreichen; allein dort hofften sie, wirtschaftlich überleben zu können. Die Entwicklung verlief auffallend ähnlich zu den Ereignissen in Marokko. Als die Hoffnung enttäuscht wurde, schlug die Stimmung um, und in Tunesien – wie auch schon in Marokko – kam ein schreckliches Übel hinzu: Sozial entwurzelte Tunesier ließen sich in immer größerer Zahl von radikal-islamischen Organisationen wie der al-Qaida oder dem Islamischen Staat (IS) für Terroranschläge anwerben. Weltweit haben sich besonders jene Attentate eingeprägt, die sich gegen westliche Touristen richteten: Der Anschlag im Bardo-Museum von Tunis am 18. März 2015, bei dem 24 Menschen starben und 42 verletzt wurden, wie auch der mörderische Angriff am Strand von Sousse am 26. Juni desselben Jahres mit 40 Toten und 36 Verletzten. Und in Europa gab es Attentäter mit tunesischer Herkunft: so in Nizza am 15. Juli 2016 mit 86 Toten und über 400 Verletzten, so auf einem Weihnachtsmarkt in Berlin am 19. Dezember desselben Jahres mit 11 Toten und 55 Verletzten. Die sozial entwurzelten Tunesier meinten, in solchen Organisationen die Anerkennung, die sie so sehnlichst und schmerzlich vermisst hatten, noch am ehesten zu erlangen. Seit Beginn des 21. Jahrhunderts rangierten junge Marokkaner und junge Tunesier international an vorderster Stelle unter den radikal-islamischen Terroristen.

Rückblickend musste ich mich fragen: Gab es in Marokko und Tunesien während meiner ersten Reise 1962 keine größeren sozialen Spannungen? Herrschte noch kein Affekt gegen den »Westen«? Oder hatte mich auch in Tunesien ein *anderer* Blick auf das Fremde daran gehindert, genauer hinzusehen?

Reisen wollen oder reisen müssen?

Unterwegs mit türkischen »Gastarbeitern«

Koffer, Kisten, verschnürte Kartons und Stoffballen waren zwischen den beiden Sitzreihen im Zugabteil gestapelt. Ich konnte nur mit angezogenen, stark abgewinkelten Beinen auf meinem Platz kauern. Zwei Tage, zwei Nächte saß ich so, ohne viel Schlaf, mit ständig überreizten Sinnen, während sich der Zug durch Serbien, Makedonien, Bulgarien quälend langsam Richtung Türkei bewegte. Alle saßen wir so, ich war der einzige Europäer unter Türken. Meinen reservierten Platz hatte ich beim Zustieg in München durch ein heftiges Wortgefecht erkämpfen müssen, weil sich schon sieben Männer, eingehüllt in beißendem Zigarettenqualm, auf sechs Sitze zusammendrängten. Wie einen Eindringling, der sich in der Tür geirrt haben musste, hatten sie mich angestarrt, bis mir einer der Männer schließlich doch geholfen hatte, meinen Rucksack zwischen den vielen Gepäckstücken zu verstauen.

Das war Mitte Oktober 1964. Ich war zu einer »Orientreise« aufgebrochen, die mich nicht nur in die Türkei, sondern weiter in den Iran – und falls die Grenzen offen waren – über Afghanistan, Pakistan, Indien und noch weiter nach Südostasien führen sollte. Auch 1964 gab es noch keine preisgünstigen Charterflüge, mit denen sich mühelos große Entfernungen zurücklegen ließen. Noch immer benötigten neugierige Reisende mit beschränkten finanziellen Mitteln viel Zeit, falls sie über die Grenzen Europas hinauskommen wollten. Und so näherte ich mich der Türkei auf dem Landweg, nicht anders als damals die Türken. Es waren »Gastarbeiter«. Das Wort machte in den 1960er-Jahren noch Sinn, weil die meisten Türken noch nicht an einen Daueraufenthalt in westeuropäischen Ländern dachten. Die Männer, die mit mir im Abteil saßen, waren unterwegs zu einem Heimaturlaub. Sie gehörten zur ersten Generation jener »Gastarbeiter«, die seit 1961 von Deutschland angeworben wurden.

Ich näherte mich jedoch einem Staat, der sich stark von Marokko und Tunesien, den bisher von mir bereisten Ländern, unterschied. Ein Staat, in dem 1923 durch Atatürk ein radikaler Bruch mit »orientalischen« Traditionen vollzogen worden war. Der Begründer der Republik Türkei hatte traditionsbewusste Muslime mit folgenden Worten abgekanzelt: »Es gibt verschiedene Länder, aber nur eine Zivilisation. Voraussetzung für den Fortschritt der Nation ist, an dieser einen Zivilisation teilzuhaben.«[2] Atatürk hatte keinen Zweifel daran gelassen, dass er mit dieser »einen Zivilisation«

die westliche meinte. Entsprechend wies Atatürk auch die uns so vertraute Vorstellung zurück, dass man einen tiefen Gegensatz zwischen »Orient« und »Okzident« zu sehen habe: »Es gibt keine Kontrastierung zwischen Orient und Okzident, sondern nur eine zwischen Rückständigkeit und Moderne.«[3] Und diese Überzeugung teilten auch viele seiner Nachfolger.

Die Türken im Zugabteil entsprachen in ihrem Äußeren weitgehend solchen programmatischen Erklärungen Atatürks. Sie waren durchwegs westlich gekleidet, ja, sie hatten sich mit ihren Hemden, Jacken und Hosen anscheinend an der neuesten Konfektion deutscher Kaufhäuser orientiert. Nur einer der Männer trug eine weiße, »orientalisch« anmutende Kappe, dazu hatte er einen grauen Kinnbart. Aber alle wirkten sie nervös. Das Reisen mit der Eisenbahn, vor allem im Ausland, schien ihnen ungewohnt zu sein.

Diese erste Begegnung mit der Türkei bescherte mir nicht die erwartete Erfahrung von der völligen Andersartigkeit einer fremden Kultur. Trotzdem führte mich das Jahr 1964 in eine andere Epoche – in eine Türkei, die sich von der Türkei des 21. Jahrhunderts beträchtlich unterschied.

»Warum reisen Sie?« Dies war die erste Frage der »Gastarbeiter« im Zugabteil an mich. Ob ich Freunde in der Türkei besuchen wolle? – Nein, ich wolle Istanbul besichtigen, wolle dann weiter nach Bursa, dann ins Landesinnere, wolle dort unbedingt die Felsenkirchen von Göreme besichtigen ... »Besichtigen«, wiederholte schließlich einer der Männer zögernd dieses Wort, als buchstabiere er ein Fremdwort. Und in seinen Augen lag die stumme Frage: Warum besichtigen? – Ich wolle fremde Länder kennenlernen, erklärte ich. Der Mann schien mich nicht zu verstehen. Die anderen ebenfalls nicht. Ich sagte noch: Vielleicht würde ich auch ans Meer fahren, etwa nach Antalya, die Südküste solle ja recht schön sein. Die Männer wechselten rasche Blicke. Keiner dieser Dorfbewohner wusste von der Existenz dieses frühen Badeorts an der türkischen Südküste. Keiner hatte bisher das Meer gesehen.

Im weiteren Verlauf des Gesprächs erfuhr ich, dass diese Männer in der Türkei bisher kaum eine Reise unternommen hatten – es sei denn, einen Besuch bei Verwandten und Freunden in einer nahegelegenen Stadt, es sei denn, auf der Suche nach Arbeit. Deshalb waren sie letztlich auch nach Deutschland gekommen. Sie hatten aber selbst in Deutschland kaum die Stadt verlassen, in der sie arbeiteten. Sie hatten dort überwiegend unter Türken gelebt, ja, hatten möglichst den Kontakt zu Türken gesucht, die aus derselben Heimatstadt, demselben Dorf oder wenigstens derselben Region stammten.

Für mich waren dies 1964 sehr fremd anmutende Auskünfte. Umgekehrt musste ich aber auch für diese Männer ein exotisches Wesen sein. Derartige Verständnisbarrieren konnte es allerdings nur in den 1960er-Jahren geben. Noch reisten wenige Ausländer in die Türkei, noch waren die Strände nicht mit Hotelburgen verbaut. Eine solche Entwicklung setzte erst Mitte der 1980er-Jahre ein. Und erst recht existierte noch keine türkische Mittelschicht, die sich vom Verhalten ausländischer Touristen beeinflussen ließ und etwa zum Badeurlaub ans Meer fuhr oder kulturelle Sehenswürdigkeiten in der Türkei besichtigen wollte. Eine Reise zu einem Wallfahrtszentrum war bis dahin für viele die einzige Möglichkeit gewesen, fremde Orte kennenzulernen.

Noch in den 1960er-Jahren lebte ein Großteil der Türken,

vor allem die Kleinstädter und Bauern, weitgehend in einer abgekapselten, in sich geschlossenen sozialen Welt. Dies ließ sich schon an der Verwendung bestimmter Begriffe ablesen, wie ich Jahre später einer Studie entnahm. So sprachen etwa die meisten türkischen Bauern noch um 1960 von »gurbet«, von »der Fremde«, wenn sie Gebiete außerhalb des eigenen Dorfes oder Kreisbezirks meinten. Pauschal reihten sie alle türkischen Städte unter dem Begriff »die Fremde« ein. Erst nachdem die Bauern arbeitssuchend nicht nur in die Städte des eigenen Staates abwanderten, sondern als »Gastarbeiter« bis nach Westeuropa strömten, begannen sie die Türkei insgesamt als »Heimat« zu bezeichnen.[4]

Wie »orientalisch« aber war oder ist ein solches Verhalten? Wäre ich hundert oder zweihundert Jahre zuvor in Deutschland unterwegs gewesen, hätte ich zur Genüge auf Deutsche treffen können, die nicht anders als die Türken reagiert hätten. So verwendeten etwa deutsche Bauern noch Anfang des 19. Jahrhunderts das Wort »Ausland« für die außerhalb der Hofmarkung gelegenen Felder, und den Begriff »Heimat« bezogen sie in erster Linie auf die eigene Wohnstätte, das »Heim«.[5] Ein Reisender zu sein mit Neugier auf das Fremde oder mit dem Bedürfnis, sich außerhalb des Heimatorts zu erholen, war damals sogar in Westeuropa nur die Angelegenheit einer schmalen Schicht gewesen – und für die Mehrheit der Bevölkerung nicht nachvollziehbar. Die meisten Deutschen, ja Westeuropäer verließen ihren Heimatort nur, um Verwandte zu besuchen oder sich auf eine Pilgerreise zu begeben. Oder sie wollten der Not entkommen und suchten Arbeit in einer nahegelegenen Großstadt. Und wenn sich auch dort keine neue Existenz begründen ließ, reisten die Notleidenden weiter ins Ausland, wanderten sogar in ferne Kontinente aus, etwa nach

Amerika oder Australien. Es waren Menschen, die nicht reisen wollten, sondern reisen mussten.

Die erwachende Reiselust des westeuropäischen Bürgertums im 19. Jahrhundert ist aber nicht vom Prozess der rasch um sich greifenden Industrialisierung zu trennen. Denn die Industrialisierung schuf Wohlstand für eine ebenso rasch wachsende bürgerliche Mittelschicht, die nun reisen konnte wie einst nur der privilegierte Adel. Hinzu kam, dass der zunehmende Lärm und die Abgase von Fabriken sowie die Wanderungsströme arbeitssuchender Zuwanderer die Städte immer hektischer machten. In der Folge sind die von Lärm und Hektik verschonten Kleinstädte und erst recht viele der Dörfer, vor allem aber eine »unberührte« Natur plötzlich zu Sehnsuchtsorten von Großstädtern geworden. Der religiös geprägte Begriff »Paradies« bekam in diesem Zusammenhang eine verweltlichte, sentimental aufgeladene Bedeutung. Im 20. Jahrhundert sind dann in Westeuropa auch immer mehr das Kleinbürgertum und schließlich Teile der Arbeiterschaft zu Touristen geworden, angesteckt von der Reiselust des Bürgertums. Dies alles war aber nur möglich geworden, weil auch in diesen Schichten der Bevölkerung der Wohlstand wuchs, die Verkehrsmittel technisch weiterentwickelt und erheblich billiger wurden.

Von diesem Bedürfnis nach freiwilligem Reisen waren die Türken im Eisenbahnabteil weit entfernt. Trotzdem erschienen sie mir nicht wirklich fremd, denn diese Männer hätten genauso europäische Vergangenheit repräsentieren können. Ich sah mich Türken gegenüber, die völlig der Einschätzung Atatürks zu entsprechen schienen: weniger »orientalisch«, eher »rückständig«. Eine Rückständigkeit, die nach Meinung Atatürks verschwinden würde, sobald solche Männer sich nicht nur im Äußeren, sondern auch geistig und seelisch den Standards des »Westens« angenähert hätten.

Oder waren sie doch nicht so »westlich«? Zwischendurch konnte ich beobachten, dass die Männer, einer nach dem anderen, eine Perlenschnur hervorholten und mit angespanntem Gesicht oder gar mit geschlossenen Augen einige Sätze murmelten. Waren es Gebete? Offensichtlich waren es Gebete. Den Anfang hatte jener Mann mit der »orientalisch« anmutenden Kappe und dem grauen Kinnbart gemacht, und die anderen folgten seinem Beispiel. Wie religiös, wie »islamisch« waren die Männer? Wie sehr einem kleinstädtischen oder gar dörflichen Islam verhaftet? Wie konservativ waren sie in ihren gesellschaftlichen Wertvorstellungen?

Einer der Türken holte aus seiner Brieftasche ein Foto hervor, das an den Ecken schon reichlich abgegriffen war. »Familie«, erklärte er. Der Zeigefinger glitt über die porträtierte Gruppe, in deren Mitte mit patriarchalisch anmutender Würde ein alter Mann thronte, der Großvater. Neben ihm war er selbst, der Sohn, platziert, daneben zwei jüngere Brüder, der eine noch ein Halbwüchsiger. Im Hintergrund sah man drei Frauen mit Kopftüchern, über die er mich allerdings nicht aufklärte. Auf dem Boden lagerte ein Dutzend Kinder, die ich nicht zählte. »Familie«, wiederholte er mit offensichtlichem Stolz. »Heimat«, setzte er hinzu und betonte dabei gerade dieses deutsche Wort ganz besonders. Heimat? Er bezog dieses Wort nicht auf den eigenen Staat, wie es für viele Europäer seit dem 19. Jahrhundert selbstverständlich geworden ist, ja, nicht einmal auf das eigene Dorf – vielmehr auf die eigene Familie, den engsten überschaubaren Lebensraum.

Zwei der Türken beklagten sich, es sei schwer in einem fremden Land über Jahre ohne Familie zu leben. Die anderen nickten zustimmend. Sie wohnten in München, in einem Zimmer mit vier Männern, erklärten die einen. Die anderen lebten nahe Frankfurt in Barackenlagern, sechs, sieben, acht Männer in einem Raum, Bett an Bett. Er hoffe, irgendwann seine Familie nach Deutschland holen zu können, sagte einer. Alle nickten. Ja, ihre Familie nachzuholen, das sollten sie tun, stimmte ich zu. Dann fielen mir ihre starr werdenden Augen auf. Sie bekämen keine Genehmigung, um die Familie nachzuholen, antwortete einer.

Ich hatte Mühe, meine Verlegenheit zu verbergen. Dieser Kontrast zu meinen Lebensbedingungen: Ich hatte in einer saturierten Wohlstandsgesellschaft die freie Wahl, einige Monate mein Studium an der Universität zu unterbrechen und auf einer – wie sollte ich es nennen? – Abenteuerreise, einem Selbsterfahrungstrip, unterwegs zu sein. Hierbei konnte ich mit einem Höchstmaß an sozialen Absicherungen rechnen. Ich nannte meine Situation auch eine »fade«, »wattegepolsterte Sicherheit«, weil solche Absicherungen zugleich auch Einschnürungen und Einengungen durch allerlei Verpflichtungen nach sich zogen. Diese Leute dagegen sehnten sich genau nach dem Zustand, dem ich wenigstens für kurze Zeit entkommen wollte. Ihnen blieb gar keine andere Wahl, als sich vorbehaltlos nach dieser einschnürenden Sicherheit zu sehnen.

Ob sie große Probleme in Deutschland hätten, fragte ich schließlich zögernd. »Deutschland gut«, antwortete einer der Türken rasch. Keiner widersprach. »Gutes Land«, sagte auch mein Sitznachbar. Die anderen schwiegen. Ich wusste nicht, ob ich aus ihren Gesichtern Zustimmung oder Ablehnung ablesen sollte. Ich dachte an die überfüllten Massenunterkünfte, über die man in deutschen Medien 1964 schon zur Genüge hatte lesen können, an die überhöhten Mieten für miserable Zimmer, an das abweisende Gebaren vieler Deutscher. In Deutschland seien die Politiker nicht so korrupt wie in der Türkei, sagte mein Sitznachbar, in Deutschland werde für die Arbeiter besser gesorgt.

Beim Essen waren sie gesprächig geworden. Sie packten Brot, Oliven, Schafskäse, Tomaten aus ihren Bündeln aus. Dann boten sie mir von ihrem Essen an und gewährten mir eine Gastfreundschaft, die mich wieder einmal verlegen machte. Nun packte ich meinen Proviant ebenfalls aus. Mit nobler Geste lehnten sie meine Wurst und meinen Käse ab, um mir weiterhin beharrlich Schafskäse, Oliven und Tomaten zu reichen. Für die Dauer der Fahrt war ich anscheinend in ihre Gemeinschaft aufgenommen.

»Warum reisen Sie?« Diese Frage, die mich 1964 schon in der Türkei überrascht hatte, holte mich Monate später auch in Pakistan, Indien und Nepal ein. Und Jahre später noch in weiteren Ländern Asiens. Überall war es zu dieser Zeit noch unvorstellbar, einfach aus Neugier zu reisen und zu »besichtigen« oder sich weit entfernt von der Heimat zu erholen. Und dennoch waren die Züge und Busse oftmals überfüllt. Wohin waren diese Menschen unterwegs? Es verhielt sich wie in der Türkei: Aus Notstandsgebieten machten sie sich auf, um Arbeit in weit entfernten Orten zu finden.

Grenz-Erfahrungen

Erste Spannungen mit »Gastarbeitern«

Dass Landesgrenzen zu überqueren mehr bedeuten kann, als nur den Reisepass kontrollieren zu lassen, sollte ich gerade im Zugabteil mit den türkischen »Gastarbeitern« von München nach Istanbul erleben.

Wir näherten uns der türkischen Grenze. Die Männer wurden schweigsam; ihre Gesichtszüge wirkten angespannt. Müssten nicht gerade sie in diesem Augenblick in freudiger Erwartung, ja fröhlich sein? Keiner sprach ein Wort, als der Zug im Grenzbahnhof hielt. Laut schlagende Türen und gellende Stimmen kündigten die türkischen Polizisten draußen im Gang an. Rasselnd sprang die Tür bei uns auf, zwei Uniformierte forderten – mit auffallend herrischer Stimme – die Reisepässe. Mich machte betroffen, wie nervös, überstürzt und devot jeder Mann seinen Pass weiterreichte. Die Uniformierten blätterten mit betont strenger Miene die Pässe durch und wollten, so schien es, gezielt Furcht einflößen. Nicht minder auffallend war die wegwerfende Geste, mit der sie die Pässe zurückgaben. Keiner von den Männern wagte es, den Polizisten in die Augen zu blicken, so als ob dies bereits als respektlos und aufmüpfig empfunden würde. Gebeugt und unterwürfig nahmen die Männer ihre Pässe wieder entgegen. Mein Pass wurde rascher überprüft. Der Uniformierte gab ihn mir – mit einem flüchtigen Lächeln – zurück. Weil ich ein Ausländer war und aus einem Staat kam, der von den Türken besonders respektiert wurde?

Die Stimmen der Uniformierten blieben herrisch, als sie nun forderten, verschiedene Gepäckstücke zur Stichprobenkontrolle zu öffnen. Mit derselben überstürzten Nervosität zerrten die Männer ihre zugepackten Schachteln und Ballen zum Eingang, schnürten sie auf und ließen es geduldig über sich ergehen, dass die Uniformierten Gegenstände aus der Verpackung rissen – da ein Transistorradio, dort einen Reisewecker, hier einen Mixer – und dann mit einem Fingerschnippen zu verstehen gaben, alles könne wieder verschnürt werden. Dieses Fingerschnippen entlarvte die grenzenlose Verachtung. Schweigend verrichteten diese Grenzbeamten ihren Dienst und sahen auf Menschen herunter, denen ihre Herkunft aus türkischen Kleinstädten und Dörfern anzumerken war. Sichtlich eingeschüchtert und schweigsam ertrugen die Betroffenen diese Verachtung. Meinen Rucksack ließen die Kontrolleure nach einem kurzen Blickwechsel unangetastet.

Nach einer Stunde Grenzkontrolle setzte sich der Zug wieder in Bewegung. Aber es dauerte mindestens eine weitere halbe Stunde, bis sich die Mienen der Männer entkrampften, ihre Gesten sich entspannten, sie selbst wieder lockerer wurden und aufmerksam nach draußen sahen, wo Dörfer mit Moscheen vorbeizogen. Dann – spürbar erleichterte Gesichter. Wieder Gespräche untereinander, erstes Gelächter. Aber das Lachen war plötzlich aggressiv geworden, so schien es mir. Spotteten die Männer im Abteil nun über die Uniformierten? Missbilligend nestelte einer an einer Verpackung, die die Uniformierten aufgerissen hatten.

Warum die Grenzpolizisten sich so fürchterlich streng verhielten, wollte ich wissen. Ich vermied das Wort »verächtlich«. Die Männer sahen mich grimmig und mit erstarrten Mienen an. Grenzpolizisten seien so, sagte schließlich einer zögernd. Grenzpolizisten auf der ganzen Welt seien so, ergänzte ein zweiter. Er meinte damit wohl auch die deutschen. Die anderen schwiegen. Ich stellte keine weiteren Fragen angesichts der Blicke, die mir eine Mischung aus Verlegenheit und Abweisung signalisierten. Die Türken schienen noch nicht in ihrer Heimat angekommen zu sein. Solange die Heimkehrer mit Uniformierten konfrontiert waren – und die Grenzpolizisten immer noch im Zug hin- und hergingen –, verschwand die Anspannung nicht aus ihren Gesichtern.

Es sind Eindrücke aus dem Jahr 1964. Sechs Monate später, im April 1965, sollte sich diese Szene fast genauso wiederholen. Ich kehrte aus Südostasien zurück und fuhr von der Türkei nach Deutschland. Wieder saß ich mit »Gastarbeitern« im Zugabteil zusammen; entweder war ihr Urlaub zu Ende oder sie verließen zum ersten Mal ihre Heimat. Erneut wurden diese Männer, als wir uns der Grenze näherten, äußert nervös – diesmal aber bei der Einreise nach Deutschland. Tatsächlich erwarteten sie von den deutschen Beamten ein ähnliches Gebaren wie von den türkischen. Und wieder drängte sich mir der Eindruck auf, dass die »Gastarbeiter« es gewohnt waren, überall nur herablassend und als Menschen am Rand der Gesellschaft behandelt zu werden.

Länger als eine Stunde hielt der Zug am österreichisch-deutschen Grenzübergang in Salzburg. Der Bahnsteig war fast menschenleer. Im Abstand von wenigen Metern war je ein Polizist postiert. Die quälend lange Pause wollte ich nutzen, um vor der Weiterfahrt nach München kurz auszusteigen und nach dem langen Aufenthalt in Asien erstmals wieder vertrauten Boden, die »Heimat«, zu betreten. Für mich ein bewegender Augenblick. Erregt hielten mich die Türken mit den Worten zurück, Aussteigen sei strikt verboten. Ich stieg trotzdem aus. Prompt näherte sich mir ein Polizist: »Zurück in den Zug! Du hast hier nichts zu suchen!«

Sein Ton war schroff, er hatte mich geduzt und hielt mich offenkundig für einen Türken. Oder gar für einen Araber? Das Letzere hätte durchaus zutreffen können, schließlich sah ich mit meiner unterwegs erworbenen Jacke und Kappe wesentlich »orientalischer« aus als die meisten Fahrgäste in diesem Zug. Ich griff in meine Jackentasche, in der mein deutscher Pass steckte. Neugierig drängten sich meine Mitreisenden an unser Abteilfenster, um miterleben zu können, was nun geschehen würde.

Würde mich der Polizist ungehindert auf dem Bahnsteig herumgehen lassen, nachdem ich ihm meinen deutschen Pass hingehalten hatte? Würde er sich vielleicht sogar entschuldigen? Es wäre für die Türken im Abteil eine demütigende Szene, wenn nun so offensichtlich ein Unterschied zwischen Deutschen und Türken gemacht würde. Ich ließ meinen Pass in der Tasche, blieb aber trotzdem stehen. Der Polizist winkte anderen Kollegen in seiner Nähe und rief ihnen zu: »Da will einer frech werden!« Hinter mir spürte ich die Blicke der Türken. Ich entschied mich, einer von »denen« zu sein, und stieg wieder ein.

Eine halbe Stunde später erreichten die Grenzpolizisten unser Abteil. Sie musterten die »Gastarbeiter« ebenso streng, wie sechs Monate zuvor die türkischen Kontrolleure ihre Landsleute verächtlich angesehen hatten. Als der deutsche Beamte meinen Pass sah, wirkte er irritiert, musterte mich eindringlich und sagte dann zögernd: Weiter hinten gebe es Abteile, in denen Deutsche säßen. Ich aber blieb bei »denen« sitzen.

Lange Zeit hatte ich den Erinnerungen an die Jahre 1964 und 1965 keine größere Bedeutung beigemessen. Ich hatte die Meinung vieler westlicher Beobachter geteilt, dass diese Wanderungsbewegung von Türken nur eine zeitlich begrenzte Erscheinung sei. Es zeichnete sich damals erst in vagen Umrissen ab, dass viele der nach Westeuropa zugewanderten Türken auf Dauer bleiben würden – und dass damit erhebliche Konflikte zwischen Europäern und Migranten aus provinziellen Regionen Anatoliens entstehen könnten. Mitte der 1960er-Jahre war in Westeuropa noch kaum bekannt, in welchem Ausmaß die Türkei politisch, sozial und kulturell ein zutiefst gespaltenes Land war. Da gibt es einerseits die »weißen Türken«, in vielerlei Abstufungen repräsentiert durch die säkular und urban orientierte Bildungsschicht. Und es gibt andererseits die »schwarzen Türken«, die überwiegend in anatolischen Kleinstädten und Dörfern leben und aus denen ein Großteil der Migranten stammt. In den Zugabteilen war ich mit »schwarzen Türken« gereist, die entsprechend verächtlich von den türkischen Grenzpolizisten behandelt wurden.

Mitte der 1960er-Jahre war auch noch nicht abzusehen, dass diese sozial und kulturell Ausgegrenzten wenige Jahrzehnte später einen mächtigen Fürsprecher bekommen sollten: Recep Tayyip Erdoğan. Der islamisch konservative Politiker, der sich kämpferisch selbst als »schwarzer Türke« versteht und bezeichnet, eröffnete im ersten Jahrzehnt des 21. Jahrhunderts dieser bisher vernachlässigten Bevölkerungsschicht die Chance für einen sozialen Aufstieg. Aber dann hat auch er, wie viele seiner Vorgänger, weitergehende Hoffnungen enttäuscht (darüber mehr in den Abschnitten *Wachsender Reichtum, wachsende Armut* und *Wie fremd sind Zuwanderer?*)

Aus der Zeit gefallen

Begegnungen in einem abgeschotteten Afghanistan

Bevor ich im November 1964 in Afghanistan einreiste, wusste ich über dieses Land fast nichts. Etliche spärliche Informationen hatte ich zuvor nur verschiedenen Lexika und einigen Sachbüchern entnehmen können. Und dort konnte ich Fotos bärtiger Männer entdecken, die mit Turban und Kaftan bekleidet waren, manche mit einem Dolch in der Schärpe. Aber ich konnte nicht beurteilen, ob solche Menschen überhaupt noch repräsentativ für das Afghanistan des Jahres 1964 waren. Dasselbe galt für Fotos, auf denen Kamelkarawanen abgebildet waren. Autos? Gab es keine Autos? Angesichts solcher Fragen erschien es mir völlig ungewiss, ob ich überhaupt ein Visum bekommen würde. Zu meiner Überraschung war dies einfach.

Der erste Reiseführer über diesen entlegenen Staat erschien 1974, zehn Jahre nach meinem Aufenthalt. Dies geschah nicht zufällig, als es für Rucksacktouristen und Hippies in größerer Zahl interessant wurde, Afghanistan auf dem Landweg nach Indien zu durchqueren. Aber selbst dann konnte man im Reiseführer des Polyglott-Verlages lesen: »Kein Land scheint unberührter, weltabgeschiedener zu sein als Afghanistan«. Im Afghanistan des Jahres 1964 erlebte ich einen Zeitsprung zurück in eine Epoche, die wir aus unserer westlichen Sicht als »Mittelalter«, überspitzt sogar als »aus der Zeit gefallen« bezeichnen können.

Auf den ersten Blick erscheint es nebensächlich, näher auf solche Erfahrungen einzugehen, die mehr als ein halbes Jahrhundert zurückliegen. Aber genauer betrachtet gewinnt eine Milieuschilderung des Jahres 1964 Relevanz, wenn wir uns vergegenwärtigen, dass Afghanistan zwei bis drei Jahrzehnte später zu einem der gefährlichsten Krisenherde der Weltpolitik geworden ist – mit lang andauernden Kriegen, angefacht durch weltpolitische Interessenskonflikte um geostrategische Einflussbereiche der USA und Sowjetunion, den beiden damaligen Supermächten. Hinzu kommt, dass gerade dort die islamistischen Terror-Organisationen der Taliban und der al-Qaida mit ihrer weltweiten Bedrohung entstanden sind. In diesem Zusammenhang drängt sich die Frage auf, weshalb ein bis dahin völlig abgeschiedenes, in sich abgekapseltes Land derart abrupt in den Strudel internationaler Auseinandersetzungen gerissen werden konnte – und seither aus dem Spannungsfeld einer zunehmend sich globalisierenden Welt nicht mehr wegzudenken ist.

Bevor ich 1964 Afghanistan erreichte, hatte ich auf dem Landweg durch Asien bereits zwei Länder durchquert, die längst schon vom Prozess der sogenannten Globalisierung erfasst worden waren: die Türkei und den Iran. In der Türkei hatte seit den Reformen Atatürks im Jahr 1923 eine tiefgreifende Veränderung eingesetzt. Für die öffentliche Wahrnehmung seit Mitte des 20. Jahrhunderts äußerte sich der Wandel vor allem darin, dass viele Einwohner sogar in Kleinstädten, ja auch schon in Dörfern westlich gekleidet waren, auch dass Betonbauten nach westlichem Vorbild und nicht mehr die traditionelle Architektur die Silhouetten der Siedlungen bestimmten. Im Iran erfolgten seit den 1930er-Jahren unter der Dynastie der Pahlavi-Schahs ähnlich radikale Veränderungen, inspiriert durch Atatürk. Es ereigneten sich auch im Iran Umbrüche mit ambivalenten Folgen, wie sie selbst für den oberflächlichen Betrachter offensichtlich sind: einerseits städtische Ballungsräume mit aufstrebender Industrie, andererseits ländliche Regionen, in denen die Bewohner, sozial wie kulturell vernachlässigt, weiterhin im Ordnungssystem bisheriger Tradition lebten. Es sind zutiefst gespaltene Gesellschaften. Deren unbewältigte Konflikte haben seit Mitte der 1970er-Jahre dazu geführt, dass »islamisch« orientierte Bewegungen zunehmend eine machtvolle Opposition bildeten: In der Türkei erregten die Wahlsiege konservativ-islamischer Parteien Aufsehen, die mehr und mehr das politische Erbe Atatürks in Frage stellten, am nachhaltigsten unter Erdoğan. Im Iran signalisierte 1979 der Sieg der Islamischen Revolution unter Ayatollah Khomeini noch erheblich schroffer eine Abgrenzung gegen die Einflüsse aus dem »Westen«.

Im Afghanistan des Jahres 1964 unterwegs zu sein, bedeutete für mich damals, in ein Land einzutauchen, das schon durch seinen Namen ein Signal aussandte: Afghanistan ist mit »Land der Freien« zu übersetzen. Der Name war im 19. Jahrhundert als Aufruf zum Widerstand gegen die Briten entstanden, die ihre Kolonialherrschaft von Indien aus bis in den Hindukusch ausdehnen wollten. 1919 wurde »Afghanistan« offiziell als Staatsname eingeführt, nachdem die Briten endgültig ihre kolonialen Expansionsgelüste gegen den hartnäckigen Widerstand der Afghanen aufgegeben hatten. Ein Land also, das sich weiterhin allen fremden Einflüssen verweigern würde? Konnte es das geben?

Es gab das. Das war mein erster Eindruck, als ich im November 1964 von der Grenze des Iran im Bus die rund 150 Kilometer nach Herat, der ersten Stadt auf afghanischem Boden, unterwegs war. Die Männer, die an der Piste warteten und einstiegen, waren durchweg traditionell gekleidet: mit Turban, Kaftan oder bestickten Westen, dazu Pumphosen, manche mit Krummdolch in der Schärpe oder einem umgehängten Gewehr altertümlicher Bauart (noch weit entfernt vom Typ der Kalaschnikows, wie sie auf Pressefotos der 1980er-Jahre selbstverständlich geworden waren). Der Bus, sehr klapprig und abgenützt, bewegte sich quälend langsam über die holprige Piste, deren Spuren sich zeitweilig im Geröll der Steinwüste verloren. Es war eine Piste, die noch nicht für Autos angelegt war, es war ein Karawanenweg, und der Bus überholte mehrmals Kamelreiter, ja manchmal auch ganze Karawanen mit Lastkamelen, zehn, zwölf, fünfzehn im Tross hintereinander trabend.

Gegen Abend hielt der Bus vor einer Karawanserei, einem langgestreckten Lehmziegelbau, der von Kuppeln überwölbt war. Kamele lagerten seitwärts, die Lasten waren neben ihnen abgestellt. Der Bus nahm sich hier wie ein Fremdkörper aus. Die Fahrgäste ließen sich in der Karawanserei zum Abendessen nieder und saßen dort neben jenen Männern, die mit der Karawane reisten. Kein elektrisches Licht. Fackeln waren seitwärts in eiserne Behälter der Lehmwände gesteckt und erhellten nur vage die bartumrandeten Gesichter, die Turbane, die hemdartigen Gewänder, die bestickten Westen, die Krummdolche. An die zwanzig Männer gruppierten sich mit gekreuzten Beinen auf dem Boden um verschiedene Messingschüsseln, die je einen Meter Durchmesser hatten. Die Männer griffen mit der rechten Hand in das Gemisch aus safrangelbem Reis, Soße und fettem Hammelfleisch, rissen die scharf gewürzten Brocken Fleisch in kleine Stücke, bevor sie diese in den Mund schoben. Mit Zeichensprache gaben sie mir zu erkennen, dass ich ebenfalls mit der Hand in die Schüssel greifen sollte, in der zuvor schon Dutzende Finger im Essen gewühlt hatten. Besteck gab es keines, war nicht vorstellbar.

Der Anblick dieser Männer erschien wie aus einem anderen Jahrhundert, ja einem anderen Jahrtausend, als sich auf der sogenannten Seidenstraße zwischen Anatolien, Indien und China Kamelkarawanen bewegt hatten. Und dazu diese Männer, wie sie oft auch in Hochglanzprospekten der Reisebüros abgebildet sind.

Spät in der Nacht erreichte ich Herat, eine Stadt mit damals rund 100 000 Einwohnern. Ein Hotel? Die wenigen Fahrgäste hatten sich rasch verlaufen, und der Busfahrer führte mich entlang einer Hauptstraße ohne Beleuchtung, entlang an Lehmziegelbauten, ebenfalls ohne Licht. In knappen Abständen trafen wir auf bewaffnete Posten, die jeweils herrisch meinen Pass verlangten. Weshalb die vielen Posten? »Dangerous, very dangerous«, erklärte mir der Fahrer in holprigem Englisch. Bei einem zweistöckigen Lehmziegelbau hielt er und klopfte zunehmend heftig an die Tür, bis ein ziemlich verschlafener Mann öffnete. Mein Hotelzimmer: ein kahler Raum mit einer Holzpritsche, offenbar dafür gedacht, dass der Reisende sein eigenes Bettzeug mitbrachte; ich hatte meinen Daunenschlafsack dabei, der quer über den Rucksack geschnallt war. In der Ecke stand ein Holzbottich, den der mürrische Wirt mit Wasser füllte. Er zündete eine Kerze an und verabschiedete sich mit einer knappen Handbewegung.

In dieser Stadt wiederholte sich im Großen, was ich in der Karawanserei im Kleinen erlebt hatte. Als ich am nächsten Morgen die Hauptstraße betrat, die in der Nacht so trostlos dunkel und leer erschienen war, wimmelte es dort von Menschen. »Orientalisch« die Männer: fast ausnahmslos mit Turban, Kaftan oder bunt bestickten Westen, dazu Pumphosen, manche trugen einen Dolch oder hatten ein Gewehr umgehängt. »Orientalisch« auch die Frauen: allerdings mit der Burka verhüllt, deren Gazeschleier sogar das ganze Gesicht verdeckte. Kaum Autos, vereinzelte Lastwagen, ab und zu ein Jeep mit Polizisten besetzt. Maulesel und Kamele dominierten das Stadtbild. Erstmals war ich in einer Stadt unterwegs, auf deren Hauptstraße Maulesel und Kamele, ja ganze Kamelkarawanen das wichtigste Transportmittel für Lasten ausmachten.

»Hier ist die Zeit stehen geblieben« – ein häufiger Kommentar, den ich immer wieder in mein Reisetagebuch von 1964 eintrug. Ein Kommentar, den ich beim Anblick von Kamelkarawanen und Männern mit Turban, Kaftan und Krummdolch in dem Gefühl niedergeschrieben hatte, endlich einmal eine Welt jenseits aller »Einheitszivilisation« zu erleben. Beim Anblick der Frauen aber? Diese Burkas, die selbst die Gesichter verhüllten und die Frauen wie wandelnde Gespenster erscheinen ließen. In keinem anderen islamischen Land hatte ich bis dahin eine derart starr konservierte Tradition rigoroser Unterdrückung angetroffen.

»Hier ist die Zeit stehen geblieben.« Trommeln tönten am Nachmittag über die Gassen und Dächer hinweg, dumpf, monoton, aggressiv, Kriegstrommeln ähnlich, wie man das aus Historienfilmen kennt. Auf den Dächern entlang der Hauptstraße im Stadtzentrum waren Trommler in bunten Gewändern postiert, sie trommelten mehr als eine halbe Stunde lang, die Fußgänger sahen zu ihnen hinauf, redeten aufgeregt durcheinander, aber ich konnte angesichts der Sprachschwierigkeiten niemand nach dem Anlass fragen. Gegen Abend sah ich zahlreiche Männer zu einem zirkusähnlichen Zelt auf einem freien Platz strömen, ich folgte ihnen, betrat mit ihnen, gegen ein geringes Eintrittsgeld, das Zelt. Dort saßen die Zuschauer dicht gedrängt, ich blickte von einer erhöhten Sitzreihe über Hunderte Turbane hinweg. Frauen sah ich nirgends. Den freien kreisrunden Platz in der Mitte betraten Musikanten, Sänger, Tänzer, Gaukler und schließlich Schauspieler. Ich erlebte ein Theaterstück, dramatisch, schrill, burlesk, durchsetzt von Musik und Darbietungen der Possenreißer, begleitet von Zurufen und Gelächter aus dem Publikum. Besondere Heiterkeit erregten die verschleierten Frauengestalten in der turbulenten Handlung, die, unverkennbar von Männern gespielt, sich hüftewackelnd zum Klang von Geigen, Trommeln und Flöten wiegten. Ein Wandertheater dieser Art bedeutete wohl die einzige sehnlichst erwartete Abwechslung in Herat – einer Stadt mit rund 100 000 Einwohnern noch ohne Kino, ohne Fernsehen allemal und einer Stadt, in der ein solches Vergnügen allein den Männern erlaubt war.

»Hier ist die Zeit stehen geblieben.« Einen solchen Kommentar konnte ich am nächsten Morgen dann wieder ohne Zwiespältigkeit empfinden. Nun blickte ich von einem Hügel aus über die verschachtelten Lehmziegelbauten, Dächer und Kuppeln der Oasenstadt Herat. Zitadelle und Minarette etlicher Moscheen überragten die labyrinthisch verschlungenen Gassen; viele der Bauwerke stammten aus dem 14. Jahrhundert. Von herausgehobener Bedeutung ist die Freitagsmoschee, die mich mit ihren farbenprächtigen Fayencen an die Moscheen in Isfahan und Schiras erinnerten – Höhepunkte mittelalterlich-islamischer Architektur. Im ersten Moment mutete dies wie ein Panorama zur Zeit der Timuriden-Dynastie an, als die Stadt ein wichtiges Handelszentrum an der sogenannten Seidenstraße bildete und damals an kultureller Bedeutung mit vielen anderen Metropolen der islamischen Welt, erst recht mit jenen des christlichen Abendlands Schritt halten konnte.

Und doch: Sah man genauer hin, fielen rissige Fassaden

auf, hier und da ein einsturzgefährdetes Haus und verdreckte Kanäle. Beim Schlendern durch die Gassen sah ich Kinder an Abflussgräben kauern, ihre Hände in das schmutzige Wasser tauchen und davon trinken. Wie viele Menschen hier mochten an Darmerkrankungen leiden, wie viele sehr frühzeitig sterben? Wie vorsichtig musste ich beim Essen sein? Sonderlich einladend wirkten die wenigen Restaurants an der Hauptstraße, durch die der beißende Rauch der Küchen zog, nach diesen Eindrücken nicht. Schmutzige Wände, Essensreste unter den Tischen. Ich musste auf meine Impfungen gegen Cholera, Typhus und Hepatitis vertrauen. Jahrzehnte später sollte ich im Internet lesen, dass 36 Prozent der Kinder vor dem fünften Lebensjahr stürben, ja, dass Afghanistan eine der höchsten Mutter-Kind-Sterblichkeitsraten der ganzen Welt aufweise und nahezu drei Viertel aller Ärzte in der Hauptstadt Kabul tätig seien. So die Daten in den 1960er-Jahren, an denen sich auch Jahrzehnte später wenig geändert hat.[6]

Aber schon 1964 bot Herat keineswegs mehr das in sich geschlossene Erscheinungsbild längst vergangener Epochen. Eine Neustadt war errichtet worden und erstreckte sich über etliche Straßenzüge hinweg; ihre Ausdehnung war damals noch bescheiden, weshalb ich ihr in den ersten zwei Tagen beharrlich ausweichen konnte. Dieses Viertel musste ich später mehrfach aufsuchen, als ich meine Weiterfahrt plante. In einem schachtelförmigen Betonbau entdeckte ich das Büro der afghanischen Fluglinie mit staubigen Fenstern und verschlossener Türe. Dort traf ich auch auf eine Haltestelle für Überlandbusse. Und an einer Straßenkreuzung regelte ein Polizist von einem Podest herab den Verkehr, winkte ab und zu ein Lastauto, einen Jeep oder einen Fahrradfahrer vorbei. Seine Uniform hatte einen deutschen Zuschnitt. Überrascht, ja erheitert hatte ich es nicht für möglich gehalten, in dieser Stadt, die am Ende der Welt lag und aus der Zeit gefallen schien, ein solches Versatzstück der deutschen Zivilisation zu erblicken. Aber signalisierte diese Situation nicht schon den Aufbruch von Stadt und Land in Richtung »Zukunft«?

Auf diese »Zukunft«, nämlich einen funktionierenden Auto- oder Busverkehr, war ich unter allen Umständen allerdings angewiesen, um die rund tausend Kilometer von Herat nach Kabul zu bewältigen. Die wenigen Fahrten der Autobusse seien, so erfuhr ich, in der nächsten Woche ausnahmslos ausgebucht. Ein Basarhändler, der ein bisschen Englisch sprach, verstand mein Anliegen und vermittelte mir für den übernächsten Tag eine Mitfahrt in einem Lastauto. Früh am Morgen verließen wir Herat mit einem Fahrzeug, dessen Karosserie bunt bemalt war mit Landschaftsbildern von Oasen, Blumenwiesen, Gebirgsseen, Schneebergen – ein auffälliger Gegensatz zu den weit ausgedehnten Steppen und Wüsten, die uns erwarteten. Platz blieb mir aber nur auf dem Verdeck, auf dem sechs Männer zwischen Holz- und Blechkisten sowie etlichen Säcken kauerten. Über rostige Eisenstangen war eine Plane gespannt, die sich im Wind bauschte, aber keinen Schutz gegen die Luft bot, die schlagartig eiskalt geworden war. Dicht in ihre Umhänge und Turbantücher gehüllt saßen die Männer mir gegenüber, von ihren Gesichtern blieben nur die Augen sichtbar. Augen, mit denen sie mich anfangs neugierig, schließlich irritiert beobachteten.

Keiner der Männer verstand wohl, weshalb ich quer durch ein mir völlig fremdes Land unterwegs war. Ich musste an die türkischen »Gastarbeiter« im Zug denken. Was für Gespräche hätten sich diesmal ergeben, wenn auch nur einer der Mitreisenden zumindest ein bisschen eine mir geläufige Sprache beherrscht hätte? Zweimal kam uns ein Autobus entgegen, beide Male drangvoll mit Menschen, etliche kauerten sogar auf dem Dach. Irgendwann, irgendwo hielt das Lastauto, drei der Männer stiegen aus und gingen in die Steppe hinaus, in der nichts zu sehen war außer einer Andeutung von Weg, der wohl zu irgendeiner Ortschaft führte. Irgendwann, irgendwo stiegen neue Männer zu, die mich gleichfalls überrascht wie irritiert musterten. Waren sie jemals aus ihrem Dorf herausgekommen außer zu einer Fahrt in die nächstgelegene größere Ortschaft oder Stadt? Hatten sie jemals Fotos einer europäischen oder amerikanischen Stadt gesehen? Über die Welt außerhalb ihres engen Umkreises wussten sie wohl noch viel weniger als ich über Afghanistan.

Zweieinhalb Tage war ich im November 1964 auf dem Verdeck eines Lastautos unterwegs. In der ersten Nacht lag ich neben den anderen Fahrgästen auf einer Bastmatte im Schlafsaal einer Karawanserei, in der zweiten Nacht zog sich der Fahrer mit mir hastig in eine Kammer zurück. Der Fahrer schob einen Tisch von innen vor die ohnehin schon verriegelte Tür. »Dangerous«, erklärte er, die Leute da draußen seien seinem Stamm feindlich gesinnt. – Ob es noch Feindschaft zwischen den einzelnen Stämmen gebe, wollte ich wissen. Er nickte nur. Sein Englisch reichte nicht für eine weitere Erklärung.

Am nächsten Morgen fuhren wir weiter auf einer überaus holprigen Piste. Zweimal blieb das Lastauto ruckartig stehen und neigte sich bedrohlich zur Seite. Zweimal stiegen die Männer aus und hantierten zusammen mit dem Fahrer an der hinteren Achse und den Rädern, einer der Männer betätigte den Wagenheber. Ich hatte ausgiebig

Zeit, bei der unfreiwilligen Rast die geröllübersäte Piste zu betrachten, die nur für Kamelhufe, nicht für Autoräder vorgesehen war. Quälend langsam ging die Fahrt danach weiter, zuerst mit dem Blick auf eine Steinwüste, deren Farben im Sonnenlicht von Ockergelb in Fahlgelb wechselten, von Violett in Blaugrau übergingen. Jäh setzte heftiges Schneegestöber ein. Der Scherenschnitt des nahen Gebirges verlor sich im weißlichen Nebel; in wenigen Augenblicken hatte eine Schneedecke diese Steinwüste überzogen. Eine Kamelkarawane tauchte schemenhaft im Schneegestöber auf, die Männer dicht verhüllt in Turbantücher und Kaftane. Heftige Böen rissen die Plane vom Verdeck unseres Lastautos; schutzlos waren wir dem Unwetter ausgesetzt. Mühsam fegten wir den Schnee rings um unsere Sitzplätze weg und versuchten, uns in Decken zu hüllen, die uns der Fahrer reichte. Jetzt in einem Autobus zu sitzen, wäre keineswegs angenehmer gewesen. Ein Bus, der uns entgegenkam, hatte keine einzige Fensterscheibe mehr, und der Wind fegte ungehindert durch das Fahrzeug. Wer im Wageninneren keinen Platz mehr gefunden hatte, musste sich auf dem Dach zusammenkauern, um die anstrengende und riskante Fahrt zu überstehen.

»Eine interessante Erfahrung der Extreme.« Dies konnte ich in meinem Reisetagebuch nur so formulieren, weil ich aus einem Land kam, in dem das soziale Leben völlig abgesichert war. Deutschland »sei ein Land, in dem alles sehr regelmäßig, viel zu regelmäßig verlaufe«. Dies war ein weiterer Kommentar in meinem Reisetagebuch. Kein Einheimischer hätte solche Formulierungen verstanden, selbst wenn sie noch so passend in seine Sprache übersetzt worden wären. Auch nicht, dass ich schrieb: »unberührtes Afghanistan«.

Unberührt? Gegen Mittag des zweiten Tages, unterwegs von Herat nach Kabul, erlebte ich einen erneuten Umschlag der äußeren Gegebenheiten: mit einem Mal asphaltierte Straßen statt Pisten. Bulldozer dröhnten an unserem Lastauto vorbei, auf dessen Verdeck ich saß. Arbeiter winkten uns zu. Bei einem einstöckigen Ziegelbau machten wir eine kurze Pause. Weitere Autos waren vor dem Eingang geparkt.

Im Inneren traf ich zwei Europäer mit flachsblonden Haaren, russische Ingenieure, die zu meiner Überraschung Deutsch sprachen. Sie seien, wie sie mir erklärten, in leitender Funktion für den Straßenbau nach Afghanistan geschickt worden. Afghanistan sei ein sehr armes Land, sehr primitiv. Wenn ich nach Kabul käme, würde ich sehen, dass dort schon der Fortschritt begonnen habe. Die Sowjetunion helfe mehr als jeder andere Staat, Afghanistan zu entwickeln. – Ah ja, sagte ich gedehnt und wusste im Moment nicht, was ich sonst antworten sollte. Die Russen schenkten mir Wodka ein und hoben die Gläser. »Trinken wir auf den Fortschritt«, sagte der eine. »Trinken wir auf die Freundschaft der Völker«, sagte der andere. Der eine, der fließend Deutsch sprach, fasste mich aufmunternd am Arm und erklärte: Sollte ich in zwanzig Jahre wieder nach Afghanistan kommen, würde ich das Land nicht mehr wiedererkennen, so sehr werde es sich verändert haben. Der Fortschritt marschiere. Ich lächelte höflich und sagte nichts. Eine so rasante, so schwerwiegende Veränderung konnte ich mir – damals – noch nicht vorstellen.

Die Vorboten einer problematischen Globalisierung

Ein anderes Afghanistan

Der Fortschritt marschiert ... 1976, gerade zwölf Jahre später, sollte ich von einem Rucksacktouristen erfahren, dass viele Straßen in Afghanistan inzwischen einwandfrei ausgebaut seien, außerdem befänden sich entlang der Hauptroute von der Grenze des Iran über Herat bis nach Kabul eine ganze Reihe guter Hotels und Campingplätze. Anfang der 1970er-Jahre habe sich das Land dem Tourismus geöffnet. Er sei hauptsächlich per Anhalter unterwegs gewesen, das funktioniere gut, weil auf der Hauptroute jede Menge Europäer daher gefahren kämen. Dann die Restaurants: Nirgends habe er bessere Wiener Schnitzel und Pizzas gegessen als in Herat, Kandahar und Kabul. Abseits der Hauptroute sei es allerdings noch »urig«, wenngleich die Einheimischen auf die vielen Ausländer inzwischen »nicht immer freundlich« reagierten.

Es war jene Zeit, in der vermehrt auch Hippies Afghanistan auf dem Landweg nach Indien durchquerten und viele von ihnen sich wochenlang in Städten wie Herat und Kabul aufhielten. Mit ihrer bunten Kleidung und ihrem oft demonstrativ geäußerten Bedürfnis, den Zwängen westlicher Industriegesellschaft eine Zeitlang oder auf Dauer zu entkommen, boten sie für traditionsverhaftete Afghanen eine irritierende Erscheinung. Aber all die Touristen brachten Geld in das notleidende Land, und afghanische Geschäftsleute passten sich wendig den neuen Verhältnissen an, wie ich später Pressenachrichten entnehmen konnte. Die Touristen waren mit ihrer plötzlich massiven Präsenz entlang der Hauptroute die ersten Vorboten einer Globalisierung in einem bis dahin abgeschotteten Land. Ihr Aufenthalt signalisierte allerdings ein noch eher sanftes Gleiten in eine völlig neue Zeit. Einen harten Aufprall in die Konfliktfelder der Globalisierung bescherte dagegen wenig später die Entwicklung in der Politik.

Der Fortschritt marschiert ... Das erste politische Signal zeigte sich im Jahr 1973. Am 17. Juli wurde König Mohammed Zahir, der seit 1933 regierte, durch seinen Neffen Mohammed Daoud gestürzt und ins Exil geschickt. Damit endete die Monarchie, und Daoud regierte fünf Jahre lang als Präsident der Republik Afghanistan mit dem Vorsatz, die versäumten Reformen innerhalb kürzester Zeit nachzuholen. Aber auch Daoud wurde gestürzt, er allerdings starb bei dem Putsch. Es folgten unruhige Jahrzehnte, in denen die Lage äußerst instabil blieb, weil keine Regierung sich im politisch aufgesplitterten Land durchsetzen konnte. So wuchs der Einfluss der Sowjetunion, bis schließlich am 25. Dezember 1979 sowjetische Panzer auf den von Russen gebauten »Straßen der Freundschaft« einrollten, um den gewonnenen Einfluss notfalls auch mit Gewalt dauerhaft zu sichern.

Im darauffolgenden Krieg zwischen den sowjetischen Besatzungstruppen und verschiedenen afghanischen Stämmen entstand die Widerstandsbewegung der Taliban. Weltweit noch viel folgenreicher aber war, dass Osama bin Laden sich dem Widerstand anschloss, die Organisation al-Qaida gründete und in Afghanistan auch das Attentat auf das World Trade Center in New York am 11. September 2001 plante. Angesichts der zunehmenden Kriegswirren zogen immer mehr Flüchtlinge in die Nachbarstaaten Iran und Pakistan weiter, und als sich auch die Stadtbewohner bedroht fühlten, erreichten die Flüchtlingsströme Europa. Afghanistan, bis dahin ein Staat am Rand der Welt, rückte in die Aufmerksamkeit der Weltöffentlichkeit, und der Name des Landes wurde zum Synonym für eine globale Bedrohung.

War 1964 von einer derartigen Entwicklung etwas zu ahnen? Im Rückblick kann ich das verneinen, zumindest was meine Eindrücke unterwegs in Herat betraf. Das galt aber auch für meine Eindrücke in Kandahar, jener traditionell geprägten Stadt, die zwei Jahrzehnte später die Hauptstadt der Taliban wurde und in der auch Osama bin Laden eine Zeitlang wohnte. Anzeichen einer untergründig brodelnden Krise ließen sich am ehesten in der Hauptstadt Kabul erahnen. Dort kam ich am Nachmittag des dritten Tages an. In der Hauptstadt mit rund 350 000 Einwohnern war schon damals ein weit ausgedehntes Neustadtviertel mit einer Architektur nach westlichem Vorbild errichtet worden, mit etlichen Hotels und Restaurants, ebenso mit Autos, Motorrädern, dazu westlich gekleidete Afghanen und eine Reihe unverschleierter Frauen. Im jähen Kontrast dazu aber die Altstadt.

Abrupt endeten am Übergang zur Altstadt die Asphaltstraßen. Ich stapfte im Schneeregen auf Lehmwegen durch Schlamm und Pfützen, versank teils bis zu den Knöcheln im Morast. Risse und Schimmel an den Wänden der traditionell gebauten Häuser. Die Männer hier fast alle in Turban und Kaftan, die Frauen ausnahmslos in der alles verhüllenden Burka ... Malerisch? Viele der Passanten husteten in der feuchtkalten Dezemberluft, manche spuckten unaufhörlich, wirkten krank. In feuchten, engen Behausungen würden sie den Winter überstehen müssen. Es zeigte sich der schroffe Kontrast zwischen der verwestlichten Neustadt mit dem Wohlstand seiner schmalen Ober- und Mittelschicht und der »orientalischen« Altstadt und ihrer erkennbaren Armut. Diese Trennlinien sind in viel zu vielen Ländern der sogenannten Dritten Welt die Ursachen sozialer Spannungen und lösen immer wieder revolutionäre Umbrüche aus. Kabul sollte zu jener Stadt in Afghanistan werden, in der die politische Eskalation der Konflikte ihren Anfang nahm; diese Konflikte ließen die Weltpolitik erbeben, mit globalen Folgen.

Kabul war 1964 die einzige Stadt, in der ich ansatzweise mit englischsprachigen Afghanen diskutieren konnte. Reformen? Die Gefragten zögerten. Der König regiere nur in Kabul, seine Herrschaft reiche nicht in weiter entfernte Städte und Stammesgebiete. Afghanistan sei kein wirklicher Staat, sondern bilde ein Nebeneinander sehr unterschiedlicher Machtzentren. Reformen? In Kabul habe sich ein bisschen etwas bewegt, aber nur in der Neustadt. Viel müsse geschehen, damit sich die Entwicklung beschleunige. – Auf der Fahrt nach Kabul hätte ich Russen getroffen, auch hier in Kabul sei ich Russen begegnet, erklärte ich. – Nicht nur Russen, auch Amerikaner und Engländer kämen zusehends nach Kabul. Afghanistan könne sich nicht länger vom Ausland abriegeln. Afghanistan müsse sich ändern und werde sich bald ändern. Auch Touristen seien willkommen. So äußerten sich Männer, die in einer Kabuler Schule oder während eines Auslandsaufenthalts Englisch gelernt hatten. Alle, mit denen ich ins Gespräch kam, beurteilten die Chancen für die Zukunft eher optimistisch. Aber gerade Menschen wie sie sollten dann die ersten sein, die bei dem Vormarsch der Taliban fluchtartig das Land verließen, verlassen mussten.

Vom Plafond meines Hotelzimmers tropfte Wasser, der Wirt hatte nur eine Schüssel zum Auffangen der Tropfen hingestellt. Ein anderes Zimmer gab er mir nicht, hatte er nicht frei. Ich hustete schließlich wie viele der Altstadtbewohner und blickte vom Fenster aus auf die Berge des Hindukusch, die im Wirbel von Regen und dann von Schneeflocken versanken. Ich fühlte mich geschwächt von den Rundgängen in der feuchtkalten Luft und dem Morast in jenen Gassen, von denen ich mir erhofft hatte, sie »malerisch« zu empfinden. Ich war geschwächt von der langen Fahrt auf dem Verdeck des Lastautos, auf dem ich schier unendliche Stunden eisigem Wind und dem Anblick einer schneebedeckten, unerbittlichen Wüste ausgesetzt war.

Dem nun beginnenden Winter wollte ich so rasch wie möglich entkommen und wich erstmals von meinem Vorsatz ab, Asien ausschließlich auf dem Landweg zu durchqueren. Anstatt mit einem Bus über den legendären Khyber-Pass in die Tiefebene nach Pakistan zu fahren, wo der Frühling auf mich wartete, buchte ich im Büro der Pakistan Airlines für den nächsten Morgen einen Flug nach Peschawar. Der Flug dauerte nur eine halbe Stunde.

»Fasten your seatbelts. No smoking.« Als einziger Europäer saß ich unter dunkelhäutigen, glattrasierten, westlich gekleideten Männern. Waren es Afghanen? Pakistaner? Inder? Ihre modischen Anzüge und Krawatten strahlten den Habitus international tätiger Geschäftsleute aus, ohne dass ich sie auf eine Nationalität hätte festlegen können; die Uniformität unserer Einheitszivilisation hatte alle Unterschiede verschwinden lassen. Ich dagegen trug eine bunt ornamentierte Kappe und eine ebenso bunt bestickte Jacke, beides in einem Basar in Herat erworben; mir war während der zurückliegenden Wochen ein Bart gewachsen; als Einziger unter den Passagieren strömte ich ein »afghanisches« Flair aus. Die asiatischen Fluggäste betrachteten mich, den Europäer, noch irritierter als ich sie.

So näherten wir uns Peschawar im äußersten Norden Pakistans, einer Stadt inmitten ausgedehnter Obstplantagen, Weizen-, Mais- und Zuckerrohrfeldern, einer Stadt, in der sich Bauten aus der britischen Kolonialzeit neben einer weit ausgedehnten Altstadt erhalten hatten. Noch fast alle Männer waren dort traditionell mit Turban und hemdartigen Gewändern bekleidet, manche der Frauen so tief verschleiert wie in Afghanistan, viele jedoch in bunten Saris wie in Indien.

Zwei Jahrzehnte später wohnte Osama bin Laden zeitweise in Peschawar. Er organisierte von hier aus – strategisch und finanziell unterstützt vom pakistanischen und amerikanischen Geheimdienst – den Widerstand radikalislamischer »Glaubenskämpfer« aus arabischen Ländern gegen die sowjetischen Besatzer in Afghanistan. Mehr noch: Am 11. August 1988 gründete Osama bin Laden in Peschawar die bald international vernetzte Terror-Organisation al-Qaida.

Als das »ganz Fremde« noch weit entfernt war …

Erfahrungen in Indien vor mehr als fünfzig Jahren

Die Inder, die mir gegenüber saßen, waren traditionell gekleidet: mit Turban, einem kragenlosen Hemd, der Kurta, und einem gewundenen Wickelrock, dem Dhoti. Die nackten Beine hatten sie auf den Sitzen gekreuzt. Sie musterten mich neugierig, als würden sie zum ersten Mal einen Ausländer sehen. Vermutlich kamen sie aus einer Kleinstadt oder einem Dorf.

Ich reiste im Abteil zweiter Klasse eines nordindischen Regionalzugs. Draußen glitten Lehmhütten mit Strohdächern vorbei, Ochsenkarren, Reisfelder, auf denen Bauern mit dem Holzpflug arbeiteten. Die Szenerie draußen und die Männer im Abteil erschienen mir gleichermaßen wie Erscheinungen einer längst vergangenen Epoche. Nur einer der Fahrgäste passte nicht in dieses Bild. Er trug einen Blazer, ein kariertes Hemd und Bluejeans. Er war auch der Einzige, der Englisch sprach und sich lebhaft mit mir »about Germany«, »about Europe« unterhielt. Er, vielleicht 16 oder 17 Jahre alt, war Schüler in einem College. Aber mitten im Satz stockte er, sein Blick blieb an einem Buch haften, das ich neben mir liegen hatte, ein Buch mit einer deutschen Überschrift »Die Götterwelt der Hindus«. Was für eine Sprache das sei, wollte er wissen. – Deutsch, antwortete ich. Er sah mich erstaunt an. Deutsch? Die Deutschen hätten eine eigene Sprache? – Natürlich, es gebe in Europa Völker mit verschiedenen Sprachen. – Die Umgangssprache der Deutschen sei nicht Englisch? – Nein. Der junge Inder schüttelte den Kopf und lächelte verlegen. Er habe gedacht, alle Europäer würden Englisch sprechen.

Was wusste dieser junge Inder über Europa? Wie abgeschottet lebte er trotz seiner guten Englischkenntnisse von der übrigen Welt? Dieses Gespräch war eine meiner ersten Überraschungen, als ich im Januar und Februar 1965 das erste Mal durch Indien reiste.

Aber drei Tage später folgte eine weitere Überraschung – in derselben Dimension. Wieder war ich in einem Eisenbahnabteil zweiter Klasse unterwegs, diesmal allerdings auf der Fernverkehrsstrecke von Jaipur nach Mumbai (dem früheren Bombay). Mir gegenüber saßen zwei westlich gekleidete Männer, sehr hellhäutig, im Gesichtsschnitt fast europäisch wirkend, die anderen eher dunkelhäutig, die einen wohl aus Indiens Norden, die anderen aus dem Süden. Die Männer sprachen ausnahmslos Englisch – dies, so glaubte ich anfangs, weil sie mich als Ausländer am Gespräch teilhaben lassen wollten. Nur einer der Fahrgäste, traditionell gekleidet, schwieg beharrlich, obwohl er uns aufmerksam beobachtete. Daher sprach ich ihn auf Englisch an, um auch ihn in das Gespräch miteinzubeziehen. Er aber sagte nur kurz einen Satz, auf Hindi, so glaubte ich. Irritiert wandte ich mich an die anderen. Sie schüttelten die Köpfe und antworteten, keiner verstünde die Sprache dieses Mannes. – Er habe nicht Hindi gesprochen? – Nein. – Ob Hindi nicht die Sprache aller Inder sei? Zumindest der meisten Inder? Die Gesprächspartner wechselten rasche, erstaunte Blicke. Schließlich erklärte einer der beiden Hellhäutigen: Er selbst stamme aus der Provinz Punjab und spreche Hindi, aber sein Nachbar stamme aus Bombay und spreche Marathi, vielleicht auch Urdu, und sein anderer Nachbar stamme aus Chennai (dem früheren Madras), dort spreche man Tamil, keiner von ihnen beherrsche Hindi, das werde nur im Norden gesprochen. In Indien gebe es über 300 verschiedene Sprachen, und sehr verschiedene Völker. Die einzige Sprache, in der sich alle Völker Indiens verständigen könnten, zumindest Inder der Bildungsschicht, sei Englisch. Jawohl, Englisch, die Sprache der ehemaligen Kolonialherren. Deshalb würden sie sich hier im Zugabteil in dieser Sprache unterhalten.

Was wusste ich über Indien? Zehn bis zwanzig Jahre später wusste wohl jeder Inder, der sich einigermaßen auf Englisch verständigen konnte, dass die Deutschen eine eigene Sprache haben – und dass sich der europäische Kontinent sprachlich und kulturell ähnlich vielfältig auffächert wie der Subkontinent Indien. Umgekehrt weiß inzwischen auch jeder interessierte Tourist, dass keine Inderin und kein Inder »indisch« spricht, sondern in einem Kosmos unterschiedlichster Sprachen zuhause ist. Parallel dazu ist der Kenntnisstand über den Subkontinent Indien gewachsen, seit billige Charterflüge in den 1970er-Jahren die Anreise auch nach Indien erleichtern. Was wusste ich über Indien? Eine Frage aus immer neuen Blickwinkeln ...

In meinem Kopf brachte ich aus Europa Bilder einer farbenprächtigen, mythenbeladenen Kultur mit, eines Indien der monumentalen Tempelanlagen und Maharadscha-Paläste, der pittoresken Basare, der leuchtend bunten Turbane und Saris, der üppig wuchernden Tropenlandschaften. Und ich fand dieses Indien jenseits der modernen Ballungszentren in vielen Städten, die noch ihre historisch gewachsene Struktur behalten haben, einer Architektur, die keinen Vergleich mit der des europäischen Hochmittelalters zu scheuen braucht. Aber ebenso hatte ich auch schon in Europa, völlig abgespalten von diesen Projektionen, die Bilder eines Elends gespeichert, das ich in Dörfern sowie in Großstädten mit ausgedehnten Slumvierteln und unvorstellbar vielen Bettlern vorfinden würde. Und auch für solche Bilder fand ich bereits in den ersten Wochen bruchstückhaft Bestätigung. Wie aber sollte ich derart gegensätzliche Projektionen und Impressionen in Einklang bringen? Und wie sollte ich den Indern erklären, dass ich lieber dort unterwegs war, wo es weniger Elend und noch keine austauschbaren Betonbauten, sondern unverwechselbare »indische« Architektur gab? Dass ich an »Germany« und »Europe« nicht all das bewunderte, was sie anerkennend als »modern« bezeichneten.

Bereits mein Aussehen schien viele Inder zu irritieren, hatte ich doch einen Bart und trug das Haar lang, weil ich die vergangenen zwei Monate unterwegs keinen Friseur aufgesucht hatte. Außerdem war ich mit einer afghanischen Jacke und Kappe wie auch mit einer Pluderhose aus einem pakistanischen Basar bekleidet, nachdem meine fürchterlich zerschlissene Bluejeans eingerissen war und ein großes Loch bekommen hatte. Aber nicht weniger verunsichert betrachtete ich umgekehrt viele Inder: Gerade Inder der Ober- und Mittelschicht, die relativ gut Englisch sprachen und sich als die einzig ergiebigen Gesprächspartner erwiesen, waren westlich gekleidet – entweder sportlich in Hemd und Sakko oder in Anzug und Krawatte. Auch waren sie im Gegensatz zu mir glattrasiert und trugen ihr kurzgeschnittenes Haar peinlich genau gescheitelt. Meiner Erwartung, wie ein typischer Inder auszusehen hatte, entsprachen sie ganz und gar nicht – so wie ich meinerseits nicht in ihre Erwartung vom Erscheinungsbild eines Europäers zu passen schien.

1965 traf ich ab und zu schon auf Reisegruppen aus Europa und Amerika, besonders in Delhi, Bombay und am Taj Mahal in Agra. Mir fiel jedoch auf, dass die meisten meiner indischen Gesprächspartner solche Reisende besser in ihre eigene Vorstellungswelt einordnen konnten. Meist waren solche Reisende »ordentlich« gekleidet wie Inder gehobener sozialer Schichten und fügten sich in eine Gruppendisziplin ein, wie es anscheinend für Inder selbstverständlich war. Auf europäische Einzelreisende, die ähnlich wie ich gekleidet und ebenfalls auf dem Landweg nach Indien gekommen waren, traf ich hier und da. Ihnen begegnete ich vor allem in kleineren Städten, die sie – wie ich – als »malerisch« empfanden. Und über die sie – wie ich – sagen konnten: »Wo Indien noch Indien ist«. Wir taten so, als wüssten wir bereits, was man unter Indien zu verstehen habe.

Die intensivste Erfahrung des »ganz Fremden« erlebte ich von Anfang an bei jenen Indern, die sich zum Hinduismus bekennen. Rund 82 Prozent der Inder sind Hindus, etwa 12 Prozent Muslime. Ob man als westlicher Besucher eine Moschee betritt oder einen Hindu-Tempel und dort die Menschen beobachtet, dort mit ihnen redet, bedeutet einen radikalen Unterschied. Als ich erstmals die Fassaden von hinduistischen Kultstätten betrachtete, löste dies bei mir wesentlich mehr Fragen aus als beim Betrachten einer Moschee: ein Labyrinth von Gottheiten, bei deren Anblick es mir als Europäer schwerfiel, eine Ordnung in diesen Figurenfriesen auch nur zu erahnen. Wer war die höchste Gottheit? Shiva? Vishnu? Oder gar eine Göttin? Und was bedeutete es, dass sich in Tempeln Steinfiguren befinden, die sich in eindeutig erotischer Pose umarmen, küssen? Mehr noch: dass nackte Körper dargestellt waren, die sich im Beischlaf vereinen? Also eine sinnlich-»heidnische« Religiosität? Und sollte ich das »Heidnische« als eine kaum entwickelte oder sogar niedere Form von Religion betrachten? Erotische Figuren wie die oben beschriebenen befinden sich in Tempeln, die architektonisch-künstlerisch so eindrucksvoll sind wie die eines gotischen Domes, und viele dieser Tempel wurden einige Jahrhunderte früher erbaut. Wie hoch entwickelt ist der Hinduismus? Wie stark prägt die Religion auch noch heute das soziale Leben? Ist nicht gerade der indische Kulturraum religiöser als jeder andere?

Hinzu kam noch eine weitere Irritation: Ich entdeckte in den Verkaufsbuden nahe der Tempel nicht nur Farbdrucke von Hindu-Gottheiten zum Verkauf ausgelegt, sondern auch Christus-Bildnisse. Auf meine Frage ob dieses Nebeneinanders erhielt ich eine Antwort wie: »Wir Hindus schließen alle Gegensätze in unser Denken ein.« Wie das verstehen? Selbst bei Indern der gehobenen Bildungsschicht konnte ich, obgleich wir uns gut auf Englisch verständigen konnten, keine schlüssige Auskunft bekommen. Denn es fehlte bei den starken kulturellen Unterschieden der gemeinsame Begriffshorizont.

Gerade solche ersten Erfahrungen verstärkten mein Gefühl, wie weit entfernt Indien von Europa ist.

Ist das Globalisierung?

Offene Fragen in Indien

Meine erste nähere Begegnung mit Indern der Ober- und Mittelschicht, die gutes Englisch sprachen und von denen ich aufschlussreiche Antworten erhoffte, verlief völlig anders, als ich mir das vorgestellt hatte. Ich war bei einer Großfamilie in Kalkutta eingeladen. Den Kontakt zu dieser Familie hatte ich schon in meiner Heimatstadt Stuttgart geknüpft. Dort hatte ich mich 1964 mit einem indischen Studenten angefreundet. Und dort lernte ich auch seinen Onkel kennen, einen Autohändler aus Kalkutta, der quer durch Europa unterwegs war und etliche Verwandte besuchte, so auch in Großbritannien und in der Schweiz.

Der Neffe hatte mich zusammen mit Studenten seiner Heimat zu einem Essen eingeladen. Wir saßen in einer geräumigen Stuttgarter Mietwohnung des Neffen mit gekreuzten Beinen im Kreis auf dem Boden, der Tisch und die Stühle waren an die Wand gerückt. Wir aßen ein scharf gewürztes Gemüsecurry aus Blechschüsseln, die wohl aus Indien stammten. Besteck gab es keines, zum Essen benutzten wir die rechte Hand, kneteten mit den Fingern Reis und Gemüse mundgerecht zu Kugeln. Traditionelles Indien mitten in Deutschland. Der Onkel aus Kalkutta war penibel mit Anzug und Krawatte bekleidet, aber beim Essen schleckte er sich genauso geräuschvoll wie die anderen seine Finger ab. Ich war mit ihm ins Gespräch gekommen, er hatte anscheinend Gefallen an mir gefunden und lud mich ein, ihn einmal in Kalkutta zu besuchen, sollte ich jemals nach Indien kommen.

Bereits im darauffolgenden Jahr reiste ich nach Indien. Ich hatte ihm per Brief meine Ankunft in Kalkutta mitgeteilt, und auf dem Postamt fand ich eine Antwort hinterlegt mit dem genauen Termin der Einladung. Ich mietete mich in einem einfachen Hotel am Rand der Altstadt ein und ließ mir dann bei einem Friseur die Haare kurz schneiden und den Bart wegrasieren, denn ich wollte bei meinem Gastgeber so zivilisiert »europäisch« erscheinen, wie er mich in Stuttgart kennengelernt hatte. Am nächsten Morgen nahm ich ein Taxi zur Villa des Autohändlers, der laut Auskunft seines Neffen zu den reichsten Männern Kalkuttas gehörte. Ich war voller Erwartung, Einblick in eine Gesellschaftsschicht zu bekommen, zu der ein Tourist im Allgemeinen keinen Zugang hat.

Die Villa, ein würfelartiger Bau mit Säulen, Erkern und Giebeln im britischen Kolonialstil, ragte mitten in einem weitläufigen Garten auf. Der Autohändler empfing mich allerdings nur kurz zu einem Gespräch, leider habe er aus Termingründen für mich erst übermorgen Zeit, aber sein Sohn werde mir morgen einige Sehenswürdigkeiten der Stadt zeigen. Der Sohn, in modischem Sakko und Bluejeans holte mich gegen zehn Uhr morgens im Hotel ab. Sein Blick verriet Irritation über meine einfache Unterkunft. Ein Chauffeur in Uniform und Turban öffnete mir die Wagentür, dann saß ich in einer lang gestreckten Luxuslimousine mit getönten Scheiben und leise surrender

Klimaanlage. Ich hatte beim Einsteigen gezögert, aber wie hätte ich meinem Gastgeber erklären sollen, dass ich mir eine Stadtbesichtigung eigentlich anders vorstelle? Verlegenheit hinderte mich, Einwände zu äußern. Lautlos glitt die Limousine durch die Straßen, lautlos zogen draußen die Gebäude, die Fahrzeuge, die Menschen vorbei, abgeschirmt und seltsam entrückt durch die dicke, hermetisch schließende Tür und die dunkel getönten Fensterscheiben. Aber Dutzende, viele Dutzende, Hunderte Augenpaare fühlte ich auf das Auto, fühlte ich auf mich gerichtet, ich, der als nur schemenhaft wahrnehmbare Gestalt hinter den Scheiben saß. Ich fühlte die Blicke von Rikschafahrern, Lastenträgern, Bettlern ... Die Limousine blieb im Stau, im Geschiebe von Autos, sich verkeilenden Handkarren und Rikschas stecken, neugierige Gesichter kamen nun ganz nahe. Keine Bettler klopften jedoch an die Fenster, wie sie das meist aufdringlich bei Taxis tun – eine Limousine dieses Stils bewirkte von vornherein Distanz und schüchterte ein.

Bauten im britischen Kolonialstil zogen draußen vorbei, im Hintergrund Hochhäuser einer indischen Moderne. Auf den Gehwegen aber reihten sich hier und da Zelte aus Sackleinen, vor denen Menschen lagerten, in denen Menschen wohnten. Auf diesen Anblick war ich allerdings vorbereitet, denn Kalkutta hatte schon in den 1960er-Jahren weltweit den Ruf, sagenhaft reich und beispiellos arm zu sein. Bereits während der britischen Kolonialherrschaft waren massenhaft notleidende Bauern arbeitssuchend in die Metropole Kalkutta geströmt, konnten aber nur noch in Elendsvierteln eine Bleibe finden oder mussten auf den Gehsteigen lagern. Mein Begleiter erläuterte knapp die Kolonialbauten, die einst das Viertel der britischen Kolonialregierung gebildet hatten. Als wir an Industrieanlagen vorbeifuhren, begann er mit ausführlicheren Erklärungen. In Kalkutta gebe es riesige Industriezentren für Maschinenbau und Petrochemie, die er mir angesichts der Kürze der Zeit nicht zeigen könne. Kalkutta produziere für den Weltmarkt, werde in Europa ungerechtfertigt unterschätzt, und Indiens wachsende weltwirtschaftliche Bedeutung werde im Ausland so gut wie gar nicht wahrgenommen. Die Zeit sei nicht mehr fern, dass Indien mit den westlichen Industrienationen wirtschaftlich konkurriere.

Ich solle diesen Leuten nichts geben. Unwillig winkte er ab, als wir bei einem Park mit Ausblick auf den Fluss Hugli ausgestiegen waren. Er hatte gesehen, dass ich den Geldbeutel gezückt hatte und Münzen für die Bettler heraussuchte, die sich zögernd näherten. Er schob mich rasch ins Auto. Für diese Leute seien andere zuständig, erklärte er. – Wen er denn mit »andere« meine, fragte ich. – Das sei ein kompliziertes Problem, sagte er in einem Ton, der mir signalisierte, dass er keine Lust hatte, darüber ausführlich zu diskutieren. Doch nach einer kurzen Pause ergänzte er: Für die Hilfe seien deren Familien zuständig, jede Familie sorge für ihre Mitglieder. Das Wort »Familie« betonte er so inständig, wie ich das bereits zuvor bei der Eisenbahnfahrt mit den türkischen »Gastarbeitern« erlebt hatte. – Wenn aber die Familien der sozial Schwachen, fragte ich, kein Geld hätten, würde dann der Staat etwas für die Menschen tun? – »Der Staat ...« Er winkte verächtlich ab. Indien sei eine Ansammlung von Großfamilien, Sippen und Kasten, die es gewohnt seien, für sich selbst zu sorgen. Ein Europäer verstehe nicht, wie Indien funktioniere, und könne es auch nicht verstehen. Noch einmal winkte er ab zum Zeichen, jetzt endgültig dieses Thema beenden zu wollen.

Zwei Tage später fand ich mich wieder in der Villa des Autohändlers ein. Nahezu vierzig bis fünfzig Menschen standen gruppenweise auf dem gepflasterten Vorplatz und den Rasenflächen. Männer und Frauen getrennt, ein Großteil der Männer westlich gekleidet, nur einige Ältere im traditionellen Wickelrock. Schon lange zuvor hatte die Großfamilie, deren Ehrengast ich war, ihr Wiedersehen geplant. Was für eine Auszeichnung! Der Autohändler stellte mich als Student aus Deutschland vor, der mit seinem Neffen befreundet sei, der auch in Deutschland studiere. Mich habe er kennengelernt bei seinem letzten »Trip in Germany«, bevor er nach London weitergereist sei. Der Autohändler hatte allerdings nach dieser kurzen Vorstellung keine Zeit mehr für mich, er konzentrierte sich auf andere Gäste, die ihrem äußeren Habitus nach Geschäftsleute sein mussten. Dennoch scharten sich etliche Männer um mich, neugierig auf meine Auskünfte über »Germany« und »Europe«. Manche waren Autohändler wie mein Gastgeber, andere Ingenieure, Techniker, Ärzte. Etliche waren schon mehrmals in Europa und den USA gewesen, teils »for business«, teils »for holiday«.

Einer war gerade aus London zurückgekommen, vom »shopping«, wie er sagte, und zeigte sich verwundert, dass ich nicht das Flugzeug nach Indien genommen hatte. Auf dem Landweg sei ich gekommen? Er lachte ungläubig. Ein Flug sei zu teuer? Und es sei interessanter, mit dem Zug, dem Bus oder per Anhalter unterwegs zu sein? Er betrachtete mich verdutzt, nicht anders als die Männer neben ihm. Was ich über Indien dächte, wollte er wissen. – Besonders beeindruckt hätte mich das Taj Mahal in Agra, die Tempel von Khajuraho, Städte wie Jaipur und Udaipur, erwiderte ich. Aber ich vermied es, über meine zwiespältigen Eindrücke in sozial kontrastreichen Ballungszentren wie Delhi, Mumbai oder Kalkutta zu reden. Meine Zuhörer sahen mich mit hochgezogenen Augenbrauen an. Ob ich das Stahlwerk von Rourkela besichtigt hätte, wollte einer wissen. – Nein. – Nein? Rourkela sei eines der modernsten Stahlwerke Indiens, mehr noch, der ganzen Welt. Übrigens sei Rourkela von den Deutschen gebaut worden und liege gar nicht so weit von Kalkutta entfernt. – Wie ihm das Taj Mahal gefalle, wie die Tempel von Khajuraho, stellte ich die Gegenfrage. – Dort sei er nie gewesen, das sei etwas für ausländische Touristen.

Im Umkreis dieser Inder fühlte ich mich näher an Europa als an Indien. Sie entsprachen nicht meinen, ich aber auch nicht ihren Erwartungen. Ihr Habitus stimmte dagegen exakt mit jener Charakterisierung überein, die Baron Thomas Macaulay, ein prominenter englischer Kolonialbeamter, 1833 in Kalkutta für den idealen Inder der Zukunft formuliert hatte: Unter der Kolonialherrschaft sollten den indischen Schülern ausschließlich Bildungsinhalte westlicher Kultur vermittelt werden. Indische Schüler sollten zu einer »Klasse von Personen« geformt werden, »die nach Blut und Hautfarbe zwar Inder, jedoch Engländer ihrer Neigung, Meinung, Moral und ihrem Instinkt nach« seien.[7] Eine solche Zukunftsvision aus dem Jahr 1833 mutet wie ein frühes Manifest der sogenannten Globalisierung an. Tatsächlich besteht ein innerer Zusammenhang zwischen den geistigen Tendenzen im Zeitalter des europäischen Kolonialismus und der späteren Entwicklung der 1970er-Jahre, in denen das Schlagwort »Globalisierung« erst in Umlauf kam (auf dieses Problem werde ich in anderen Zusammenhängen noch näher eingehen).

Was war noch »indisch« an den Indern, bei denen ich in

Kalkutta eingeladen war? Diese Frage beschäftigte mich, als ich mit den rund vierzig bis fünfzig Angehörigen der Großfamilie in einem gemieteten Autobus saß. Der Höhepunkt des Familientreffens sollte ein Besuch des berühmten Botanischen Gartens sein. Aber die Überraschungen begannen schon unterwegs, als die Fahrgäste bei einem großen Tempel ausstiegen, dessen Eingang von bunt bemalten Dämonenfiguren gesäumt war. Die Fahrgäste strömten ins Innere, dort kauften sie Blumengirlanden und aufgespaltene Kokosnüsse, beides legten sie vor mannshohen Götterstatuen nieder. Die meisten Opfergaben aber waren für die überlebensgroße Statue der Göttin Kali bestimmt. Es war jene Gottheit, die mir von allen hinduistischen am meisten fremd erschien: ein tiefschwarzes Gesicht, blitzende Augen, die weit herausgestreckte Zunge tiefrot. Ihre vier Arme waren ausgebreitet, in der einen Hand hielt sie ein bluttriefendes Schwert, in der anderen Hand den abgeschlagenen Kopf eines Mannes. In den beiden anderen Händen dagegen große farbenfrohe Blumenschalen. Dann aber: um den Hals ein ganzer Kranz abgeschlagener Köpfe. Solche Extreme in ein und derselben Gottheit.

Kali sei die wichtigste Schutzgottheit von Kalkutta, erklärte mir einer der Männer beim Verlassen des Tempels. Das Wort »Kali« bedeute »die Schwarze«, und nach ihr sei auch die Stadt Kalkutta benannt, Kali-kutta, Ort der Göttin Kali. – Ihr Anblick sei furchterregend, antwortete ich. – Oh nein, warum denn das? Kali werde als die göttliche Mutter verehrt, die alles beschütze. – Aber die abgeschlagenen Köpfe? – Das seien nicht Köpfe von Menschen, sondern von Dämonen. – Ob Kali nur in Kalkutta verehrt werde? – Nein, in ganz Indien. Sie werde allerdings unter sehr verschiedenen Namen verehrt, diese Gottheit habe unzählige Erscheinungsformen. – Und er glaube an ihre Hilfe? – Sie sei die göttliche Mutter, sie gewähre Schutz.

Der Mann überraschte mich. Er war westlich gekleidet, arbeitete als Diplomingenieur und hatte seine Studienzeit teilweise in England verbracht, wie das Gespräch bei der Weiterfahrt im gemieteten Bus ergab. Der Tonfall seiner Stimme war plötzlich weich, als er von der »göttlichen Mutter« sprach. Aber er hatte sich so eilig, so mechanisch anmutend vor der Statue verneigt, wie alle anderen Mitglieder der Großfamilie. Entsprechend eilig und beiläufig hatte sein Ritual auch vor den anderen Statuen gewirkt. Scheinbar beiläufig hatte er sich außerdem vor einem Priester verbeugt, der ihm anschließend einen Punkt grauen Pulvers auf die Stirn drückte. Doch trotz dieser Eile: Alle Mitglieder der Großfamilie schienen es als notwendig zu empfinden, sich diesen Ritualen zu unterziehen. Ich hätte gerne weiter mit dem Diplomingenieur über indische Gottheiten gesprochen, er allerdings lenkte das Gespräch auf »Germany« und bewunderte dieses kleine, wirtschaftlich so erfolgreiche Land.

Der Bus überquerte die Howrah-Brücke und durchquerte die Industrieviertel des Stadtteils Howrah, bevor wir den Botanischen Garten erreichten. Die größte Attraktion dort war ein Banyan-Baum, der mit seinen weit ausladenden Ästen und herabhängenden Luftwurzeln einen Durchmesser von sechzig bis siebzig Metern hatte. Dies sei der größte Banyan-Baum der Welt, erklärte mir der Autohändler und gab uns allen mit einer schwungvollen Geste zu verstehen: eine würdige Kulisse für ein Picknick der Großfamilie. Die Diener, die uns in einem eigenen Auto gefolgt waren, breiteten in einem weiten Kreis Kissen zum Sitzen aus und schöpften, nachdem wir uns niedergelassen hatten, aus großen Töpfen Reis, Gemüse, Soßen, Joghurt, Früchte. Es war vegetarisches Essen, wie es aus rituellen Gründen für viele Hindus, die aus höheren Kasten stammen, selbstverständlich ist. Gegessen wurde traditionell. Die Männer, die während ihrer Geschäftsreisen im Ausland gewohnt waren, zu Tisch mit Messer und Gabel zu essen, saßen hier wie ihre Frauen mit gekreuzten Beinen auf dem Boden. Vor ihnen war das Essen auf Bananenblättern ausgebreitet. Sie kneteten mit der rechten Hand den Reis und das Gemüse in der Soße zu Kugeln und schoben sie in den Mund. Es war eine Szenerie, wie sie mir schon seit meiner ersten Reise in Tunesien, dann in Afghanistan wie auch in Pakistan vertraut war und wie ich sie zuvor auch schon bei den Indern in Stuttgart erlebt hatte.

Mit diesem Picknick verbindet mich allerdings eine besondere Erinnerung. Während wir aßen und die Diener immer wieder erneut nachschöpften, wurde es hinter den Büschen lebendig. Von überall her näherten sich Menschen, zunächst Dutzende, schließlich rund hundert oder mehr. Als stumme Zuschauer bildeten sie im Abstand von etwa zwei Metern einen zweiten Kreis um uns. Es waren Männer, Frauen, Kinder, alle ziemlich mager, ja abgemagert, in zerschlissenen Lendenschürzen und Saris, in Fetzen, in Lumpen, manche mit Händen ohne Finger, vermutlich Leprakranke, manche mit Arm- und Beinstümpfen, mit Krücken. Diese Augen, diese brennenden Augen in knochigen, faltigen Gesichtern, gierige Augen, die jede Bewegung der Essenden verfolgten. Einer der Essenden neben mir, satt rülpsend, Ausdruck eines besonderen Wohlbehagens, warf eine nur halb gegessene Melonenscheibe hinter sich. Er schien nicht zu hören, dass sich hinter seinem Rücken etliche zerlumpte Kinder mit Geschrei um den Essensrest balgten. Dies waren die einzigen Geräusche, die von dem Belagerungsring kamen. Die abgemagerten Gestalten zwangen sich zur Ruhe, wohl in der Angst, sonst verjagt zu werden. Enorme Geduld mussten diese Menschen gelernt haben; ihre endlose Geduld war offensichtlich eine Frage des Überlebens.

Fingerschnipsend gab der Autohändler schließlich das Zeichen zum Aufbruch. Scheu öffneten die zerlumpten Gestalten ihren Belagerungsring und ließen uns gehen. Keiner der abziehenden Gäste des Picknicks warf ihnen auch jetzt einen Blick zu, so als seien die Wartenden unsichtbar oder würden gar nicht existieren. Die Diener, die die Eimer und Töpfe zusammenräumten, blieben zurück und wurden weiterhin vom stummen Ring der Belagerer beobachtet. Scheinbar achtlos und eilig kippten die Diener das übrig gebliebene Essen auf die zerstreut herumliegenden Bananenblätter, teils aber auch ins Gras. Dann packten sie die leeren Eimer und folgten uns. Das war das Signal. Jäh stürzten sich die Belagerer auf die Überreste und balgten sich darum, viel zu viele Menschen für ein bisschen Essen.

Ich war als Einziger stehen geblieben und blickte zurück. Neben mir war der Autohändler getreten. »Ist es nicht schön hier?«, fragte er und wies mit einem weiten Bogen vom Banyan-Baum hin zum Fluss Hugli mit seinen weißen Dampfschiffen. Ich nickte zögernd. Ich wollte zuvorkommend sein. Das war ihm zu wenig. »Ja«, sagte ich höflich. Bei der Weiterfahrt im Bus bekam ich Magenschmerzen und leichten Brechreiz. Es konnte nicht daran liegen, dass ich zu viel gegessen hatte.

Begegnungen mit Gauguin und Robinson

Sehnsucht nach Inseln in Thailand

Ich näherte mich dem Dorf. Palmstrohdächer ... Das sah ich schon von weitem. Nirgends Wellblech. Frauen und Männer tauchten bei den Hütten auf, alle blickten sie mir neugierig entgegen. So beharrlich neugierig, als ob sich noch nie ein Ausländer ihrem Dorf genähert hätte. Vielleicht war das wirklich so. Diese Fantasie, dass es wirklich so gewesen sein könnte ... Die Frauen mit langem schwarzem Haar, das bis zu den Hüften reichte, dazu bunt gemusterte Umhänge. Die Männer mit nacktem Oberkörper und Lendenschurz. Im Hintergrund hoch aufragende, in der Sonne leuchtende Kokospalmen. Das hätte ein Bild von Gauguin sein können, so wie er es Ende des 19. Jahrhunderts auf einer Südseeinsel gemalt hatte.

Dann der Bauer, dem ich auf einem Feldweg begegnete. Ich hatte mich am Rand eines Reisfelds auf einen Stein gesetzt. Er stutzte überrascht, betrachtete mich mit der gleichen Neugier wie die Dorfbewohner zuvor, ging dann aber mit sichtlich schüchternem Kopfnicken an mir vorbei. Wenig später kam er zurück, in den Händen eine Kokosnuss, die er mit einem Haumesser öffnete, zerteilte und von der er mir einige Schnitten anbot. Er verstand kein Wort Englisch, nickte nur mit dem Kopf und murmelte ein paar Wörter, die ich wiederum nicht verstand. In meiner Verlegenheit wusste ich nicht, was ich ihm hätte anbieten sollen. Er verabschiedete sich mit einem Lächeln, bevor ich nachdenken konnte, und ging weiter.

»Diese Menschen – noch wirkliche Menschen«, so notierte ich am Abend in mein Reisetagebuch. Und ich überschrieb das kurze Erlebnis mit der Überschrift: »Robinson begegnet Freitag«. Der Bauer war zwar kein Jüngling mehr wie die berühmte Figur in der Schilderung des Robinson Crusoe, aber alles an seinem Verhalten schien mir zu dem »edlen Wilden« zu passen, dem Robinson den Namen Freitag gab.

Dann die Fischer, die mir von ihrer Palmstrohhütte aus zuwinkten. Als ich näherkam, sah ich, dass sie beim Essen saßen, gebratener Fisch mit Gemüse war auf Palmblättern ausgebreitet. Sie luden mich ein, beobachteten dann neugierig jede meiner Gesten und beantworteten meine wenigen Sätze auf Englisch nur mit einem stummen Lächeln. Wieder empfand ich die Verlegenheit, wie ich mich für die beispiellose Gastfreundschaft revanchieren könnte. Nach einigem Nachdenken kramte ich aus meinem Umhängebeutel, in dem ich ohnehin Proviant hatte, einige in Bangkok gekaufte Postkarten hervor. Die Fischer studierten mit großem Interesse die abgebildeten farbenprächtigen Tempel und Buddha-Statuen. Anscheinend waren derartige Postkarten bisher nicht in ihr Dorf gelangt, und wahrscheinlich war noch keiner der Fischer jemals in Thailands Hauptstadt gewesen, ja, vermutlich nicht einmal über ihre Heimatinsel Phuket hinausgekommen. Ich schenkte ihnen die Postkarten, die ich eigentlich nach Deutschland hatte verschicken wollen. Und so bedankten wir uns beim Abschied gegenseitig.

Meine Insel. Ich schrieb es tatsächlich so: *Meine* Insel. Phuket. Den Namen hatte ich 1965 erstmals in Bangkok gehört. Ein amerikanischer Globetrotter hatte mich auf die Insel im Süden Thailands aufmerksam gemacht. Auch ihm war Phuket ein paar Wochen zuvor noch ein nichtssagender Name gewesen, ein englischer Rucksacktourist hatte ihn mit dem Tipp »heiß« gemacht. Diese Insel ... noch völlig unberührt. Die »Eingeborenen« dort seien noch so gastfreundlich, herzlich, völlig unverdorben. Aber bitte: nicht weitersagen.

Ein Paradies ... Der deutsche Rucksacktourist nickte begeistert, als ich den Namen Phuket erwähnte. Ja, er sei dort gewesen. Ein Paradies. So habe er sich als Kind den Garten Eden vorgestellt. Adam und Eva vor dem Sündenfall ... Meinte er das wirklich ernst oder spitzte er sein Lob nur ironisch zu?

Paradies ... Ich habe von Anfang an diesen Begriff in meinen Reisetagebüchern vermieden. Der Begriff war mir zu sehr mit Emotionen aus dem religiösen Bereich wie auch aus der Epoche der Romantik aufgeladen. In Bezug auf die Religion fiel mir sofort die Vertreibung aus dem Paradies ein. Mit Blick auf die säkularisierte Sehnsucht der Romantik mit ihrer Projektion auf Reiseziele in exotischer Ferne dachte ich an das Schlagwort vom gefährdeten oder gar vom kaputten Paradies. Rucksacktouristen hatten mich bereits in Indien mit diesem Schlagwort vor Bangkok gewarnt.

Thailands Hauptstadt sei längst nicht mehr die Stadt der Klongs, der weitverzweigten Flussarme, gesäumt von Kokospalmen. Man müsse vom Zentrum aus endlos durch abgasverseuchte, gesichtslose Straßen fahren, um zu den malerischen Flussmärkten zu kommen. Für mich der erste schmerzende Realitätstest. Das ausufernde Siedlungskonglomerat von Bangkok war 1965 schon unter dem massiven Zustrom landflüchtiger Bauern zu einer rapid wachsenden Stadt geworden. Bangkok war zugebaut mit zahlreichen gesichtslosen Betonwohnblocks, durchsetzt mit Hüttensiedlungen aus Wellblech und Brettern, durchzogen von autoverstopften Straßen. Ich hatte nur noch einen Gedanken: weg von hier, weg von diesem Moloch. Mit Bangkok verglichen wirkten damals noch viele Großstädte Indiens relativ beschaulich und geruhsam. War ich deshalb bereit, auf Tipps von Rucksacktouristen zu hören und Thailands Hauptstadt überstürzt zu verlassen – in Richtung einer Insel, die im Gegensatz zu Bangkok »paradiesisch« war? Also doch »Paradies«? Würde Phuket den Realitätstest bestehen?

Diese erste Woche auf Phuket. Hier wollte ich jeden Zeitplan beiseiteschieben, ja, wollte nicht einmal mehr auf die Uhr sehen. Immer langsamer werden. Mich vollends von der schrecklichen Diktatur von Terminen in unseren westlichen Industriegesellschaften befreien ... Ich dachte, ich könne nicht weit genug von Europa weg sein. Aber auch nicht weit genug weg von Bangkok.

Diese Reisfelder. Ich blickte von einem höher gelegenen Weg auf die Felder, in denen die Bauern knöcheltief im Wasser standen. Gebückt standen sie, um Reissetzlinge reihenweise in den Schlamm zu drücken. Einer von ihnen stapfte hinter einem Holzpflug her, den ein Büffel durch die glitschige Erdmasse zog. Welch ein Bild. Die Lendenschürze der Bauern warfen bunt flirrende Muster auf das lehmbraune Wasser, Wolken zogen durch die Spiegelfläche. Irgendwie: auch ein Bild von Gauguin ... Ich betrachtete die Bauern durch das Teleobjektiv. In solcher Nähe wirkten ihre Gesichter verspannt, bei manchen Männern traten auch Halsschlagadern vor Anstrengung hervor, die Haut war schrundig. Einer hatte auf der Schulter eine Wunde, frisch vernarbt. In diesem Moment blickte gerade dieser Mann zu mir her, die Augen verkniffen, der Mund zusammengepresst. Ich ließ die Kamera hinter meinem Rücken verschwinden, ging rasch weiter, so, als hätte ich etwas Verbotenes fotografiert. Etwas, das auch so nicht in meine Erwartungen passte.

Und mit einem Mal erinnerte ich mich an Kalkutta: Bettler mit brennenden Augen in faltigen Gesichtern. Konnte ich die Bauern hier mit den Bettlern dort vergleichen? Hatten die Bauern hier nicht alles, was sie zum Leben brauchten? Müsste der Ausdruck in ihren Gesichtern nicht völlig anders sein?

Die Dörfer, die Felder, die Bauern ... Dies alles hob sich wohltuend von der Hauptstadt tief im Inneren der Insel ab. Es ist eine Stadt, die denselben Namen wie die Insel hat, aber mit ihren Betonbauten, ihren ständig ratternden Motorrädern und Lieferautos, ihren Plantagen ringsum mit ihren eintönig gereihten Pflanzen eine schreckeneinflößende Monotonie ausstrahlte. Die Provinzhauptstadt, klein und überschaubar, erinnerte in mancher Hinsicht an Bangkok. Einheimische, die Englisch sprachen, erzählten mir, im Norden der Insel Phuket werde Zinn abgebaut; dieser Industrialisierung verdanke der Hauptort seine Moderne. Dabei betonten sie sichtlich stolz das Wort *Moderne*. Inzwischen würden viele Bauern in die Vororte der Provinzhauptstadt übersiedeln, weil hier noch am ehesten Arbeit zu finden sei; in den Dörfern selbst hätten viele ja kaum eine Chance zum Überleben. Leider gebe es hier auf der Insel noch wenig Tourismus, aber das würde schon noch kommen, und dann gehe es ein für alle Mal aufwärts.

Meine thailändischen Gesprächspartner quittierten höflich, aber maskenhaft lächelnd meine Bemerkung, dass ich mich nur gezwungenermaßen im Hauptort aufhalte, weil es 1965 nur dort Hotels gebe. Jeden Tag sei ich per Anhalter quer über die Insel unterwegs, meist mit Lieferautos. Wohin? In die Dörfer, wo die Asphaltstraßen endeten. Warum das? Keiner meiner Gesprächspartner im Hauptort zeigte ein Interesse an solchen Zielen, es sei denn, sie hatten geschäftlich dort zu tun (wie auch die Fahrer der Lieferautos) oder sie besuchten Verwandte. Wie ihnen erklären, dass ich »unverfälschte Südsee« suchte, wie sie auch Gauguin gesucht hatte? Gauguin, von dem ich aber wusste, dass er ständig auf der Flucht war, weil ihm die meisten Südseeorte schon zu »europäisch«, zu »kaputt«, erschienen. Von dem ich wusste, dass er die fremde Welt nicht so malte, wie sie vorhanden war, sondern wie er sie sehen wollte.

Schon 1965 dachte ich, dass sich irgendwann Asphaltstraßen bis in die unberührtesten Regionen der Insel Phuket vorschieben würden, und dann würden bald alle Dörfer dem Hauptort ähneln. Die Insel würde vollends aufhören, Insel zu sein – so wie ich mir *Inseln* vorstellte: abgeschieden von allen Einflüssen der übrigen Welt, überschaubare, in sich geschlossene, völlig eigenständige Räume. Im Grunde hatte ich bisher auf Reisen stets nur Inseln gesucht. Auf Phuket war mir das vollends klar geworden. Überall, wo auch immer ich in Nordafrika und Asien reiste, war ich letztlich stets unterwegs zu Inseln gewesen: zu Sahara-Oasen, umgeben von Sanddünen, zu arabischen oder indischen Altstädten, die von Stadtmauern umschlossen ein Eigenleben führten und strikt getrennt von den Neustädten waren. Stets zog ich beunruhigt weiter mit einer leise bohrenden Angst vor Enttäuschung.

Wie sollte ich den Thailändern meine Sehnsucht nach Palmstränden erklären? Die Sehnsucht, mich auf ein Meer hinauszuträumen, das beim Spiel der tropischen Wolkenformationen ständig seine Farben wechselte … Ein Meer, in dem ich zeitweise auch badete … Bedürfnisse wie diese verstanden weder die Einheimischen im Hauptort noch die Dorfbewohner nahe am Meer. Für die Fischer ist das Meer zum Fischen da; sie betrachten es keineswegs ästhetisch. Das Meer wird von ihnen geachtet als Lebensgrundlage und gefürchtet wegen seiner Stürme. Die Thais der 1960er-Jahre hatten sich eine Haltung bewahrt, wie sie im 19. Jahrhundert viele europäische Küstenbewohner pflegten. Im selben Jahrzehnt, als ich Phuket besucht hatte, konnte ich oft noch an den Küsten in Italien und Griechenland beobachten, dass die Einheimischen in den Cafés an den Strandpromenaden mit dem Rücken zum Meer saßen. Die vorbeigehenden Menschen erschienen ihnen interessanter als das Meer, das sich für Touristen »malerisch« ausnahm.

Der einsame, unverbaute Strand mit überhängenden Kokospalmen als Sehnsuchtsort ... Wie lange konnte die Sehnsucht überdauern? Mitte der zweiten Woche war alles anders. Plötzlich diese fahlen Farben. War es der Dunst? War es die feuchtheiße, klebrige, diese schrecklich klebrige Hitze, die auf die Dauer die Sinne lähmte? Fahl auch das Grün in unmittelbarer Nähe ... Hatte ich mich sattgesehen? Mehr als ein halbes Jahr unterwegs. War es das bohrende Gefühl im Magen, ein leichter Brechreiz? Dieser Überdruss plötzlich. Lähmte die Hitze allmählich meine Verdauung oder hatte ich in einer unvorsichtigen Minute doch etwas gegessen, das hygienisch nicht einwandfrei war? Dieser Überdruss plötzlich an all dem Essen hier, an der fehlenden Hygiene, die mich seit Monaten zur ständigen Vorsicht und Disziplin zwang. Ein Überdruss gerade auch an dieser Disziplin. Die Sehnsucht plötzlich, endlich einmal wieder unbesorgt sauberes Wasser zu trinken, ungeschältes Obst zu essen, keine Angst zu haben, ob vielleicht eine Tasse nicht sauber gespült war.

Wo würde ich hier einen Arzt finden? Einen guten Arzt, dem ich vertrauen könnte? Dieses halbe Jahr, das ich jetzt schon fast unterwegs war, hatte mich immer misstrauischer werden lassen, was die medizinische Versorgung betraf, angefangen von der Türkei, erst recht in den später folgenden Ländern. Gute Ärzte gab es vor allem in den Ballungszentren, und dort konnten sich nur jene Kranke behandeln lassen, die über die entsprechenden finanziellen Mittel verfügten. Die erstaunten Gesichter, als ich sagte, dass das in Deutschland anders sei. Eine Krankenversicherung? Viele sind noch nie bei einem Arzt gewesen. Viele sterben früh wegen fehlender Ärzte oder wegen Krankheiten, die bei uns aufgrund verbesserter Hygiene längst ausgerottet sind.

»Nicht diese in Watte gepolsterte Sicherheit ...« So hatte ich noch vor wenigen Wochen in mein Reisetagebuch geschrieben. »Dieser Druck, dass alles im Leben bis ins Detail abgesichert ist ..., dass es keinen Spielraum mehr dafür gibt, etwas ganz spontan zu erleben ... keine Möglichkeit mehr für unvorhergesehene Überraschungen ...« Und so weiter. Solche Formulierungen konnte ich jetzt nicht mehr wiederholen.

Zerstört der Tourismus, was er sucht?

Verlustängste in Thailand

»Es gibt noch Inseln auf dieser Welt, wo man sich, mit etwas Phantasie, wie Robinson fühlen kann. Phuket gehört dazu«. Dieses schwärmerische Lob stammt aus einem *Neckermann*-Fernreisekatalog von 1980, fünfzehn Jahre nach meinem Aufenthalt auf Phuket. »Der neue Geheimtipp«. Solche Wörter erschienen mir wie eine Drohung – mit der letzten Konsequenz: »kaputtes Paradies«. Seit Mitte der

1980er-Jahre habe ich Rucksacktouristen zunehmend auf diese Weise gerade über Phuket reden hören. Sie erzählten vom unerträglichen Touristenrummel, von riesigen Hotelkästen an den schönsten Stränden. Immer häufiger würden Touristen ausgeraubt, ja längst würde in Hotelzimmer eingebrochen, und besonders schlimm sei es mit der Prostitution. 1,2 Millionen Touristen seien 1991 nach Phuket gekommen, so entnahm ich 1992 einer Fernsehsendung mit dem kritischen Titel *Auf und davon. Weltmacht Tourismus.*[8]

Was für eine Entwicklung. 1965, in jenem Jahr, als ich Phuket zum ersten Mal besucht hatte, waren insgesamt nur 250 000 Touristen nach Thailand gereist.[9] Kaum zwei Jahrzehnte später waren es schon 4,2 Millionen Touristen geworden, Tendenz weiter steigend.[10] Und 2019 konnte ich durch eine weitere Fernsehsendung mit dem Titel *Kritisch reisen: Thailand* erfahren: Inzwischen seien schon zahlreiche Inseln, die noch ein bis zwei Jahrzehnte zuvor als »unberührt« und »paradiesisch« in einer intensivierten Tourismuswerbung gepriesen wurden, längst mit Touristen überfüllt. Oder man kann es auch drastischer ausdrücken: Diese Inseln sind schon »ruiniert« durch zu viele Menschen auf engstem Raum und durch eine total verbaute Landschaft. Die immer billiger werdenden Flugpreise machen das Reisen selbst für Leute möglich, für die es bisher nicht erschwinglich und auch nicht wichtig war.[11] Zu einer solchen Entwicklung passt der vielzitierte Ausspruch von Hans Magnus Enzensberger: Der Tourismus zerstöre das, was er suche.

Von Phuket kam ich zurück nach Bangkok, dem Moloch mit seinen verkehrsverstopften Straßen, der abgasgeschwängerten Luft, die mich zu ständigem Husten und tränenden Augen reizte. Einer Stadt, in der es schwierig war, bei dem dichten Verkehr von Autos und Motorrikschas eine Straße zu überqueren. Sehnsucht nach einer weiteren Insel? Oder nur noch Sehnsucht nach Europa, wo in den Großstädten die Luft im Vergleich zu Bangkok noch relativ sauber war, wo die Autofahrer sich an Verkehrsregeln hielten, wo ein Fußgänger noch relativ entspannt gehen konnte? Und wo ich mich im Notfall auf ärztliche Hilfe verlassen konnte? Es waren Tage, in denen ich schwankte, ob ich vielleicht jetzt schon nach Hause zurückkehren sollte.

In einem der Straßenrestaurants, in denen man auf Hockern direkt neben dem offenen Feuer der Garküche sitzt, bestärkte mich ein deutscher Rucksacktourist: Ich müsse unbedingt weiter nach Kambodscha, vor allem nach Angkor Wat. Dort treffe man noch kaum auf Touristen. Und nicht diese Amerikanisierung. In Kambodscha sei Asien noch Asien. Nepal? Ich sei nicht in Nepal gewesen? Dort gebe es nicht nur Berge, viel interessanter seien die Städte, die Tempel, die Paläste. Ein anderes Jahrhundert, ein anderes Jahrtausend sei das. Das sei fremder als Indien. Nepal, das erst sei Asien. Diese Pagoden ... Er beschrieb mir die Pagoden. Ich hatte bis dahin noch keine Fotos von Nepal gesehen, außer vom schneebedeckten Himalaya. Er empfahl mir, ich müsse auf dem Rückweg nach Europa unbedingt von Indien aus einen Abstecher nach Nepal machen.

Wieder der Reiz, etwas zu entdecken, von dem ich bisher noch keine Bilder im Kopf hatte. Wo Asien noch Asien ist? Ohne Verwestlichung? Das Schlagwort Globalisierung war damals noch nicht im Umlauf.

Zunächst war ich unterwegs nach Angkor Wat. Es dauerte Stunden, um mit dem Bus auf verkehrsverstopften Straßen dem Siedlungskonglomerat von Bangkok zu entkommen. Dann Savanne mit nur vereinzelten Baumgruppen und gesichtslosen Dörfern. In einem dieser Dörfer musste ich in eine Motorrikscha umsteigen, die mich auf einem holprigen Feldweg zur Grenze brachte. In Sichtweite eines Flusses mit Hängebrücke ließ mich der Fahrer aussteigen und erklärte mir mit Zeichensprache, ich müsse nun zu Fuß weitergehen, am Flussufer gegenüber beginne Kambodscha. Ich war der Einzige, der an diesem schwülheißen Nachmittag die Brücke überquerte und auf der anderen Seite von einem schläfrigen, sichtlich erstaunten Polizisten empfangen wurde. Ein ausgiebiger Blick in den Pass, ein Stempel neben das Visum, und schon konnte ich weitergehen. Im Grenzort wartete ein sehr klapprig anmutender Bus, in dem schon einige Bauern mit Handgepäck saßen. Der Ort, in dem wir zwei Stunden später eintrafen, erschien so gesichtslos wie viele der thailändischen Dörfer. Aber im Zentrum befand sich ein Markt; im Schatten von Kokospalmen saßen Frauen: langes schwarzes Haar, bunt gemusterte Umhänge, dazu ein Gesichtsausdruck der Gelassenheit, der Ruhe ... Diese Frauen hätten ein Motiv für Gauguin sein können.

An diesem Tag konnte ich Angkor Wat nicht mehr erreichen. Aber ein Hotel suchte ich in diesem entlegenen Ort vergebens. Der Polizist, den ich traf, bot mir an, ich könne auf dem offenen Balkon der Polizeistation übernachten. Und dort lag ich dann, den Schlafsack ausgebreitet, mit Blick auf einen Bambushain und Kokospalmen, überwölbt von einem intensiv funkelnden Sternenhimmel. Schlafen konnte ich nicht, der vielen Moskitos wegen (ich musste auf meine Schluckimpfung gegen Malaria vertrauen). Aber ich erlebte eine Nacht, die mit ihrem schrillen Gezirp von Zikaden aus dem nahen Dschungel nicht intensiver »tropisch« hätte sein können. »Nicht diese in Watte gepolsterte Sicherheit ...«

Wo ist Asien noch »Asien«?

Begegnungen in einem abgeschotteten Nepal

Ich war unterwegs nach Nepal. Die Anreise im März des Jahres 1965 stellte ich mir von vornherein als schwierig vor nach all den Informationen, die ich von Rucksacktouristen erhalten hatte. Nepal, damals noch ein entlegenes Königreich im Himalaya, hatte erst 1951 für Besucher aus westlichen Ländern die Grenzen geöffnet und seither nur zögernd Touristen zugelassen. Dies geschah aus der Befürchtung heraus, zu viele Reisende aus dem Westen könnten neue Lebensformen, könnten unerwünschte Ideen in den mittelalterlich erstarrten Feudalstaat bringen.

Einen Flughafen in der Hauptstadt Kathmandu gebe es erst seit 1960, so konnte ich zusätzlich von Rucksacktouristen erfahren. Aber von den sechs existierenden Flugzeugen seien derzeit fünf wegen Sicherheitsproblemen aus dem Verkehr gezogen, und bei dem sechsten wisse niemand genau, wann es fliege. – Und wie sei es mit der Anreise auf dem Landweg, wollte ich wissen. – Eine Straße über den Gebirgspass des Himalaya sei erst 1956 gebaut worden, sie sei bis jetzt noch immer die einzige Verbindung zwischen der Hauptstadt Nepals und Indien. Man habe vor dem Jahr 1956 nur zu Fuß auf schmalen Bergpfaden oder mit Maultieren den Weg zurücklegen können. Zwar habe es in Kathmandu bereits um 1940 erste Autos gegeben, denn der König und einige Höflinge hätten damit auf den wenigen dort vorhandenen Asphaltstraßen fahren wollen. Aber diese Autos seien aus Indien in Einzelteile zerlegt auf Holzstangen über Bergpfade getragen worden. Rund 30 bis 50 Träger seien für ein einziges Auto benötigt worden, und acht Tage hätten sie für den Transport gebraucht. Ich könnte mich also seelisch darauf einstellen, dass ich neun Jahre nach Eröffnung der ersten Straße über den Pass noch immer wenige Autos im Tal von Kathmandu antreffen werde.

Auf dem Landweg von Kalkutta nach Kathmandu brauchte ich, wie von Rucksacktouristen prophezeit, zwei Tage und zwei Nächte. Mit dem Nachtzug, in einem drangvollen Abteil auf einer Holzpritsche kauernd, fuhr ich zwölf Stunden lang bis Patna, die Hauptstadt des Bundesstaates Bihar. Dort stieg ich am nächsten Morgen auf einen Dampfer um und war dann eine Stunde auf dem Ganges unterwegs, um dann wieder in einen Zug umzusteigen. Dieser Zug aber startete nicht von einem Bahnhof aus, sondern wartete auf freiem Feld und hatte sich anscheinend seit der Kolonialzeit nicht in seiner Ausstattung geändert. Quälend langsam bewegten sich die baufällig anmutenden Waggons durch eine steppenähnliche Landschaft vorbei an Dörfern, denen man die Armut ansah. Nach stundenlangem Warten in einem Provinzbahnhof musste ich noch einmal umsteigen, um schließlich gegen fünf Uhr morgens im Grenzort anzukommen. Mit der Rikscha war ich dann noch eine halbe Stunde unterwegs und erreichte dann die Staatsgrenze, an der inmitten von Reisfeldern ein Zollhaus stand. Der Schalter war jedoch zu dieser frühen Morgenstunde nicht besetzt. Inder und Nepalesen gingen an mir vorbei zum wartenden Bus auf der nepalesischen Seite; sie konnten anscheinend ohne jede Kontrolle von einem Land in das andere wechseln. Aber ich? Ich hatte ja ein Visum im Pass, das mit einem Einreisestempel versehen werden musste. Der Busfahrer hupte, weil ich noch immer nach einem Grenzbeamten suchte. Schließlich ging auch ich zum Bus, denn ich hätte sonst bis zum nächsten Tag auf eine weitere Mitfahrgelegenheit warten müssen. Ohne Einreisestempel überquerte ich so die Grenze, an der man es wohl selten mit einem Ausländer zu tun hatte.

Der Bus, der so baufällig wirkte wie die Züge am Tag zuvor, fuhr gegen sechs Uhr morgens ab und bewegte sich auf einer schmalen Straße in Serpentinen steil bergauf. Vom Bus aus blickte ich in schwindelerregend tiefe Schluchten, in denen ich abgestürzte Lastautos und Busse entdeckte. Über einen solchen Anblick brauchte ich mich nicht wundern angesichts der engen, völlig unzureichend ausgebauten Straße. Der Bus überquerte einen Pass auf rund 2500 Metern Höhe; dort boten sich großartige Ausblicke auf die Schneeberge des Himalaya.

Am späten Abend kam ich in Kathmandu an. Auf der Suche nach einer Unterkunft in der weitverzweigten Altstadt ging ich auf unebenen Lehmwegen durch das Dunkel. Nirgends eine Straßenlampe, nirgends elektrisches Licht. Sobald sich die Gassen zu freien Plätzen öffneten, sah ich im Mondlicht die Silhouette von Pagoden. Die Neustadt – damals noch sehr klein mit wenigen asphaltierten Straßen und modernen Zweckbauten – entdeckte ich erst am nächsten Morgen. Ich übernachtete in einem kahlen Raum mit Holzpritsche und lehmgestampftem Boden und erinnerte mich an meine Unterkünfte in Afghanistan.

»Das ist Asien, Asien in höchster Potenz, unverfälscht und ursprünglich«, notierte ich am nächsten Abend nach dem ersten Rundgang in mein Reisetagebuch. »Selten habe ich so intensiv empfunden, mit einer Zeitmaschine in eine andere Epoche katapultiert zu sein.«

Wo Asien noch »wirklich Asien« ist? Es war der Überraschungseffekt, eine weitgehend homogene Altstadt mit Pagoden, Tempeln und Palästen, dazu Straßen gesäumt von Wohnhäusern mit kunstvoll verzierten Fassaden anzutreffen. Die Bauwerke stammen überwiegend aus der Zeit zwischen dem 14. bis zum 18. Jahrhundert, sie brauchen – ähnlich wie viele Tempel und Paläste in Indien – in ihrer Kunstfertigkeit keinen Vergleich mit europäischer Architektur des Hochmittelalters zu scheuen. Und dazu die Menschen in bunter indischer oder tibetischer Tracht, kaum jemand in europäischer Kleidung. Kaum ein Auto. Der Überraschungseffekt bestand vor allem darin, dass in den 1960er-Jahren, wie bereits erwähnt, noch kaum Fotos dieser Fremdartigkeit in europäische Bildbände Eingang gefunden hatten.

Wo Asien noch »wirklich Asien« ist?

Ich zögerte, am zweiten Tag noch einmal solche Formulierungen zu notieren. Dieser Schmutz in den Gassen, achtlos weggeworfene Schalen von Obst und Gemüse, der Kot von Tieren, der Kot von Menschen; achtlos setzten sich Einheimische an Straßenecken mit entblößtem Hintern nieder, ohne sich um Vorübergehende zu kümmern. Die toten Ratten, Hunde, Katzen, um deren Kadaver Fliegenschwärme kreisten. Kein Einheimischer fühlte sich anscheinend verantwortlich, die Tierkadaver wegzuräumen. Bedrückend auch der baufällige Zustand vieler Häuser, ja auch der Tempel. Je weiter ich mich von Kathmandu entfernte und kleinere Städte wie Patan und Bhaktapur besuchte, desto mehr stieß ich auf zerfallende Bauwerke. Kümmerte sich niemand um den Erhalt einer historisch wertvollen Architektur? Je länger ich in den Städten des Kathmandu-Tals unterwegs war, desto mehr erfasste mich ein ambivalentes Gefühl wie in Afghanistan: nämlich ein Land zu bereisen, das zwar durch das Flair einer großen kulturellen Vergangenheit fasziniert, dessen Gegenwart aber wenig Hoffnung bietet. Und als ich in den 1970er-Jahren mich mit der sozialen Entwicklung Nepals beschäftigte, fühlte ich mich erneut an Afghanistan erinnert: Nepal gehört zu den ärmsten Ländern der Welt. Mehr als 60 Prozent der Einwohner lebt unter dem Existenzminimum. Aufgrund der schwerwiegenden Mängel in der Ernährung und der zahlreichen Krankheiten betrug noch in den 1960er-Jahren die durchschnittliche Lebenserwartung eines Nepalesen gerade 44 Jahre. Noch in den 1970er-Jahren waren rund 80 Prozent der Nepalesen Analphabeten.[12] Diese hohe Zahl an Menschen ohne jede Schulbildung hat sich schon deshalb kaum geändert, weil 90 Prozent noch immer Bauern waren, deren Dörfer oft nur zu Fuß auf schmalen Gebirgspfaden erreicht werden konnten.

Auf dem Rückweg nach Indien erlebte ich aus einer weiteren Perspektive, was es heißt, in ein relativ abgeschottetes Land gereist zu sein. Gegen 19 Uhr erreichte ich nach einer wieder sehr strapaziösen Fahrt über den Gebirgspass die Staatsgrenze. Aber zu dieser Uhrzeit war der Schalter im Zollhaus von einem Beamten besetzt, und ich konnte nicht ohne Kontrolle in Indien einreisen. Irritiert blätterte der Beamte in meinem Pass und suchte nach dem Einreisestempel für Nepal, dann rief er einen zweiten Beamten, dann folgte eine Stunde lang ein Verhör in einem stickig heißen Amtsraum. Anscheinend waren sie das erste Mal mit einem derartigen Problem konfrontiert. Schließlich zogen sich beide zur Beratung zurück, anschließend schob mir einer der beiden ein leeres Blatt Papier hin und diktierte mir auf Englisch in strengem Ton: Ich hätte als Ausländer nicht gewusst, dass hier die Staatsgrenze sei. Er ließ mich diesen bedeutsamen Satz unterschreiben. Daraufhin bekam ich in meinen Pass die erforderlichen Stempel und konnte den Amtsraum in Richtung Bahnhof verlassen.

Aber der Zug war längst abgefahren. Ich verbrachte die schwülheiße Nacht auf einer Pritsche des Wartesaals, ohne zu wissen, zu welcher Uhrzeit am nächsten Tag ein Zug zu jenem Bahnhof gehen würde, in dem ich wieder umsteigen musste. Es war der merkwürdigste Grenzübertritt meines Lebens.

Touristen – und nur negative Folgen?

Die ganz andere Überraschung in Nepal

Im Februar 1989, zweieinhalb Jahrzehnte später, war ich zum zweiten Mal unterwegs nach Nepal. Nun aber war ich bestens vorbereitet durch eine Reihe Reisehandbücher und Fotobildbände, die mir Pagoden, Tempel und Trekkingpfade mit atemberaubenden Landschaften anschaulich im Detail vorführten. Und nun erreichte ich nicht mehr mühsam auf dem Landweg von Indien aus die Hauptstadt Kathmandu – nun kam ich mit meiner Frau auf dem Direktflug von Frankfurt in zwölf Stunden nach Nepal. Der Jumbojet war vollbesetzt mit überwiegend deutschen Touristen, rund 200 bis 300 Passagieren. So viele deutsche Touristen, die jetzt in einem einzigen Flugzeug nach Kathmandu flogen, waren 1965, bei meinem ersten Besuch, über das ganze Jahr verstreut nach Nepal gekommen. Es sind rasante Steigerungsraten: 1965 sind insgesamt nicht mehr als 7000 Nepalreisende der verschiedensten Nationalitäten registriert worden, 1989 aber waren es fast dreißigmal so viele, über 200 000 ausländische Besucher.[13]

Bei meinem zweiten Besuch trieb mich die Neugier, in welchem Maß sich das einst entlegene Nepal innerhalb von nur 24 Jahren verändert hat – und inwieweit der sprunghaft angewachsene Zustrom von Touristen, die Entwicklung des Landes beeinflusst hat. Als ich meine Reise von 1965 mit der von 1989 verglich, erlebte ich einige Überraschungen.

Bei der Ankunft 1989 warteten vor dem Flughafen zahlreiche Taxis und Reisebusse: Mehrere Dutzend Fahrer umdrängten die Einzelreisenden und boten ihnen an, sie zu einem »very good hotel«, »very cheep hotel« zu bringen. Auf einer breiten autoverstopften Asphaltstraße schob sich das Taxi, in dem ich mit meiner Frau saß, schrill hupend ins Stadtinnere. Nepals Hauptstadt hatte sich während der vergangenen zwei Jahrzehnte extrem vergrößert: Aus den 100 000 Einwohnern von 1965 waren bis 1989 über 400 000 geworden. Entsprechend war die historisch gewachsene Altstadt von einem Konglomerat unübersichtlich wuchernder Vororte mit Betonbauten umgeben. Aber das war eine Entwicklung, die nichts mit dem sprunghaft wachsenden Tourismus zu tun hatte, sondern mit einem sprunghaft wachsenden Zustrom von Bauern, die dem Elend des Landlebens entkommen wollten und ein wirtschaftliches Überleben nur noch im Ballungszentrum des Kathmandu-Tals erhofften – eine Entwicklung nicht anders als in zahlreichen Ländern der sogenannten Dritten Welt.

Zunächst einige Daten zum rapiden Anstieg der Einwohnerzahl: Nepals Bevölkerung war von 1950 bis 1989 von acht Millionen auf 22 Millionen Einwohner gewachsen, der große Wachstumsschub hatte in den 1970er-Jahren eingesetzt. Dies war einerseits eine Folge verbesserter Medizin, andererseits einer fehlenden Geburtenkontrolle. Umso dichter bevölkert waren schließlich jene Bergtäler im weiteren Umkreis der wenigen Städte, in denen die Felder bald nicht mehr die zusätzlichen Esser zu ernähren vermochten. Und weil sich die Regierung nur unzureichend um die weitere Entwicklung solcher Regionen kümmerte, wurden die nahegelegenen Städte für die Notleidenden immer verlockender, dort eine Arbeit zu finden – vor allem in jenen Stadtvierteln des boomenden Tourismusbetriebs.

Thamel ist zu jenem Stadtteil Kathmandus geworden, in dem sich die meisten Hotels und Restaurants für Touristen befinden. 1965 hatte ich dort, inmitten von Feldern, deutlich abgegrenzt von der Stadt, ein Dorf angetroffen. 1989 fanden wir in Thamel eine Ansammlung massiger Betonbauten mit bunten Reklameschildern vor. Wir entdeckten zahlreiche Shops mit englischen, teils auch deutschen Aufschriften – sogar speziell für die Bedürfnisse deutschsprachiger Besucher, so eine »German Bakery«, so eine Metzgerei, in der auf einem Plakat in deutscher Sprache zu lesen war: »Österreichische Wurstwochen«. Mehr noch: Wir fanden ein Restaurant mit der Aufschrift »Old Vienna«. An den Wänden des Treppenhauses zum Restaurant im ersten Stock hingen Plakate, die den Wiener Stephansdom, die Ringstraße und das Schloss Schönbrunn zeigten. Aus den Lautsprecherboxen klang abwechselnd die Musik von Johann Strauß und Mozart. Die nepalesischen Kellner trugen rot-weiß-karierte Hemden und österreichische Trachtenjanker, serviert wurden Sauerkraut, Knödel und Schweinsbraten. Sollten wir nun in solchen Momenten vergessen, dass wir uns Tausende Kilometer entfernt von Wien befanden? Sollten wir uns in Nepal »wie zuhause« fühlen?

Der Tourismus boomte. Aber seine Auswirkungen gingen über so skurril anmutende Erscheinungen wie die »German Bakery« und das »Old Vienna« weit hinaus. Wir waren durch tourismuskritische Informationen bereits auf ein soziales Problem vorbereitet, wie es sich ähnlich in vielen sogenannten Entwicklungsländern zeigt. In relativer Nähe des Ghettos von Thamel musste ein Krankenhaus stundenlang das Wasser für seine Patienten abdrehen, damit die Duschen in den Zimmern des benachbarten Luxushotels Annapurna ungestört rauschen konnten. Die staatliche Aufsichtsbehörde schritt nicht ein, denn das neuerbaute Luxushotel gehörte der nepalesischen Königsfamilie, und da der Tourismus zum Devisenbringer Nummer eins geworden ist, nahm man in Kauf, dass ein Krankenhaus, in dem vorrangig Einheimische untergebracht waren, vernachlässigt wurde.[14] Auch in Nepal zeigte sich rasch, dass eigentlich nur eine schmale Bevölkerungsschicht vom Touristenstrom profitierte und gerade auch deshalb die sozialen Spannungen wuchsen.

Angesichts solcher Eindrücke konnte die ahnungsvolle Frage nicht ausbleiben: Wie sehr hatte sich das weitläufige historische Stadtzentrum von Kathmandu mit seinem Ensemble von Pagoden, Tempeln und Palästen verändert? Bei unserem ersten Rundgang zeigte sich: Das Stadtzentrum hatte sein traditionelles Flair bewahrt. Aber bei näherem Hinsehen wurde deutlich, dass das Holzschnitzwerk an vielen Bauten frisch gestrichen war, dass schadhafte Dächer erneuert waren. Durch welches Geld finanziert? Durch welches neue Denken beeinflusst? Verändert hatten sich auch Schmutz und Müll, allerdings in anderer Hinsicht: Neben dem traditionellen Abfall von Essensresten, vereinzelten Tierkadavern und dem häufigen Kot fielen nun selbst vor Tempeln und Palästen Plastikgerümpel und zertretene Konservendosen auf, moderner Import unserer Zivilisation.

Wie hatte sich Patan – von den Nepalesen Lalitpur oder offiziell Newari Yala genannt –, Nepals zweite bedeutende »Königsstadt«, verändert? 254 000 Einwohner[15] leben dort, nur einige Kilometer von Kathmandu entfernt. Als ich mich 1965 zu Fuß Patan genähert hatte, waren beide Städte noch durch Felder getrennt, auf denen vereinzelt strohgedeckte Bauernhäuser standen. 1989 ragten dort zweigeschossige Betonbauten aus Fertigteilen auf, wahllos Supermärkte mit grellen Reklameschildern neben uniformen Wohnblocks. Die enge Asphaltstraße von einst, auf der sich Fußgänger und Ochsenkarren gemächlich vorwärtsbewegt hatten, war einer breiteren Straße gewichen, auf der sich Autos und Motorräder im Stau lärmend verkeilten und dauerhupend sich eine Durchfahrt zu verschaffen suchten. Mit bangen Vorahnungen näherten wir uns dem historischen Stadtzentrum, dem Durbar Square. Das ist ein Platz, der in eine Prachtstraße mündet, mit einer weitgefächerten Ansammlung von Tempeln, Palästen und Statuen aus dem 16. Jahrhundert: eine Szenerie, die inzwischen durch Fotos in Reiseprospekten und Bildbänden weltberühmt geworden ist. Die Gesamtanlage, wie ich sie in Erinnerung hatte, gewinnt noch an erhabener Wucht, wenn bei klarem Wetter die schneebedeckten Gipfel des Himalaya aus dem Dunst aufscheinen und Tempeldächer, Pagoden und Straßenzüge majestätisch überwölben.

Warum war ich beklommen? Bereits 1965 trübte der sichtliche Zerfall, hier in Patan wie auch in Kathmandu, das unvergleichliche Panorama dieser Stadt. Schon damals wucherte Gras auf den Dächern vieler Tempel und Paläste, in manchen sah man Risse, klafften Löcher; viele der kunstvollen Ornamente auf den Mauern hatte der Monsunregen geschwärzt, zerschlissen, aufgeweicht. Sämtliche Tore waren verschlossen, keinen der Innenhöfe hatte ich betreten können. Nur durch einen Torschlitz hatte ich hier und da einen Blick in das Innere erhaschen können – auf eingestürztes Mauerwerk und Schutthaufen.

Gerade in Patan aber erlebten wir 1989 eine besondere Überraschung. Die Pagodenstraße des Durbar Square war nicht nur für Autos sowie Motorräder gesperrt und zur Fußgängerzone geworden. Das Holzschnitzwerk an den Hauswänden hatte man – konsequenter und nachhaltiger als in Kathmandu – frisch gestrichen; es strahlte in prächtigen Farben. Sämtliche Dächer waren vom wuchernden Unkraut befreit. Mehr noch: Die Tore zu den Innenhöfen waren weit geöffnet, und wir konnten an ornamentverzierten Wänden entlang gehen, die frisch restauriert waren und in deren Nischen die Standbilder hinduistischer Gottheiten thronten. Und wir waren nicht allein. Gerade in diesen Höfen drängten sich Touristen, von denen manche hektisch alles abfotografierten und dann – offensichtlich unter dem Zeitdruck ihrer Reisegruppe – weiterhasteten. Andere wiederum ließen sich Zeit und warteten, bis sie freien Blick hatten. Mit ihnen teilten wir wohl das Unbehagen, dass wir uns durch die Hektiker gestört fühlten. Sollte ich jedoch den Zuständen im Jahr 1965 nachtrauern? Die sorgsam restaurierten Gebäude ließen die Glanzzeit einstiger kultureller Hochblüte besser erahnen, als dies in der melancholischen Einsamkeit von 1965 möglich gewesen war.

In einem der Innenhöfe standen noch Baugerüste für Restaurierungsarbeiten. Auf einem Schild am Eingang stand in Englisch und Deutsch geschrieben: Die Restaurierung werde von der Republik Österreich im Rahmen eines von der UNESCO finanzierten Projekts durchgeführt. Wir kamen mit dem Leiter der Arbeitsgruppe ins Gespräch, einem etwa fünfzigjährigen Mann, der mit seiner unverkennbaren Salzburger Joppe (Samtgilet mit Silberknöpfen) sehr österreichisch aussah. Götz Hagmüller, Architekt und Filmemacher, lebte schon etliche Jahre in Nepal, erzählte uns seine Erfahrungen der vergangenen Jahre – und durch dieses Gespräch lernte ich auf Umwegen die Auswirkungen des (vielgescholtenen) Massentourismus in einer neuen, überraschenden Variante kennen.

Hagmüller berichtete 1989, während der vergangenen 10 bis 15 Jahre seien in der Pagodenstraße von Patan die Tempel und ein Palasthof nach dem anderen restauriert worden. Die Gebäude seien teilweise einsturzgefährdet gewesen, aber kein Einheimischer hätte sich darum gekümmert. Anfangs habe er geglaubt, die Regierung eines armen Landes könne nicht die Geldmittel aufbringen und wäre allein aus diesem Grund daran gehindert, die Bauwerke wieder in altem Glanz herzurichten. Aber je länger er mit Nepals Behörden bis hinauf in höhere Regierungskreise zusammenarbeite, umso klarer seien ihm die eigentlichen Ursachen aller bisherigen Versäumnisse geworden. Nepals Oberschicht sei die historisch gewachsene Pagodenarchitektur vom 16. bis 18. Jahrhundert gleichgültig. Darauf weise der neue Königspalast besonders deutlich hin: ein Betonklotz mit nüchtern grauer Fassade. Nepals Machthaber seien fasziniert vom Beton, nur mit Beton zu bauen, gelte als fortschrittlich. Der Anstoß, diese historisch wertvollen Gebäude zu restaurieren, sei keineswegs von den Nepalesen ausgegangen, schon gleich gar nicht vom König. Ja, es sei so paradox, dass heutzutage viele Europäer nachdrücklicher für den Erhalt der traditionellen Architektur Nepals einträten als die Einheimischen selbst.

Hagmüller wies auf die im Hof arbeitenden Nepalesen hin. Diese Männer da, erklärte er, verfügten noch immer über die Kunstfertigkeit von einst, man könne sie mühelos für die kompliziertesten Restaurierungsarbeiten einsetzen. In dieser Hinsicht sei das alte Kulturerbe noch völlig intakt.

Nur gebe es keine Führungskräfte mehr, die selber die Handwerker zu solchen Arbeiten motivieren und geschmacksbildend wirken. Ohne sachverständige Europäer funktioniere im Moment noch wenig. Aber die baufälligen Tempel deuteten keineswegs auf eine geringe oder nachlassende Religiosität hin. Die meisten Nepalesen seien außerordentlich religiös, würden die Tempel zu kultischen Handlungen oft aufsuchen, ihnen bedeute jedoch der äußere Zustand eines Bauwerks oder Heiligtums recht wenig, der Zerfall werde nur als ein Symptom der Vergänglichkeit empfunden. Viele Nepalesen seien noch weit entfernt von dem Wunsch, historisch wertvolle Bauten in dem Sinn zu bewahren, wie sich dies in Europa während des 19. Jahrhunderts als Denkmalpflege forciert entwickelt habe.

Die Ausführungen des Architekten Götz Hagmüller veranlassten mich zu einer sarkastischen Bemerkung: Die Regierung mit ihrer Begeisterung für Beton sei aber noch nicht auf die Idee gekommen, die altmodische Pagodenstraße von Patan zu einer breiten Autostraße umzubauen. Oder?

Zu meiner Überraschung erwiderte der Architekt auf meine nicht ernst gemeinte Bemerkung: Das wäre beinahe passiert. Anfang der achtziger Jahre habe die Stadtverwaltung von Patan den Plan gefasst, den Durbar Square mit seiner Pagodenstraße »modernen« Erfordernissen anzupassen. Man plante tatsächlich, die Straße für den rapid wachsenden Autoverkehr zu verbreitern. Eine Reihe der jahrhundertealten Bürgerhäuser mit ihren schönen holzgeschnitzten Fassaden wäre dann abgerissen worden. Weil viele der Häuser ohnehin schon baufällig gewesen seien, habe die Stadtverwaltung im Abriss die einzig mögliche Maßnahme gesehen. Einige der steinernen Drachenfiguren und kunstvoll verzierten Treppenaufgänge hätte man dann ebenfalls beseitigen müssen. Nur die großen Tempel und Paläste wären verschont worden, die architektonische Geschlossenheit aber wäre zerstört gewesen.

Und von wem sei der Widerstand gekommen? Hagmüller antwortete, Protest habe es vor allem bei Architekten und Restauratoren aus westlichen Industriestaaten gegeben, nicht bei den Nepalesen. Das einfache Volk werde bei solchen Maßnahmen ohnehin nicht um seine Meinung gefragt. Es sei sehr schwierig gewesen, die Verantwortlichen von ihren Plänen abzubringen. Letztendlich habe ein Argument die Pagodenstraße in ihrem ursprünglichen Erscheinungsbild retten können: Je mehr der ursprüngliche Zustand des historischen Stadtkerns beschädigt würde, umso weniger Touristen würden kommen und umso weniger Geld würde in die Stadtkassen fließen. Auch hätten westliche Reiseagenturen damit gedroht, Nepal aus ihrem Programm zu streichen, falls die Stadtverwaltung ihr Vorhaben nicht aufgeben würde. Unter diesem vielfältigen Druck sei die Pagodenstraße in ihrem ursprünglichen Zustand erhalten geblieben und 1986 sogar für den Autoverkehr völlig gesperrt worden. Tourismus habe auch seine guten Seiten, ergänzte der Architekt und Restaurator Hagmüller.

Eine ähnliche Erfahrung machten wir in Bhaktapur, Nepals dritter »Königsstadt«, 14 Kilometer östlich von Kathmandu entfernt. Die Stadt mit 78 000 Einwohnern unterscheidet sich von den beiden anderen allerdings dadurch, dass sie fast ausschließlich aus historischen Bauten sowie engen, verwinkelten Gassen besteht, größere moderne Zweckbauten sind noch nicht entstanden. Der Besucher hat hier mehr als anderswo in Nepal die Illusion, unmittelbar ins Mittelalter versetzt zu sein: Als ich jedoch 1965 durch die Gassen wanderte, war ich schockiert über die zahlreichen verwahrlosten Hausfassaden, besonders über etliche eingestürzte Tempel. Ich erfuhr, dass diese Tempel 1934 durch ein schweres Erdbeben zerstört worden seien, sie waren also drei Jahrzehnte später noch nicht wiederaufgebaut worden. Bei meinem zweiten Besuch 1989 waren aber auch in Bhaktapur die meisten Tempel und Paläste restauriert. Auf Schildern in englischer Sprache konnte ich lesen, dass vor allem die Bundesrepublik Deutschland etliche der wichtigsten Projekte finanziert hatte. Während ich 1965 in Bhaktapur kaum einen Touristen getroffen hatte und eine Atmosphäre von »Unberührtheit« erleben konnte, traf ich 1989 immer wieder auf Touristen und Reisegruppen, die begeistert das »perfekte Mittelalter« bestaunten und fotografierten. Es fiel mir auch in Bhaktapur nicht schwer, die Atmosphäre des Jahres 1989 als angenehmer zu empfinden. Ich stieß mich auch nicht daran, als ich Jahre später erfuhr, dass Touristen seit 1993 Eintritt für den Besuch der Stadt Bhaktapur bezahlen müssen: 15 Dollar pro Person, um die weiterhin notwendige Restaurierung mit diesen Einnahmen zu finanzieren.

Seit den 1980er-Jahren hält in dem einst entlegenen Himalaya-Staat Nepal die ursprünglich europäische Auffassung von »Denkmalpflege« vermehrt Einzug. In Nepal entsteht im Zusammenhang mit einer weltweiten Denkmalseuphorie ein neues Kulturverständnis: Die Pagoden werden zu Symbolen nationaler Identität hochstilisiert. Für den jungen Staat seien solche Symbole hilfreich, um die eigene Identität zu festigen. So lautete ein Kommentar des Architekten und Bauhistorikers Niels Gutschow, der neben Götz Hagmüller als Restaurator in Nepal tätig ist.[16]

Man darf sich allerdings keine Illusionen machen. Die Mehrheit der Stadtbewohner, gerade auch in Bhaktapur, hat immer noch wenig Verständnis für das Vorhaben der Restauratoren. Entwicklungshelfer aus westlichen Industriestaaten haben sich während der 1980er-Jahre die Mühe gemacht, das Volk um seine Meinung zu befragen. Die feudalistisch erstarrte Regierung hielt dies für völlig überflüssig. Die Frage an die Einwohner von Bhaktapur lautete: ob bei dem begrenzten Etat zuerst die Tempel vor dem Zerfall gerettet werden sollten oder ob zunächst der Lebensstandard der Bevölkerung zu heben sei. Die Mehrheit der Befragten entschied sich für den höheren Lebensstandard, nicht für die Restaurierung der Tempel.[17]

Das Kathmandu-Tal mit seinen sprunghaft wachsenden Städten ist nur ein Nebenschauplatz explosiver Ballungsräume in der sogenannten Dritten Welt. Aber selbst dort, wo das Elend noch nicht Slums von unvorstellbarem Ausmaß hervorgebracht hat, wird eines verständlich: dass die Mehrheit des Volkes kein vorrangiges Interesse für den Erhalt traditioneller Architektur aufbringt. Geld für das nackte Überleben ist den meisten wichtiger als für die teure Restaurierung von Tempeln, Palästen und ornamentverzierten Wohnhäusern. Krasse Armut kennt keine Ästhetik. Unter dem Druck der Verelendung verlieren die Menschen ihren Sinn für Schönheit und entfernen sich immer weiter von der vitalen Schöpferkraft, die einst bei ihren Vorfahren in einer politisch und sozial stabilen Gesellschaft lebendig war.

Reisen im globalisierten Zeitalter

Aktuelle Fragen in China

Yuanyang ... Den Namen hatte ich zum ersten Mal gelesen, als ich im Januar 2012 meine vierte Reise nach China, dieses Mal mit Schwerpunkt in die Provinz Yunnan, vorbereitete. Die Reisterrassen von Yuanyang »gehören zu den spektakulärsten Sehenswürdigkeiten Yunnans«, las ich in der 2011 erschienen Ausgabe von *Lonely Planet*. »Wabernde Nebel und Wolkenbänke, aus denen kleine Bergdörfer hervorlugen, ein unglaubliches Farbenspiel bei Sonnenaufgang und Sonnenuntergang«.[18] Im Internet fand ich zahlreiche Fotos von gewundenen, übereinander gestaffelten Reisterrassen, deren ästhetischer Reiz das hymnische Lob des Reisehandbuchs bestätigte. Ja, mehr noch, im Internet stieß ich auf Hinweise, dass für Fotografen die Landschaft ein »wahres Paradies« sei, man solle am besten morgens zwischen 6 und 8 Uhr und gegen Abend von 16 bis 20 Uhr fotografieren, dann sei die Lichtstimmung am besten.

Diese Bilder hatte ich bereits im Kopf, bevor ich im Februar 2012 die »legendären« Reisterrassen mit eigenen Augen sah – und dies in einem Landstrich im äußersten Süden Chinas nahe der Grenze zu Vietnam. Es handelt sich um einen Landstrich, der noch wenige Jahre zuvor für westliche Touristen gesperrt war. Auch diese Auskunft stammt aus dem Internet. Bei der Vorbereitung der Reise nach Yuanyang erlebte ich die Auswirkungen digitaler Vernetzung intensiver als bisher – gerade weil dieses »Highlight« wenige Jahre zuvor in Europa noch völlig unbekannt war. Nunmehr aber ist es endgültig vorbei mit der Überraschung, in ein entlegenes Gebiet vorzudringen und dort Landschaften, Städte und Tempel zu entdecken, die noch in keinem Bildband, in keinem Reiseführer, nicht im Internet schon präsent sind. Passé ist auch das Gefühl, etwas noch nicht Gesehenes völlig unmittelbar zu erleben. Es gibt keine weißen Flecken mehr auf der Landkarte, die Welt ist bereits perfekt vermessen, seit das Fremde auf Knopfdruck abrufbar ist, ja, auf Knopfdruck zuhause präsent ist.

Aus der Ferne ist Nähe geworden. Wo bleiben die Überraschungen? Überraschungen finden beim Reisen von heute auf einer ganz anderen Ebene statt. Die erste authentische Überraschung erlebte ich in Kunming, der Hauptstadt der Provinz Yunnan. Anders als noch drei Jahrzehnte zuvor war es jetzt kein Problem mehr, ein Reisebüro mit englischsprachigem Personal zu finden. Auch gab es keine Schwierigkeiten, als Einzelreisender die Route völlig individuell zu bestimmen. In Kunming mieteten mein österreichischer Freund und ich ein Auto mit Fahrer. Der Fahrer begrüßte uns respektvoll und aufmerksam für die Kultur der Fremden mit »Good morning«, und ich antwortete ebenso respekt- und rücksichtsvoll mit dem chinesischen Gruß »Ni hao«. Aber das war auch schon das einzige, was er auf Englisch und was ich auf Chinesisch zu sagen wusste. Sobald wir uns unterwegs mit ihm über Abzweigungen zu einem Tempel oder einem Bergdorf verständigen wollten, dessen Namen wir im Reiseführer entdeckten, reichte er uns das Handy. Und wir gaben dann unseren Wunsch auf Englisch an das Reisebüro ins 200 Kilometer entfernte Kunming weiter, und von dort kam die chinesische Übersetzung an den Fahrer.

Kaum hatten wir die Millionenstadt Kunming verlassen, begegneten wir einem China, wie ich es Jahrzehnte zuvor schon erlebt hatte: Dörfer und Kleinstädte, in denen noch schnabelförmig gebogene Dächer wie aus dem

16. Jahrhundert der Ming-Dynastie dominierten, wechselten mit Ortschaften, in denen bereits eine international austauschbare Betonarchitektur vorherrschte – aber nirgends wurde auch nur ein Wort Englisch verstanden. Auf weite Strecken erschien China noch so abgekapselt von der übrigen Welt, wie das noch vor Jahrzehnten, unmittelbar nach der Kulturrevolution und Mao Zedongs Tod 1976, gewesen war.

Das Gefühl, in das Mittelalter der Ming-Dynastie katapultiert zu sein, hatte ich besonders beim Anblick der Reisterrassen von Yuanyang: die vielen bizarren, schlangenförmig gewundenen Linien der Felder, in denen die Bauern in Reihen gebückt standen und Reispflanzen setzten, Bauern mit Holzpflug und Ochsen, im Hintergrund Dörfer mit ihren niedrigen Häusern und Pagoden. Besonders die Landschaft mit ihren Lichtstimmungen erschien weit entfernt von allen modernen Veränderungen – eine Landschaft, wie sie auf einer jahrhundertealten chinesischen Wandmalerei hätte verewigt sein können. Nebelschwaden stiegen auf, die Sonne verschwamm in Rot, wurde zu einer blassen Scheibe, verschwand gänzlich hinter Wolken. Alle Farben wichen aus den sattgrünen Bergen, aber umso schärfer wurden die Kontraste zwischen der silbrig glänzenden Wasserfläche und den bizarr geschwungenen Einfassungen der Reisfelder. Dieses Panorama von unzähligen schlangenförmig verlaufenden Reisterrassen in Schwarz und Weiß wirkte allmählich wie das Fell eines Zebras, letztendlich wie ein gigantisches abstraktes Gemälde.

Und doch: Auf all das waren wir vorbereitet, schließlich hatten wir zahlreiche Fotos im Internet heruntergeladen, hatten auch die hymnischen Kommentare von Touristen gelesen. Am Schauplatz selbst taten wir dann nur das, was

Tausende andere Besucher schon vor uns getan hatten und noch nach uns tun würden: Wir fotografierten die rasch wechselnden Lichtstimmungen. Und wir waren nicht allein. Neben uns gruppierten sich auf den markantesten Aussichtspunkten jeweils Dutzende, manchmal bis zu hundert Touristen. Allerdings waren es durchwegs Chinesen. Viele von ihnen hatten Kameras auf Stativen platziert, manche mit großen Teleobjektiven, teure Markenkameras, gegen die sich mein Fotoapparat ziemlich bescheiden ausnahm. Es handelte sich um sehr wohlhabende Chinesen, die sich eine solch teure Reise wie auch solch teure Kameras leisten konnten. Es waren Angehörige der kaufkräftigen chinesischen Mittelschicht. Diese Schicht war während der vergangenen zwei Jahrzehnte in China entstanden, sie umfasst eine stattliche Minderheit von rund 400 Millionen Chinesen in dem riesigen Land mit nahezu 1,4 Milliarden Einwohnern. Etliche von ihnen kamen allerdings von Hongkong, Singapur und Taiwan, wie sie mir auf Englisch erklärten. Vermutlich hatten auch sie sich durch Informationen und Bilder aus dem Internet anlocken lassen.

Begegnungen mit einer fremden Kultur? Das Verhalten dieser Chinesen kam mir seltsam vertraut vor. Sie richteten ihre Kameras nicht nur auf die wasserglitzernden Reisfelder und die aufsteigenden Nebelschwaden, sondern sie zielten mit ihren Objektiven auch auf Bauern, die gebückt hinter einem von Ochsen gezogenen Holzpflug herstapften, Bauern mit spitzkegeligen breitkrempigen Hüten. Auch dies waren Bilder, wie sie schon Jahrhunderte zuvor auf chinesischen Wandmalereien verewigt worden sind. Die chinesischen Fotografen empfanden anscheinend solche Szenen genauso archaisch und exotisch wie ich, denn sie kamen wohl alle aus Großstädten, deren Betonarchitektur und deren hektischer Autoverkehr genauso international austauschbar erscheinen wie in vielen europäischen oder amerikanischen Metropolen. Und jenen Besuchern, die aus ländlichen Regionen im Einzugsgebiet städtischer Ballungsräume stammen, war wohl der Anblick vertraut, dass das Gemüse in riesigen Gewächshäusern oder unter Plastikplanen gedeiht. Die chinesischen Touristen wollten wohl hier in Yuanyang mit ihren Fotoapparaten etwas einfangen, das sie als Gegenwelt zu ihrem Alltag verstanden.

Die Sensibilität für Landschaften, in denen Menschen nur wie winzige Punkte wirken, dazu aufsteigende Nebel – all das hat für Chinesen aber noch eine andere Bedeutung als für Europäer. Eine spirituelle Bedeutung besitzt das kosmische Spiel von Yin und Yang, wie es am stärksten in der Religion des Daoismus zum Ausdruck kommt. Dies ist auch ein Grund, weshalb gerade so viele Chinesen nach Yuanyang reisen – und in andere Gebirgsorte, in denen Nebelschwaden an den Berghängen wabern.

Fremd mutete mich aber auch an, wie häufig die Chinesen inmitten dieser atemberaubenden Landschaft mit dem Handy oder Smartphone telefonierten. Anscheinend waren es Gespräche mit Verwandten oder Freunden über weite Entfernung hinweg, um die Eindrücke sofort nach Peking, Hongkong oder sonst wo weiterzugeben. Sie verschickten auch die soeben erst gemachten Fotos sofort über Hunderte Kilometer per Knopfdruck – ein Verhalten, das ebenso dem Tempo unserer digitalen Moderne angemessen ist. Ferne und Nähe bildeten hier keinen Unterschied mehr. Was war hier noch fremd? Ausgerechnet in diesem Moment schrillte bei mir das Handy, und meine Frau meldete aus Wien, dass mein Zahnarzttermin verschoben sei. Bei der Gelegenheit schilderte auch ich ihr die atemberaubenden Eindrücke aus Yuanyang. Welch ein Kontrast zu meinen Reisen in Asien oder Nordafrika zwei bis drei Jahrzehnte früher: Viele Wochen lang, die ich unterwegs gewesen war, erfuhr ich nichts von zuhause, und eine Postkarte aus dem Nahen oder Fernen Osten nach Europa war oft eine unberechenbar lange Zeit unterwegs.

Wie ist das Wetter in Yuanyang? Im Februar 2018, sechs Jahre nach meinen Wanderungen durch die Gebirgslandschaft von Yuanyang, drückte ich auf die Taste im Internet und ich erhielt alle Daten so exakt wie bei einem Wetterbericht in Österreich: am Mittwoch sonnig, am Donnerstag wolkig, am Freitag Regen, die darauffolgende Woche wieder sonnig ... Und bei einem weiteren Mausklick erfuhr ich, dass zu den »legendären« Reisterrassen 147 Bewertungen deutschsprachiger Touristen vorliegen: 78 Prozent mit »ausgezeichnet«, 18 Prozent mit »sehr gut«, vier Prozent mit »befriedigend«.

2012, auf derselben Reise quer durch die Provinz Yunnan lernten mein österreichischer Freund und ich noch etliche weitere Höhepunkte eines »unverfälschten Chinas« kennen, wie sie in Reiseführern und im Internet angepriesen werden. Wir kamen in Städte, deren weit ausgedehnte historisch gewachsene Altstädte nahezu unverändert erhalten geblieben sind – so, um nur drei herausragende Beispiele zu nennen: Jianshui, Dali, Lijiang. Wie schon in Yuanyang hatte ich bereits zuvor im Internet zahlreiche Fotos dieser exotischen Reiseziele abrufen können und war also bestens vorbereitet auf das, was mich erwartete. Mehr noch: Die Hotelzimmer, die stilgerecht chinesisch traditionell eingerichtet waren, verfügten über Computer und Internetzugang. Ich konnte also jeden Abend meiner Frau in Wien die unmittelbaren Eindrücke mitteilen und bekam wenig später die Antwort, dass das Wetter in Wien zurzeit nasskalt und noch recht winterlich sei. Erst kürzlich gemachte Fotos konnte ich allerdings nicht verschicken, da ich kein entsprechendes Handy besaß – in diesem Punkt hatten mir viele der Chinesen einiges voraus.

Lijiang hat bei mir von den drei Städten den stärksten Eindruck hinterlassen: zum einen, weil ich dort intensiver als sonst wo in China die Atmosphäre des einstigen »Reiches der Mitte« erlebte – zum andern aber, weil gerade dort durch den rapide wachsenden Tourismus das kontrastreiche Nebeneinander von Tradition und Moderne besonders auffällig ist.

Von einem Hügel blickten wir auf eine Altstadt mit traditionellen Holzhäusern, von schnabelförmig gebogenen Ziegeldächern gekrönt, von Pagoden überragt und einem Geflecht gewundener Gassen durchzogen. Und im Hintergrund das wuchtige Massiv des Jadedrachen-Gebirges, dessen schneebedeckte Gipfel bis nahezu 6000 Meter aufragen und Ausläufer des nahegelegenen Hochlands von Tibet sind. Etliche der Holzhäuser seien über zweihundert Jahre alt, so lese ich im Reiseführer, und die Ursprünge dieser Stadt reichten bis ins 13. Jahrhundert zurück. Lijiang konnte sich seine Bedeutung als ein wichtiges Handelszentrum an der Karawanenstraße von Südchina nach Tibet bewahren. Der traditionelle Charakter der Altstadt war zwar kurz bedroht, als in den 1960er-Jahren die Roten Garden der sogenannten Kulturrevolution auch in Lijiang historisch wertvolle Gebäude als »reaktionäre Überbleibsel des Feudalismus« vernichten wollten. Aber Ministerpräsident Zhou Enlai, der von 1949 bis zu seinem Tod 1976 neben Mao Zedong der zweitmächtigste Politiker war, hat die Altstadt mit dem Einsatz regulärer Regierungstruppen vor den Fanatikern einer »kommunistischen Moderne« bewahrt.[19] Zhou Enlai, der Kommunist, der aus einer vornehmen Mandarin-Familie stammte und ein Bewusstsein für den Wert von altchinesischer Tradition behielt, hat ja auch in Peking die traditionellen Kaiserpaläste vor der Zerstörungswut der Roten Garden durch Soldaten schützen lassen.

Der Panoramablick von den Hügeln Lijiangs erweckt zunächst die Illusion, tatsächlich in eine weit zurückliegende Epoche zurückversetzt zu sein. Denn von dort aus ist die Neustadt nicht zu sehen, die sich jenseits der Hügel mit gesichtslosen Betonwohnblocks in einer benachbarten Talsohle ausdehnt. Dort lebt die Mehrheit der Einwohner, deren Zahl inzwischen durch Zuwanderung aus Dörfern die Millionengrenze überschritten hat. Mein Freund und ich zogen es vor, uns auf die »Illusion« zu konzentrieren und stundenlang die gewundenen Altstadtgassen zu durchstreifen, in denen sich ständig neue Ausblicke auf ornamentverzierte Häuser und Pagoden ergaben. Dazu ein Kanalsystem, das in seiner Atmosphäre wie ein »chinesisches Venedig« anmutet. Aber ist die Illusion einer weit zurückliegenden Epoche perfekt? Die Hauptgassen entlang der markantesten Kanäle quollen über von Touristen, fast durchweg Chinesen. Restaurants und Schnellimbissstände reihten sich dort dicht aneinander, und aus etlichen tönte lautstark chinesische Unterhaltungsmusik. Manche der Restaurants hatten am Eingang auch europäische Schriftzeichen, so etwa »Pizza Hut«, und tatsächlich wies der Name auf eine amerikanische Imbisskette hin, in der neben Pizza und Steaks auch französischer Wein angeboten wurde – ein kulinarisch exotischer Anziehungspunkt für zahlungskräftige Chinesen.

Lijiang ist seit den 1990er-Jahren zu einem besonderen

Magnet für chinesische Touristen geworden: einerseits wegen der landschaftlich schönen Lage mit einem Gebirgsmassiv, andererseits wegen der traditionell erhaltenen Altstadt. Sollte ich diesen Touristenstrom beklagen? Aus dem Internet erfahre ich, dass viele der historisch wertvollen Gebäude vom Zerfall bedroht waren und erst in den 1990er-Jahren sorgfältig restauriert worden sind – gerade wegen des wachsenden Touristenstroms. Angesichts dieser Bemühungen hat die Altstadt von Lijiang 1997 den Status des UNESCO-Weltkulturerbes erlangt.[20] Lijiang ist inzwischen für viele Chinesen so etwas geworden wie Rothenburg ob der Tauber, Venedig, Siena, Dubrovnik für Europäer. Nach Lijiang kommen Chinesen, die nach Orten suchen, an denen sie noch die unverwechselbare Eigenart ihrer Kultur jenseits der globalisierten Gleichförmigkeit vieler ihrer Großstädte erleben wollen. Sollte ich das wirklich bedauern? Diese Entwicklung bedeutet doch auch, dass man in China von jener Epoche Abstand nimmt, in der historische Bauten massenweise abgerissen und durch Betonarchitektur globalen Stils ersetzt worden sind.

Trotz solcher Einsichten empfanden wir die Touristenmassen als lästig und suchten nach Gassen, die noch »unberührt« den Charme *chinesischer* Kultur ausstrahlten. Wir verhielten uns hier nicht anders als in Rothenburg, Venedig und so weiter. Durch die vielverzweigten Gassen in der Altstadt von Lijiang kamen wir rasch in Wohnviertel, in denen noch die Handwerksbetriebe und die Kaufläden für Einheimische dominierten. Und dort sahen wir noch viele Einheimische der ethnischen Minderheit der Naxi in ihrer traditionellen Tracht. Derart bekleidet waren nur wenige Menschen in den Hauptstraßen der Altstadt anzutreffen, denn dort wurden sie, was wir vereinzelt beobachten konnten, aufdringlich von Touristen umringt und fotografiert. Zurück auf diesen Hauptstraßen entdeckten wir immer wieder Plakate, die auch in englischer Sprache auf Veranstaltungen hinwiesen, in denen die Naxi ihre traditionellen Tänze aufführten. Diese Veranstaltungen mieden wir, denn wir hatten in der historisch ebenso konservierten Altstadt von Dali erlebt, was dies bedeutet: Dort fanden Tänze zwar in traditionellen Gebäuden statt, aber organisiert waren diese Veranstaltungen im Stil einer amerikanischen Show, wobei das Scheinwerferlicht ständig von einer grellen Farbe in die andere wechselte.

Anscheinend war es unmöglich, selbst in so »ursprünglich« anmutenden Altstädten wie denen von Lijiang und Dali Tänze in ihrem ursprünglichen Alltagszusammenhang zu erleben. Als wir jedoch gegen neun Uhr morgens auf den Marktplatz der Altstadt von Lijiang kamen, wartete dort eine Überraschung auf uns. Der geräumige Platz war überfüllt mit Menschen, die meisten von ihnen trugen die Naxi-Tracht, deren vorherrschende Farbe ein leuchtendes Blau ist, durchzogen von weißen und roten Ornamenten. In der Mitte des Platzes tanzten Frauen und Männer zum Klang einer uns sehr fremdartig erscheinenden Musik. Da nirgends Touristen zu sehen waren, boten die vielen bunt gekleideten Menschen vor den traditionellen Holzhäusern und Pagoden eine in sich geschlossene Szenerie wie aus einem anderen Jahrhundert, als China noch von keinerlei westlichen Einflüssen geprägt war. Und es zeigte sich, dass die Naxi hier ihre Tänze nicht für die Touristen aufführten, sondern nur für sich selbst. Denn sonst hätten sie nicht so früh damit begonnen, als noch keine Fremden den Marktplatz betreten hatten. Doch kurz vor 12 Uhr mittags kamen die ersten chinesischen Touristen, die durch ihre westliche

Kleidung und ihre Fotoapparate auffielen. Nun war es mit dem Flair des absolut »Unverfälschten« vorbei und wir verließen den Platz.

Wie lange ließ es sich in einer Stadt wie Lijiang aushalten? Nach vier Tagen reisten wir weiter. Es war zu anstrengend, ständig den Strömen chinesischer Touristen auszuweichen und darauf zu lauern, die als »ursprünglich« gepriesene Altstadt auch als »ursprünglich« erleben zu können.

Chinesische Touristen finden sich inzwischen weltweit. Dass sie vor allem massenhaft in fernöstliche Nachbarstaaten reisen, die ihnen kulturell verwandt erscheinen, braucht uns nicht weiter zu verwundern. Mich überraschte allerdings die Nachricht, die Zahl chinesischer Touristen habe besonders in der kambodschanischen Tempelstadt Angkor Wat rapide zugenommen. Als ich 1965 dort unterwegs war, hatte ich innerhalb von zehn Tagen nur ein bis zwei Dutzend ausländische Besucher, vor allem Europäer und Amerikaner, getroffen und konnte daher oft stundenlang ungestört durch die vom Dschungel überwucherten Tempelanlagen streifen. Seit sich aber zu Beginn des 21. Jahrhunderts die politische Situation in Kambodscha stabilisiert hat, ist Angkor Wat zu einem Magneten des internationalen Tourismus geworden. 2018 sind rund 5,6 Millionen Touristen aus allen Ländern der Welt dorthin gereist, an manchen Tagen waren es bis zu 10 000 Besucher – aber darunter bildeten die 1,2 Millionen Chinesen aus der Volksrepublik China die bei weitem größte nationale Gruppe. Im Jahr 2020 sollen es bis zu zwei Millionen Chinesen jährlich werden, so die Absichtserklärung der chinesischen Regierung im Einvernehmen mit der kambodschanischen Staatsmacht. Seit ein paar Jahren haben chinesische Reiseagenturen ganze Bezirke der Kleinstadt Siem Reap übernommen, von wo die Ausflugsbusse nach Angkor Wat starten. So ist die Volksrepublik China für Kambodscha zum stärksten Devisenbringer der Zukunft geworden. Zwölf chinesische Airlines bieten jede Woche Direktflüge aus verschiedenen chinesischen Städten an, chinesische Unternehmer lassen deshalb außerhalb von Siem Reap einen zweiten Flughafen bauen.[21]

Aber die Überraschung geht noch weiter: Im Internet lese ich, dass ein chinesischer Konzern 2018 in der südchinesischen Stadt Nanning etliche Tempel von Angkor Wat im Rahmen eines »Themenparks« ostasiatischer Kultur hat nachbauen lassen. Die Chinesen setzen sich dabei über die Einwände einer kambodschanischen Bildungsschicht hinweg, die ihr wichtigstes kulturelles Erbe durch eine derartige Aktion herabgewürdigt sieht.[22] Das ist jedoch nicht die letzte Überraschung in dieser Hinsicht. Inzwischen existieren in chinesischen Ballungsräumen auch Kopien des Pariser Eiffelturms, ein Stück eines venezianischen Kanals mit Rialtobrücke, Straßenzüge von London, Amsterdam, Brügge und anderen herausragenden touristischen Sehnsuchtsorten.[23] Entscheidend ist hierbei, die Exotik Europas exemplarisch für ein chinesisches Publikum zur Schau zu stellen.

Europäer neigen dazu, solche Nachbildungen als unangemessen, verkitscht im Stil von »Disneyland« anzusehen. Aber viele Chinesen betrachten dies aus einer anderen Perspektive. Sie müssen nicht ins Ausland reisen, um die »weite Welt« kennenzulernen. Es genügt oft schon eine Reise von zwei bis drei Tagen, manchmal sogar nur eine Tagesreise. Dies ist vor allem für jene Chinesen des aufstrebenden Mittelstands attraktiv, die von der Reiselust gut verdienender Landsleute angesteckt werden, für die aber eine

Fernreise unerschwinglich bleibt. Auch für die Regierenden ist diese Situation nützlich: Das Geld vieler reisefreudiger Chinesen bleibt im eigenen Land.

Wir werden »besichtigt«

Asiatische Touristen in Europa

In Wien gehe ich oft im Schönbrunner Park spazieren, der ja seit vielen Generationen ein Anziehungspunkt für Touristen ist. Neben den bisher üblichen Besuchern aus Nachbarländern treffe ich dort seit einem Jahrzehnt in immer größerer Zahl auch auf Touristen aus dem Fernen Osten sowie aus Indien. Sie alle sind Angehörige einer rasch wachsenden, überaus zahlungskräftigen Mittelschicht, für die das Reisen – wie es europäische Touristen vorgemacht haben – nun ebenfalls verlockend, ja zum Statussymbol geworden ist. An der Spitze der Statistik befinden sich aber Touristen aus dem bevölkerungsreichsten Land der Welt, dem wirtschaftlich steil aufstrebenden China. Immer mehr Chinesen kommen als Touristen nach Österreich. Mittlerweile sind es fünfmal so viel wie noch im Jahr 2010.[24] Was ihre Neugier und ihre Lust am Fotografieren betrifft, verhalten sich viele von ihnen nicht anders als Europäer und Amerikaner. Jedoch telefonieren etliche von ihnen noch häufiger und versenden sehr auffällig mit ihrem Handy soeben gemachte Fotos an ihre Angehörigen in der mehrere Tausend Kilometer entfernten Heimat. Wie fern ist der Ferne Osten? Was bedeutet heutzutage noch Ferne? Was Nähe? Diese Fragen stellen sich erneut.

Ins Bewusstsein der Österreicher wie auch der Deutschen sind chinesische Touristen vor allem durch *ein* europäisches Reiseziel gerückt: Hallstatt. Dieses malerische Dorf, an einem Gebirgssee des oberösterreichischen Salzkammerguts gelegen, von hohen Bergen umgeben, ist zwar schon seit Ende des 19. Jahrhunderts ein beliebtes Reiseziel für Österreicher gewesen, hatte aber gegen Ende des 20. Jahrhunderts mit einem starken Besucherrückgang zu kämpfen. Der Juni 2011 brachte die Wende. Nun wurde publik, dass seit etlichen Jahren schon vereinzelte chinesische Besucher nach Hallstatt gekommen waren und viele der Häuser peinlich genau abfotografiert hatten, um eine Kopie des Dorfes in China anzufertigen. Plötzlich ging der Name Hallstatt weltweit durch die Medien. Als dann 2012 das kopierte Dorf für chinesische Touristen in China eröffnet wurde und auch diese Bilder um die Welt gingen, wirkte sich die Berichterstattung auf Hallstatt aus. Nun bereisten vor allem zahlungskräftige Chinesen das Dorf am Hallstätter See, um an Stelle der Kopie auch das Original zu besichtigen. Ab dem Jahr 2015 stieg die Besucherzahl jährlich um 20 Prozent, aktuell beträgt sie bis zu 1,2 Millionen – das wäre ohne die vielen Chinesen undenkbar.[25]

Damit ist das Bergdorf Hallstatt, das gerade einmal 754 Einwohner zählt (so der Stand 2019), mit einer monströsen Situation konfrontiert. Diese Situation lässt sich zunehmend mit der von großen touristisch überfluteten Sehnsuchtsorten, etwa Venedig oder Dubrovnik, vergleichen: Die Einwohner bilden eine verschwindende Minderheit, das regionale Eigenleben stirbt, die Orte mutieren zu musealen Hülsen. (In Venedig und Dubrovnik sind bisher allerdings europäische Touristen die treibende Kraft für eine derartige Entwicklung.)

Die Hallstatt-Kopie in China ähnelt dem Original in mancher Hinsicht bis ins Detail, viele der Häuser und Straßenzüge sind optisch nahezu identisch, sogar was die deutschen Inschriften der Hotels und Restaurants betrifft. Allerdings sind in der südchinesischen Provinz Guandong die Berge um den dortigen See niedriger als im Salzkammergut, auch haben die chinesischen Bauherren die Palmen stehen lassen.[26] Das chinesische Hallstatt hat sich jedoch zu einem Touristenmagneten entwickelt. Denn das nachgebaute Dorf liegt in einem der dicht bevölkertsten Gebiete Südchinas, nahe der Viermillionenstadt Huizhou und nur rund 60 Kilometer von dem Ballungsraum der Wirtschaftsmetropole Shenzhen mit rund 20 Millionen Einwohnern entfernt. Damit ist das chinesische Hallstatt ein ideales Ziel für Menschen, die in einem stark industrialisierten und überbevölkerten Großraum von einer exotisch fernen Gegenwelt träumen können.

Was aber treibt Chinesen dazu, in immer größerer Zahl nun auch das rund 7000 Kilometer entfernte originale Hallstatt aufzusuchen? Diese Frage stellte sich mir schon deshalb, weil ich jedes Frühjahr im Salzkammergut wandere und bei Zwischenaufenthalten in Hallstatt mit einer wachsenden Zahl von Chinesen konfrontiert bin. Einem Bericht der österreichischen Tageszeitung *Die Presse* vom Januar 2019 konnte ich genauere Informationen darüber entnehmen, was die Faszination von Hallstatt für Touristen nicht nur aus China, sondern auch aus anderen fernöstlichen Staaten ausmacht. Hallstatt, so las ich, »entspricht dem fernöstlichen Schönheitsideal für ein Dorf in der Landschaft so genau, dass er (der Ort Hallstatt) nur als perfekte Illusion wahrgenommen werden kann. Viele Chinesen machen deshalb keinen kategorialen Unterschied zwischen dem Original im Salzkammergut und der maßstabgetreuen Kopie in ihrer Heimat. Beides ist für sie eine Bühne für den flüchtigen Traum von einem besseren Leben, dem Einklang von Mensch und Natur. Deshalb sind sie auch fest überzeugt, dass Hallstatt nur ein Freilichtmuseum ist und seine Bewohner bezahlte Statisten, die am Abend in ihre großstädtischen Bleiben zurückpendeln. Die solcherart missverstandenen Einheimischen fühlen sich zum Bildmotiv degradiert. Man dringt in ihre Gärten und Häuser ein. (...) Selbst ihre Kleinkinder nimmt man ihnen aus den Armen, um sich mit ihnen knipsen zu lassen.«[27] Chinesische Touristen treten zwar meist diszipliniert und höflich auf, wie ich beobachten konnte, aber sie benehmen sich im österreichischen Hallstatt trotzdem so, wie sie es im chinesischen Hallstatt tun: Beide Orte sind für sie nur »Bühne«. Und viele der österreichischen Geschäftsleute reagieren entsprechend darauf. 2018 entdeckte ich in Hallstatt sogar Plakate mit Abbildungen von Chinesinnen im Dirndlkleid, darunter in englischer Sprache das Angebot »Dirndl to go«, auch auf Chinesisch wurde darauf hingewiesen, die Gäste aus China könnten für die Dauer ihres Aufenthalts »echt österreichische« Kleidung mieten.

Im Gespräch mit alteingesessenen Hallstättern konnte ich feststellen, dass sich viele von ihnen in die Zeiten zurücksehnten, als ihr Heimatort noch ein relativ ruhiges Dorf ohne hohe Einnahmen aus dem Fremdenverkehr war, weil vorrangig nur österreichische und deutsche Besucher kamen. So wird das Dorf Hallstatt zu einem exemplarischen Brennpunkt dafür, was passiert, wenn Touristenströme ein »Traumziel« überschwemmen und den Ort in seiner Substanz bedrohen – nur dass sich diesmal Touristenströme nicht von Europa in außereuropäische Länder bewegen, sondern umgekehrt.

Wie aber erleben die Reisenden aus Fernost Europa? Europäer können in diesem Punkt irritierende Erfahrungen machen. Mir erging es so, als ich im österreichischen Fernsehen im August 2017 einen Dokumentarfilm über das Reiseverhalten von Chinesen in Europa sah. In der Sendung mit dem Titel *Busreise. Chinesen auf Europa-Tour* wurden Chinesen befragt, was sie über Italien und Frankreich denken, jene Länder, die sie im Eiltempo durchquerten. Die Antwort lautete nahezu einstimmig: Die Italiener und die Franzosen verstünden besser zu »leben« als die Chinesen, aber sie würden einfach so in den Tag hineinleben, viel in Cafés herumsitzen, die Zeit verbummeln. Für einen Chinesen sei das undenkbar, er habe eine Perspektive, sein Leben sei voller Arbeit, und daher funktioniere Chinas Wirtschaft so gut.[28] Solche Aussagen erinnern mich sehr stark an Kommentare so mancher deutscher Touristen, wenn sie herablassend über die Italiener oder vor allem über die Griechen reden und dabei stolz auf die wirtschaftliche Überlegenheit Deutschlands sowie auf die deutsche Arbeitsmoral verweisen. Allerdings billigten die chinesischen Touristen den Italienern und Franzosen in einer Hinsicht einen eindeutigen Vorsprung zu: Sie wunderten sich über die saubere Luft in den Großstädten. Es gelinge den Europäern vorerst besser, den Smog des Autoverkehrs und der Industrie zu bekämpfen, so ihr Kommentar.

Neben den Chinesen, Japanern und Südkoreanern fallen in Europa aber immer mehr auch die Inder als Touristen auf. Denn auch in Indien hat seit den 1990er-Jahren schrittweise ein wirtschaftlicher Aufschwung eingesetzt, in Folge dessen eine kaufkräftige Mittelschicht von nahezu 200 Millionen Menschen entstanden ist. Indien, das inzwischen fast ebenso viele Einwohner wie China hat, kann zwar noch nicht mit den rund 400 Millionen chinesischen

Auslandstouristen konkurrieren, aber auch dort ist die Tendenz steigend. Schon vor dem Wirtschaftsaufschwung gab es wohlhabende Inder, eine relativ kleine Oberschicht, die hauptsächlich nur deshalb ins Ausland reiste, um Verwandte zu besuchen oder prestigeträchtige Luxusartikel einzukaufen, so vor allem in Großbritannien und den USA. Das galt auch für jenen Autohändler, bei dem ich 1965 in Kalkutta eingeladen war. Ihn hatte ich ja, wie bereits geschildert, in Stuttgart kennengelernt, wo er seinen Neffen besuchte und anschließend zu Verwandten in die Schweiz und nach Großbritannien weiterreiste. Aber Inder mit rein touristischem Interesse traf ich erst seit Anfang des 21. Jahrhunderts, vor allem in Wien und Salzburg.

Inder der kaufkräftigen Mittelschicht, durch westliche Touristen in Indien zu einer anderen Form des Reisens inspiriert, besuchten zunächst benachbarte ostasiatische Länder. Erst danach wurden sie neugierig auf Europa jenseits aller Verwandtschaftsbesuche und Shopping-Interessen. Neben der traditionellen Destination Großbritannien reisen sie mit Vorliebe in die Schweiz und nach Österreich. Wieso gerade diese Länder? Die imposanten Gebirgslandschaften erinnern Inder an einen Sehnsuchtsort in ihrem Heimatstaat: Kaschmir. Der Bundesstaat mit seinen Schneebergen war schon in der britischen Kolonialzeit ein bevorzugter Erholungsort gewesen, zunächst für die Briten, dann auch für wohlhabende Inder der Oberschicht, denen das kühle Gebirge im Kontrast zur feuchtheißen Tropenlandschaft des Subkontinents besonders zusagte. Ein Sehnsuchtsort war Kaschmir auch für die indische Mittelschicht geworden, seit indische Regisseure die Gebirgslandschaft als exotische Kulisse für melodramatische Spielfilme wählten. Aber nachdem Ende der 1980er-Jahre Kaschmir wegen bürgerkriegsähnlicher Unruhen als Ferienziel nicht mehr in Frage kam, drehten die Regisseure ihre Filme in der Schweiz und in Österreich vor ähnlich exotischer Gebirgskulisse. Seither wächst die Zahl indischer Touristen ständig, die die Originalschauplätze dieser europäischen Gebirgskulissen sehen wollen – seither auch das Interesse, ganz Europa mit seinen kulturellen Sehenswürdigkeiten zu entdecken.

Aber genauso wie die Chinesen, Japaner, Südkoreaner reisen auch die Inder meist sehr eilig von Land zu Land, weil die Urlaubszeit von zwei bis drei Wochen im Jahr sehr knapp bemessen ist und man in eine einzige Reise möglichst viel von dem weit entfernten Kontinent »hineinpacken« will. Inder verweilen durchschnittlich 3,5 Tage in Österreich, vorwiegend in Wien, Salzburg und dem Tiroler Land, und viele kombinieren diese Reise mit kurzen Abstechern in die Schweiz, nach Italien, Deutschland und Frankreich. Besonders überraschend sei für Inder, so berichtet die österreichisch-indische Tourismusmanagerin Christine Mukharji, dass die Luft in österreichischen Städten im Gegensatz zu indischen Städten sauber sei und die Kulturgüter so gepflegt würden. Nicht weniger schätzten indische Touristen den »perfekt« funktionierenden Bahn- und Busverkehr, denn anders als in Indien seien die öffentlichen Verkehrsmittel in Österreich außerordentlich pünktlich. Aber diese Umstände lösten zeitweise auch Stress aus: Gerade weil Inder in ihrer Heimat an extrem unpünktliche Züge gewohnt seien, kämen sie in Österreich oft zu spät zu den Bahnhöfen und verpassten ihre Abfahrt.[29]

Ob nun chinesische, japanische, südkoreanische, taiwanesische oder indische Touristen – man trifft sie inzwischen weltweit. Für mich war es allerdings interessant, dass sie mittlerweile nicht nur nach Europa und Nordamerika strömen, wo es Tuchfühlung mit der westlichen Zivilisation zu nehmen gilt, von deren Errungenschaften sie viel übernommen haben. Inzwischen sind für sie auch »orientalische« Ziele reizvoll geworden, Ziele, die bisher allein westliche Touristen als Sehnsuchtsort, als Kontrast zur eigenen Zivilisation gewählt haben: etwa Marokko, Ägypten, den Iran, die Türkei.

Verbunden damit erinnere ich mich an ein Bild von besonderer Symbolik: Ich saß unter einem Olivenbaum, rechts von mir rastete eine Gruppe Chinesen, links eine Gruppe Inder – und alle schauten wir auf ein ausgedehntes Ruinenfeld der griechisch-römischen Antike. Aus der Ferne schallte vom Minarett einer Moschee der Gebetsruf des Muezzin. Vier sehr unterschiedliche Kulturen begegneten sich an diesem Ort auf engstem Raum. Der Schauplatz war Ephesus – vor zweitausend Jahren ein Zentrum abendländischer Kultur, seit dem 13. Jahrhundert aber ein türkisch-islamisches Herrschaftsgebiet. In dem weit ausgedehnten musealen Gelände bewegten sich Besucher aus allen Teilen der Welt.

So wird gerade am Phänomen des Tourismus besonders deutlich: Es existieren immer weniger Kulturräume, in denen sich die Einheimischen abgekapselt von der übrigen Welt fühlen können und eingesponnen sind in den Kokon eigener Traditionen, eines provinziell engen Verständnisses von »Heimat« und »Welt«.

Werden sich die Verhaltensformen weltweit immer ähnlicher? Und damit auch das jeweilige Lebensgefühl und Denken? Ist hierfür der Tourismus ein besonders auffälliges Symptom – neben der Tendenz, dass weltweit auch die Kleidung und die Erscheinungsformen der Städte immer austauschbarer werden? Der Anschein trügt. Denn wenn wir mit den Menschen unterschiedlicher Herkunft über soziale Verhältnisse, über Politik und erst recht über Religion diskutieren, dann erscheinen die anderen Kulturräume aus westlicher Sicht wieder sehr fremd. Und erst dann beginnt die eigentliche Entdeckungsreise über den Blickwinkel eines touristischen Ichs hinaus.

Seit dem Februar 2020 hat sich allerdings die Situation für Reisende, ob nun Touristen oder Geschäftsleute, drastisch verändert. In diesem Monat war die Seuche Covid 19 massiv über die Grenzen Chinas hinausgedrungen und wurde international unter dem Namen Corona bekannt. Und bald sprach und schrieb man von der »Corona-Krise«, die weltweit den Reiseverkehr sowie das Wirtschaftsleben auf Monate hinaus lahmlege. Fernsehberichte boten dann den bisher unvorstellbaren Anblick, dass vom Massentourismus überforderte »Traumziel«-Orte plötzlich menschenleer waren. Mehr noch: Zahlreiche Länder hielten ihre Grenzen für Touristen geschlossen. Es kann länger dauern, bis sich an dieser Situation nachhaltig etwas ändert, so die Perspektive im Sommer 2020, denn die Corona-Krise hat in vielen Staaten der Welt auch eine schwerwiegende Wirtschaftskrise zur Folge. Einem großen Teil der Bevölkerung fehlt nun das Geld für größere Reisen. Aber auf lange Sicht wird die Corona-Krise bewältigt sein, und dann kann das Reisen wieder zu einem leistbaren Vergnügen für Viele werden – allerdings mit wohl ähnlich ambivalenten Problemen wie zuvor.

Beginn einer Völkerwanderung

Folgenschwerer Nebeneffekt der Globalisierung

»Unsere Vorfahren sind nie gereist«

Unterwegs in überfüllten Zügen

Fünf Personen kauerten im Eisenbahnabteil auf der Holzbank, die eigentlich nur für vier bestimmt war. Alle hatten sie die Beine hochgezogen, teils bis zur Brust, denn der Boden war mit Gepäckstücken vollgepfropft. Ich hatte Mühe, mir neben diesen Fahrgästen einen sechsten Platz zu erkämpfen, den sie mir nur zögernd einräumten.

Diese Situation erinnerte mich bis ins Detail an jene Fahrt, als ich, wie bereits geschildert, 1964 mit türkischen »Gastarbeitern« von München nach Istanbul unterwegs war und ein halbes Jahr später unter nahezu gleichen Bedingungen mit Türken zurück nach Deutschland reiste. Nun aber saß ich vierzehn Jahre später, 1978, in einem überfüllten Zug von Kairo in das rund tausend Kilometer entfernte Assuan. Was waren es diesmal für Menschen? Und warum reisten sie?

Mir gegenüber saßen zwei Männer in westlich geschnittenen Hemden, Pullovern und Hosen, der typischen Kleidung von Großstadtbewohnern aus sozial gehobenen Wohnvierteln, allerdings auch eine junge Frau mit Kopftuch, neben mir zwei Männer mit Turban und der Djellaba, dem traditionellen Umhang. Die zwei westlich gekleideten Männer sprachen relativ gut Englisch. Ihnen konnte ich erklären, dass ich bis Assuan unterwegs sei, mir dort die Tempel ansehen wolle, dann weiter zu den Tempeln von Abu Simbel und auf dem Rückweg länger in Theben bleiben und dort ausgiebig die Tempel von Karnak und das Tal der Könige besichtigen wolle. Einer meiner beiden Gesprächspartner übersetzte den Mitreisenden die Auskünfte. Sie alle schüttelten den Kopf. Keiner von ihnen hatte jemals eines dieser weltberühmten Reiseziele besucht, und es erschien mir so, als würden sie auch nicht verstehen, weshalb ich aus dem fernen Europa kam, um ausgerechnet dorthin zu fahren. Sie waren unterwegs, um Verwandte in Kleinstädten und Dörfern zu besuchen, und hierbei benutzten sie einen Zug der zweiten Klasse, in dem die dreizehn Stunden dauernde Fahrt nach Assuan umgerechnet rund acht Euro kostete. Für die Ägypter war das teuer genug, denn diese Summe entsprach in den 1970er-Jahren einem Drittel des gesetzlich garantierten Monatsmindestlohns.

Eigentlich hatte ich die über tausend Kilometer lange Fahrt in einem bequemeren Zug der ersten Klasse verbringen wollen, aber ich hielt mich ausgerechnet während des islamischen Pilgermonats *Dhsul-Hidscha* in Ägypten auf. Zu diesem Zeitpunkt waren Alt und Jung unterwegs in ihre Heimatorte auf Verwandtenbesuch, ähnlich wie bei uns an Weihnachten. Züge mit besseren Abteilen waren ausgebucht, ich konnte also nur in einem derartig überfüllten Zug ohne Reservierung reisen. War es Pech? War es Glück? Gerade durch solche Umstände konnte ich in drastischer Anschaulichkeit erleben, welch sozialen und kulturellen Umbrüchen Ägypten in den 1960er- und 1970er-Jahren ausgesetzt war.

Während der Fahrt kam ich schließlich mit den zwei westlich gekleideten Männern ins Gespräch, die relativ gut Englisch konnten. Sie erklärten, sie würden zwar seit etlichen Jahren in Kairo wohnen, aber keiner von ihnen sei in Kairo geboren, alle seien sie aus ihren weit entfernten Heimatorten abgewandert, weil es dort keine Arbeit gebe. Und sie hätten das Glück gehabt, in Kairo einen einigermaßen gut bezahlten Job zu finden, deshalb könnten sie sich auch jedes Jahr im Pilgermonat wenigstens einmal eine Reise zu den Eltern und Verwandten leisten. Vielen anderen Zuwanderern, die in den großen Städten als Gelegenheitsarbeiter nur in Slums wohnen könnten, sei es nicht vergönnt, die Eltern jemals wieder zu sehen. Ein Mensch ohne Familie, ein großes Problem, eine Tragödie ... Ihre Eltern, erst recht die Großeltern, hätten zeitlebens nie den Heimatort verlassen. Ihre Vorfahren seien nie gereist. Und sie, die Söhne und Enkel, hätten neben ihrem Dorf bisher von Ägypten nichts außer Kairo gesehen.

Solche Auskünfte erinnerten mich wiederum an jene der türkischen »Gastarbeiter« von 1964. Türken wie Ägyptern war innerhalb von ein bis zwei Jahrzehnten eine Mobilität aufgezwungen worden, die sie jäh aus ihren bisherigen Lebensgewohnheiten riss und ihnen eine radikale geistige Umstellung abverlangte. Es waren Menschen, denen die Familie oder der Klan der zentrale Mittelpunkt bedeutete, weil die Familie für diejenigen in einem sozial völlig ungesicherten Umfeld der einzig verlässliche Halt blieb. Viele von ihnen wussten nichts davon, dass Prozesse einer globalisierten Wirtschaft Auswirkungen auf ihre bisher abgekapselten Lebensräume hatten. Während jedoch die Türken bereits als »Gastarbeiter« ins Ausland reisten, strömten die Ägypter arbeitssuchend nur in die industriellen Ballungsräume des eigenen Landes. Ein weiterer Unterschied war: In Ägypten waren die sozialen Probleme um ein Vielfaches explosiver als in der Türkei. Dies merkte ich schon an den Bedingungen, unter denen ich von Kairo nach Assuan reiste.

Es waren klapprige, sehr alte Waggons, durch jahrzehntelange Überbeanspruchung längst abgenutzt, die Fenster ohne Glas. Ein Abteil zweiter Klasse. Elektrisches Licht gab es nicht, die Fahrgäste kauerten bei der Nachtfahrt im Dunklen, sie halfen sich mit Kerzen aus. Auch die Händler, die sich draußen auf dem Gang zeitweilig durch das Gedränge kämpften, hatten auf ihren Bauchläden brennende Kerzen. Nur die Schaffner verfügten über den Luxus einer Taschenlampe. Sand und Staub trieben durch die offenen, unverschließbaren Fenster, machten die Lippen rau und klebrig, der Mief von Tabakqualm, Schweiß – und Urin – tat sein Übriges. Wir kauerten in Waggons ohne sanitäre Anlagen, draußen auf dem Gang erleichterten sich die Ägypter auf dem bloßen Boden. Was für eine ungewohnte Szenerie für saturierte, komfortgewohnte Mitteleuropäer. Solche Eindrücke mögen traumatische Erinnerungen an Kriegselend und überfüllte Flüchtlingszüge wachrufen, aber für viele Ägypter bedeutet eine solche Bahnfahrt Alltag mitten im tiefsten Frieden. Entsprechend gelassen verhielten sich die Fahrgäste im Abteil. Sie packten bei flackerndem Kerzenschein Brotfladen, hartgekochte Eier und Gemüsetöpfe aus und luden mich zum Essen ein.

Bei Tagesanbruch bot sich mir eine weitere Überraschung. Die beiden Männer, die ich bis dahin in Hemden, Pullovern und Bluejeans gesehen hatte, waren nicht mehr wiederzuerkennen. Denn sie trugen nun ebenfalls Turban und Djellaba, das traditionelle Gewand der Fellachen. Anscheinend würden sie in ihren Dörfern, wohin sie für ein paar Tage während der Pilgerfeiertage zurückkehrten, mit ihrer westlichen Kleidung nicht akzeptiert werden. Draußen zog eine ländliche, archaisch anmutende Landschaft vorbei: Palmenhaine, Reisfelder, Zuckerrohrpflanzungen, lehmbraune Dörfer mit weißgetünchten Minaretten. Auf den Feldern gingen Bauern hinter dem Holzpflug her, Frauen in weiten Umhängen schleppten Krüge von den Brunnen in die Dörfer. Es war eine Szenerie, die gerade für mich, den Westeuropäer aus einer hektischen Industriezivilisation, eine Faszination ausstrahlte. Aber aus eben solchen Regionen strömten viele Bewohner arbeitssuchend in industrielle Ballungsräume, wie etwa das ohnehin schon übervölkerte Kairo, weil sie allein dort auf ein wirtschaftliches Überleben hoffen konnten. Entsprechend rasch ist Kairo unter dem Andrang der Zuwanderer gewachsen. Kairo hatte in den 1920er-Jahren erst eine Million Einwohner gezählt, zu Beginn der 1960er-Jahre waren es bereits 3,5 Millionen, aber Ende der 1970er-Jahre, als ich das erste Mal in die Metropole kam, betrug die Einwohnerzahl bereits acht Millionen. Und 2018 waren es über 16 Millionen, doppelt so viel Menschen wie in ganz Österreich.

Eine übervölkerte Stadt ... Was heißt das konkret? Viele Zuwanderer finden in Kairo keine Wohnung mehr, sie ziehen zu Verwandten oder Freunden in die ohnehin schon engen, baufälligen Häuser der Altstadt oder in bereits abgewirtschaftete moderne Wohnblocks. Andere mieten für ein paar Piaster Schlafplätze in den Slums, wo ein Bett an drei Schläfer vergeben wird, die sich Tag und Nacht im festgelegten Turnus das Matratzenlager teilen. Entsprechend dicht gedrängt ballt sich die Bevölkerung. In manchen Stadtvierteln von Kairo, so schätzten die Statistiker bereits Mitte der 1980er-Jahre, lebten pro Quadratkilometer an die 153 000 Menschen.[1] Im Vergleich dazu ist die Bevölkerungsdichte in westdeutschen Großstädten wesentlich geringer: In Frankfurt kommen auf die gleiche Fläche 2900 Einwohner.[2] Wenn man abends durch die verwinkelte, weit ausgedehnte Altstadt von Kairo geht und einen Blick durch die Fenster in die hellerleuchteten Räume im Erdgeschoss wirft, dann sieht man die meist schlauchartig engen, niedrigen Zimmer voll mit Menschen. Nachts sind dort die Böden mit Matten in Schlafplätze umfunktioniert; Platz für eine Intimsphäre in unserem Sinn ist in solchen Unterkünften undenkbar. Vom Fenster meines Hotelzimmers in einem Hochhaus blickte ich auf Flachdächer zehnstöckiger Betonwohnblocks, auf denen Hütten aus Brettern, Palmstroh und Wellblech errichtet waren. Wäsche flatterte an gespannten Seilen zwischen den notdürftigen Behausungen, Frauen in schwarzen Umhängen schleppten Blechkanister, Ziegen und Hühner suchten zwischen Abfall nach Nahrung – dort quirlte das Dorfleben landflüchtiger Bauern zehn Stockwerke über dem tosenden Autoverkehr.

Schauplatzwechsel ... Seit den 1970er-Jahren bin ich auch in Indien immer häufiger in überfüllten Zügen unterwegs gewesen. Auch dort sind es oft Menschen, die ihren Heimatort verlassen, um in der Fremde einen Arbeitsplatz zu suchen oder zu Saisonarbeiten von Ort zu Ort zu reisen.

Auf den Fernverkehrsstrecken in die Megastädte Delhi, Mumbai, Kalkutta und Chennai sind die einzelnen Waggons zweiter Klasse mit mehr als siebzig Liegeplätzen, harten Holzpritschen, ausgestattet. Die Pritschen sind eng übereinandergeschichtet, wie Obststellagen, und die Fahrgäste der Nachtzüge haben kaum genug Platz, um sich beim Drehen und Wenden nicht am Nachbarn zu stoßen. An der Waggondecke drehen sich unablässig Ventilatoren, ohne dass sie die stickige Luft bei der massiven Ausdünstung von so vielen Menschen spürbar verbesserten. Die Fenster sind vergittert. Die Eisenstäbe sollen undisziplinierte Fahrgäste daran hindern, dass sie von den drangvollen Bahnsteigen einen abgekürzten Weg durch das Fenster ohne Glas in das Waggoninnere nehmen. Es sind Abteile zweiter Klasse, die sich seit der Kolonialzeit kaum verändert haben. Und immer wieder erlebte ich auch, dass Menschen auf den Dächern der Waggons kauerten.

Manche Mitreisende, die relativ gut Englisch sprachen, erzählten mir über ihre Reiseziele. Die einen waren unterwegs aus Bihar, dem ärmsten Bundesstaat Indiens mit der höchsten Zahl von Arbeitslosen, in den rund tausend Kilometer entfernten Bundesstaat Punjab, in dem sie sich als Erntehelfer ein paar Wochen oder Monate verdingen wollten. Andere fuhren nach Goa oder Kerala, wo Arbeitsplätze im Tourismus locken. Die meisten aber zog es in die industriellen Ballungszentren der Megastädte Delhi, Mumbai, Kalkutta, Chennai.

Die Atmosphäre in derart rasch und uferlos wachsenden Siedlungsgeflechten der Megastädte ist nahezu austauschbar. Vom pittoresken Charme der historisch gewachsenen Altstädte mit ihren Tempeln und Palästen, von den schönen Parkanlagen lässt sich bei der Einfahrt in die Vororte wenig erahnen. Am Zugfenster ziehen massige Mietskasernen vorbei, Fenster und Balkone sind durch Wäsche verhängt. Die Wohnblocks wechseln mit Hüttensiedlungen aus Stroh, Jutesäcken, Brettern und Wellblech, dazu rußgeschwärzte Fabrikhallen und qualmende Schornsteine aus Backstein. Plötzlich geben Betonhochhäuser den Anschein von Zentrumsnähe, dann jedoch ziehen wieder Felder mit Wassertümpeln vorbei, bis sich abermals ärmliche Hütten am Bahndamm reihen. Abfallhalden häufen sich entlang der Gleise. Es wimmelt am frühen Morgen von Menschen, die sich entlang der Gleise reihenweise mit entblößten Hintern niedergehockt haben, Männer, Frauen und Kinder. Dazwischen sieht man eine Unzahl von Kothaufen und Urinlachen. Die Hockenden lassen sich weder durch die Kolonnen vorbeiströmender Arbeiter noch durch die vorbeifahrenden Züge stören. Für sie gibt es keine Intimsphäre. Für die Menschen, die in immer neuen Schüben die Megastädte erreichen und sich als Neuankömmlinge notdürftige Hütten entlang der Bahndämme errichten, fehlen die Wohnräume und sanitäre Einrichtungen. Nicht weit von diesen unfreiwilligen Schauplätzen einer Morgentoilette drängen sich Frauen zu Dutzenden um eine Wasserstelle. Ihre bunten Saris lassen das Bild »malerisch« erscheinen, aber die Exotik der Farben täuscht nicht über die krasse Not hinweg, dass Brunnen und Wasserleitungen äußerst selten in den übervölkerten Vorstadtsiedlungen zu finden sind.

Nach meist mehr als einer Stunde Fahrt durch ein unüberschaubares Siedlungskonglomerat tauchen in solch uferlos wuchernden Großstädten die ersten Hochhäuser aus Beton und Glas auf, wie sie in ihrer Modernität auch in den USA stehen könnten. Jene Bezirke, in denen internationale und auch aufstrebende indische Konzerne von Weltgeltung, so Tata, Birla, Mittal, ihren Sitz haben, sind auswechselbare Symbole der Globalisierung. Derartige Hochhäuser habe ich auf meinen ersten Reisen in den 1960er- und 1970er-Jahren noch nicht gesehen – ein Anzeichen dafür, wie rasch sich die Zentren der Ballungsräume gerade in ihrem äußeren Erscheinungsbild verändern.

Das Wachstum der Einwohnerzahlen ist ohnehin bestürzend groß. Als ich 1964 das erste Mal nach Indien kam, zählte keine der großen Städte Delhi, Mumbai, Kalkutta und Chennai mehr als vier bis fünf Millionen Einwohner. Im

Jahr 2018 aber sind aus diesen Ballungsräumen Megastädte mit einer Einwohnerzahl zwischen 12 und 18 Millionen, ja in Delhi und Mumbai schon über 20 Millionen geworden. Hatte es in Indien um 1950 erst vier Millionenstädte gegeben, so waren es bis zum Beginn des 21. Jahrhunderts schon über 40, und angesichts der unaufhaltsamen Abwanderung notleidender Bauern aus ländlichen Regionen steigt diese Tendenz weiter.[3]

Ägypten, Indien ... Ich habe anhand erster Eindrücke nur auf zwei Schauplätze einer Entwicklung hingewiesen. Solche Entwicklungen lassen sich allerdings in zahlreichen Ländern außerhalb Europas beobachten. Dabei ist dies erst der Anfang einer überaus folgenschweren Verschiebung. Im Jahr 2025 werden nämlich von den 25 größten Ballungszentren der Welt 23 in sogenannten Entwicklungsländern liegen, so lauteten bereits 1982 die Prognosen der Vereinten Nationen. Und diese Verschiebung ist inzwischen längst vollzogen. 2019 leben bereits 55 Prozent der Weltbevölkerung in Städten, 2050 werden es rund 75 Prozent aller Menschen sein – und der Schwerpunkt der Verstädterung wird dann in Asien, Afrika und Lateinamerika liegen. Die Folgen dieser Entwicklung sind jetzt schon beträchtlich. Jeder dritte Einwohner in Städten der sogenannten Dritten Welt lebt, so schätzt man 2019, in Slums.[4]

Allerdings habe ich einleitend die Atmosphäre in zwei Staaten beschrieben, in denen die Notleidenden arbeitssuchend nur in die Megastädte des eigenen Kulturraums strömen. Aber inzwischen wissen wir, dass viele der krisengeschüttelten Megastädte selbst nicht mehr ausreichend Chancen zum wirtschaftlichen Überleben bieten und so die Notleidenden arbeitssuchend unter großen Entbehrungen in weit entfernte Länder abwandern. Nach Europa kommen so immer mehr Zuwanderer aus Nordafrika, Vorderasien wie auch aus Schwarzafrika. In die USA und nach Kanada flüchten vor allem Menschen aus Lateinamerika.

Von welchen Faktoren wird diese Entwicklung angestoßen? Sind die Ursachen nur in den unbewältigten Krisen der sogenannten Dritten Welt zu suchen?

Im Folgenden werde ich exemplarisch auf etliche Länder der sogenannten Dritten Welt eingehen und zeigen, dass die vorgegebenen Muster einer solchen Entwicklung in den sozialen Umbrüchen des 19. Jahrhunderts in Europa zu entdecken sind. Und es wird deutlich, wie sehr die »Erste Welt« und die »Dritte Welt« gerade in diesem Punkt miteinander verflochten sind – und dass der Beginn einer weltweiten Völkerwanderung eine Begleiterscheinung der sogenannten Globalisierung ist.

Der erste Anstoß zur globalen Migration

Es begann in Europa

Eine Ansammlung von Hütten aus Brettern, Blech, Backsteinen, dazwischen Seile mit aufgehängter Wäsche, im Hintergrund der Qualm einer Ziegelbrennerei oder einer Fabrik ... Solche Fotos von Randbezirken einer Großstadt, wie wir sie heute zur Genüge aus Asien, Afrika und Lateinamerika kennen, hat es zu Beginn des 20. Jahrhunderts selbst noch in vielen europäischen Industriemetropolen gegeben. Die sozialen Umbrüche, die in Europa durch die industrielle Revolution ausgelöst wurden, standen an Intensität denen in der sogenannten Dritten Welt nicht nach. Nur die Ausdehnung rasch wachsender Städte und Slums von damals hatte bei weitem nicht die Dimension wie jene in vielen Regionen außerhalb des heutigen Europas. Begonnen hat die Entwicklung jedoch in Europa, von dort ist sie – im Zeitalter des europäischen Kolonialismus – nach Asien, Afrika und Lateinamerika exportiert worden.

Ein Blick zurück in die Geschichte: Metropolen mit überragender Bedeutung hat es weltweit schon seit der Antike gegeben. Aber die meisten dieser urbanen Zentren blieben aus unserer heutigen Sicht eher klein. Sogar die wichtigsten großen Städte wiesen in der Regel eine Einwohnerzahl unter einer Million auf. Babylon etwa zählte auf dem Höhepunkt seiner Macht gerade 350 000 Einwohner, Athen in seiner klassischen Epoche 10 000, Konstantinopel in seiner Glanzzeit 700 000, und nur Rom hatte zeitweise bis zu einer Million Einwohner. Die größten Städte des europäischen Mittelalters – Paris, Mailand, Venedig, London – kamen nicht über 100 000 oder 200 000 Einwohner hinaus. Allein außerhalb Europas existierten im Mittelalter vereinzelte Millionenstädte, so Bagdad, Peking, Xi'an und Hangzhou (die letzten drei befinden sich in China). Die Zahl ihrer Einwohner stieg jedoch nur langsam und blieb dann stabil, denn nirgendwo strömten Massen bäuerlicher Zuwanderer innerhalb eines kurzen Zeitraums in die Großstädte. Bis ins 18. Jahrhundert hat ein Großteil der Menschen in Dörfern gelebt. Weltweit gesehen kamen auf einen Städter neun Bauern. Und die meisten dieser Bauern lebten, wie ich bereits im Abschnitt *Reisen wollen oder reisen müssen* geschildert habe, ganz auf ihren eigenen kleinen Raum bezogen. Für diese Bauern war »Heimat« mit dem eigenen Hof, dem »Heim«, und »Ausland« mit dem Land außerhalb des eigenen Heimes gleichzusetzen.

Mitte des 18. Jahrhunderts trat ein grundsätzlicher Wandel ein. Damals entstand in Großbritannien der erste moderne Industriestaat der Welt. Dort hatte sich das Bürgertum am frühesten aus den erstarrten Traditionen der Feudalgesellschaft lösen können und ist aufgrund seiner »industriellen Revolution« zur treibenden Kraft des wirtschaftlichen und technischen Fortschritts geworden – zunächst in Europa, dann über dessen Grenzen hinaus. Großbritannien war jener Staat, in dem erstmals in der Menschheitsgeschichte viele Städte innerhalb von nur zwei bis drei Generationen auf das Doppelte oder gar Dreifache ihrer Einwohnerzahl gewachsen sind. In einer Reihe von Städten waren in rascher Folge Fabriken errichtet worden, die darauf angewiesen waren, möglichst viele billige Arbeitskräfte zu bekommen – und viele dieser Menschen kamen aus den Dörfern. Dabei war es den Bauern bis dahin nicht erlaubt gewesen, ohne die Erlaubnis reicher Grundherren in die Städte abzuwandern. Erst der politische und wirtschaftliche Aufstieg des Bürgertums schuf die Voraussetzungen dafür, die Bindung an die Scholle per Gesetz zu beseitigen.

Gegen Ende des 18. Jahrhunderts lebten noch rund 80 Prozent der Bevölkerung Großbritanniens auf dem Land – dies unter miserablen Bedingungen. Viele der Bauern starben früh an Unterernährung oder an mangelnder Hygiene, sie hausten oft mit Ziegen, Schweinen und Hühnern in einem Raum; viele starben schon im frühen Kindesalter oder wurden nicht älter als 40 Jahre. Angesichts solcher Verhältnisse erschien es notleidenden Bauern verlockend, das Elend des Landlebens mit einem Elend in der Nähe qualmender Fabrikschornsteine zu vertauschen. Ein solcher Wandel erschien als das kleinere Übel, ja als die Hoffnung zumindest auf einen bescheidenen sozialen Aufstieg. Diese Entwicklung bot eine Perspektive, die das vorwegnahm, was heute viele Bauern in Asien, Afrika und Lateinamerika bewegt, ihre Dörfer zu verlassen.

Auch in den Städten selbst veränderte sich die gesellschaftliche Struktur unter den Auswirkungen der Industrialisierung nachhaltig. Viele der Handwerker wurden arbeitslos, weil Maschinen die Produkte schneller und billiger herstellten, und so waren auch viele von ihnen gezwungen, in die Industrie als billige Arbeitskräfte abzuwandern und »Proletarier« zu werden. Hatte der Handwerker bisher in demselben Haus gewohnt, in dem er arbeitete, so musste er nun täglich einen längeren Arbeitsweg von der Wohnung in die Fabrik zurücklegen. Nun entstanden auch innerhalb der Städte selbst Wanderungsströme, wie sie bisher unvorstellbar waren.

Großbritanniens Industriestädte wuchsen innerhalb weniger Generationen um ein Vielfaches ihrer bisherigen Einwohnerzahl – so vor allem London. Die Hauptstadt, die um 1700 erst 650 000 Einwohner gezählt hatte, wurde 1810 zur ersten Millionenstadt Europas im Industriezeitalter. 1860 besaß London bereits 2,6 Millionen Einwohner, 1900 waren es 6,5 Millionen, 1950 schon 8,4 Millionen. Und schon vor dem Ausbruch des Ersten Weltkriegs lebten 80 Prozent der englischen Bevölkerung in Städten. In vielen anderen Ländern, zumindest in Westeuropa, vollzog sich wenige Jahrzehnte später eine ähnliche Entwicklung. Auch dort schnellte die Einwohnerzahl industrialisierter Großstädte nach oben. Berlin wuchs zwischen 1849 bis 1871 von 410 000 auf 826 000 Einwohner und bis 1914 auf fast drei Millionen. Paris wurde schon 1846 zur Millionenstadt, Wien 1885. Im Jahr 1914 galt London mit 7,3 Millionen Einwohnern als die größte Stadt der Welt, gefolgt von New York mit sechs Millionen und Paris mit 4,5 Millionen. Wien lag mit 2,1 Millionen an der achten Stelle auf der Weltrangliste. Bis 1914 tauchte in der Liste der zehn größten Städte der Welt noch keine einzige außerhalb der westlichen Industriezivilisation auf.

Eine derart massive Wanderungsbewegung, die seit Mitte des 19. Jahrhunderts schließlich ganz Europa erfasst hatte, war jedoch erst in der zweiten Hälfte des 20. Jahrhunderts für weite Kreise der Bevölkerung unausweichlich geworden. Ich, Jahrgang 1940, gehöre im deutschen Sprachraum eigentlich zur ersten Generation, für die es mehrheitlich selbstverständlich war, auf der Suche nach Arbeit in eine andere Stadt zu übersiedeln und möglicherweise mehrmals den Wohnort zu wechseln. Die Generation meiner Eltern dagegen wohnte in der Regel zeitlebens im Heimatort, heiratete und starb auch dort. Erst seit den 1960er-Jahren haben wir uns endgültig zu einer mobilen Gesellschaft entwickelt.

Im Zeitraum der letzten beiden Jahrhunderte wuchsen aber nicht nur viele europäische Städte sehr rasch. Auch in vielen Dörfern vermehrte sich die Zahl der Einwohner in bisher unvorstellbarem Ausmaß. Die Ursache dafür war eine Entwicklung, die schließlich als »Bevölkerungsexplosion« zu einem geläufigen Begriff geworden ist. Ende des 18. Jahrhunderts hat sie, nicht zufällig, in Großbritannien, dem ersten Industriestaat, ihren Anfang genommen. Innerhalb von nur 60 Jahren verdoppelte sich die Einwohnerzahl Großbritanniens von 7,5 auf 14 Millionen, und bis Ende des 19. Jahrhunderts waren es 21 Millionen. Dieser Wachstumsschub setzte sich in anderen Industriestaaten fort. Zwischen 1850 und 1930 wuchs die Bevölkerung in Europa durchschnittlich um das Doppelte ihrer vormaligen Einwohnerzahl.[5] Welch eine Steigerung. Europa hatte um das Jahr 1300 erst 73 Millionen Menschen gezählt. Fünf Jahrhunderte hatte es gedauert, bis daraus um 1800 rund 187 Millionen wurden. Aber dann brauchte es bloß 100 Jahre – die erste Phase der industriellen Revolution –, bis die Einwohnerzahl in Europa um 1900 auf fast 400 Millionen gestiegen war.[6]

Erhebliche Fortschritte in der Medizin und der Hygiene hatten dieses Wachstum ermöglicht. Seit dem 19. Jahrhundert wurde zunehmend die Gefahr von todbringenden Massenepidemien sowie der hohen Kindersterblichkeit gebannt. Aber dieser eminent gestiegene Lebensstandard brachte auch neue soziale Probleme mit sich. Die Bevölkerungsexplosion bildete eine weitere Ursache, dass notleidende Bauern in die Städte abwanderten. Denn es gab für die zusätzlichen Esser in den Dörfern nicht genug Nahrung. Die Bevölkerungsexplosion in der sogenannten Dritten Welt zeitigte die gleichen Auswirkungen. Im hochindustrialisierten Westeuropa jedoch ebbte das Wachstum in der ersten Hälfte des 20. Jahrhunderts stark ab, die Städte blieben bei ihrer bis dahin erreichten Einwohnerzahl, die Elendsviertel verschwanden weitgehend aus dem Erscheinungsbild – während zur selben Zeit in Asien, Afrika und Lateinamerika ein geradezu gegenläufiger Prozess einsetzte (auf diese Ursachen gehe ich später ein). Im 20. Jahrhundert war in Europas hoch entwickelten Industriestaaten Wirklichkeit geworden, worauf viele Völker Asiens, Afrikas und Lateinamerikas heute noch immer warten: Die Massenarmut wurde beseitigt, sogar Wohlstand wurde für eine breite Bürgerschicht möglich und die Gefahr todbringender Seuchen ging stark zurück. In den westeuropäischen Staaten haben sich einerseits Demokratien entwickelt, in denen mehr politische Rechte für sozial Benachteiligte erkämpft werden konnten. Andererseits aber gelang es wiederum durch politische Steuerung, das explosionsartige Bevölkerungswachstum zu bannen und damit das hohe Risiko für soziales Elend zu beseitigen.

Die Geburtenziffer ging in all jenen westeuropäischen Staaten rasch zurück, in denen der Staat dafür sorgen konnte, dass das Familieneinkommen für breite Bevölkerungsschichten stieg. Und es zeigte sich: Überall dort, wo die Staaten für die arbeitsunfähigen Alten, Kranken und sozial Schwachen ein stabiles Rentensystem geschaffen haben, fühlten sich die Ehepaare nicht mehr genötigt, zur Alterssicherung möglichst viele Kinder zu zeugen. Da der Staat die sozialen Aufgaben übernahm, war das Modell, Kinderreichtum mit einer guten Altersversorgung gleichzusetzen, überflüssig geworden.

In vielen Ländern der sogenannten Dritten Welt findet aber gerade ein solcher Reformprozess noch nicht oder völlig ungenügend statt. Der Umstand, dass ausgerechnet dieser so notwendige Fortschritt fehlt oder gänzlich unzureichend erfolgt, lässt die Bevölkerung unkontrolliert weiter wachsen. So wuchsen dort die Slums uferlos und dies löst immer größere Wanderungen notleidender Menschen in andere Länder und Erdteile aus. Was im 18. Jahrhundert in Europa begann, haben westliche Industriestaaten in die ganze Welt exportiert und sie haben anfangs solche Umbrüche auch dort als eine Voraussetzung für »Fortschritt« gesehen. Aber die Entwicklung hat in fremden Kulturräumen eine Eigendynamik gewonnen, die sich immer weniger kontrollieren lässt. Im Folgenden zeige ich solche Prozesse am Beispiel einiger Staaten auf.

Wachsender Reichtum, wachsende Armut

Türkische Migranten

Ich beginne mit der Türkei. Dafür gibt es zwei Gründe. Zum einen war für mich die Republik Türkei der erste Staat, in dem ich bei der Begegnung mit reisenden »Gastarbeitern« Eindrücke einer beginnenden Völkerwanderung gewann. Zum anderen haben die Deutschen und Österreicher am Beispiel der Türkei am ehesten eine Vorstellung davon bekommen, was es bedeutet, wenn Menschen aus einer »orientalischen« Kultur zur Arbeit nach Europa kommen und auf Dauer hier bleiben wollen.

Unsere Haltung zur Türkei ist ambivalent, eben weil uns die Türken durch massive Zuwanderung wesentlich näher gerückt sind als viele andere Völker eines fremden Kulturraums. In Deutschland leben bei einer Gesamtbevölkerung von 82 Millionen Einwohnern rund drei Millionen Menschen mit türkischem Migrationshintergrund, in Österreich sind es bei acht Millionen Einwohnern rund 230 000. Angesichts dessen wächst bei Deutschen und Österreichern die Furcht, dass die Türken nicht nur die »völlig fremde Kultur des Islam« nach Europa bringen, sondern auch die ungelösten Probleme der sogenannten Dritten Welt.

Warum kommen die Türken zu uns? Warum genügt es ihnen nicht, aus notleidenden Dörfern in die wirtschaftlich besser entwickelten Städte im eigenen Land abzuwandern?

1923, dem Gründungsjahr der Republik Türkei, war der Staat nicht nur aus westlicher Perspektive, sondern auch nach Auffassung vieler Einheimischer noch in jeder Hinsicht ein »Entwicklungsland«. Gerade Atatürk, der »Vater der Türken« und Gründer der Republik, sah dies so. Er hat ja, wie bereits erwähnt, die westliche Zivilisation mit ihren

Fähigkeiten an sozialer und technischer Organisation als das überragende Vorbild gepriesen. Und er konnte sein Reformwerk einer »Verwestlichung« in dem Bewusstsein beginnen, dass die Türkei nie unter westlicher Kolonialherrschaft zu leiden hatte. Es war also eine »Verwestlichung« aus freier Entscheidung.

Als Atatürk 1923 an die Macht kam, lebten noch rund 80 Prozent der Türken in Dörfern, und nahezu 90 Prozent waren Analphabeten. Die Mehrheit der damals erst 14 Millionen Einwohner (heute sind es fast 80 Millionen) hatte von der Idee eines modernen Nationalstaats noch keinerlei Vorstellung, erst recht nicht von der kulturellen Andersartigkeit westeuropäischer Länder. Alles was zählte, war die Bindung an die eigene Kleinstadt oder gar das Dorf sowie die religiöse Zugehörigkeit.[7] Atatürk hatte erste einschneidende Maßnahmen eingeleitet, um die Türkei durch eine forcierte Industrialisierung aus ihrer Rückständigkeit zu befreien. Daraufhin hat eine dynamische Entwicklung eingesetzt und im Verlauf der Jahrzehnte zu Veränderungen geführt, deren Konsequenzen lange Zeit niemand abschätzen konnte.

Zu sozialen Verwerfungen kam es vor allem seit den 1950er-Jahren, als notleidende Bauern in immer größeren Massen arbeitssuchend in die Städte strömten. Den Anstoß zu dieser Entwicklung gab Ministerpräsident Adnan Menderes. Der Führer der Oppositionspartei war 1950 durch demokratische Wahlen an die Macht gekommen und regierte bis 1960. Er versprach weitere wirtschaftspolitische Reformen, geriet aber damit in einen Konflikt mit der bisher regierenden, einst von Atatürk gegründeten »Republikanischen Volkspartei«. Menderes trennte Teilbereiche der Industrie und der bäuerlichen Großbetriebe von der staatlich strikt kontrollierten Planwirtschaft, die von Atatürk verordnet wurde. Auf diese Weise konnte Menderes die Produktivität von Fabriken, Händlern und Großgrundbesitzern erheblich steigern. Zudem propagierte er eine »Modernisierung der Landwirtschaft«, um die bisher stark vernachlässigten ländlichen Regionen aus ihrer archaisch anmutenden Rückständigkeit zu befreien. All dies erschien im ersten Moment plausibel. Aber Menderes hatte seine Reformen sozialpolitisch wenig durchdacht.

Unter »Modernisierung der Landwirtschaft« verstand Menderes in erster Linie den massenhaften Import von Traktoren und anderem technischen Gerät aus den USA. Diese Mechanisierung bäuerlicher Betriebe vermochte zwar die landwirtschaftliche Produktion erheblich zu steigern, aber nur wohlhabende Landbesitzer konnten sich die Traktoren und den Kunstdünger leisten. Der erwirtschaftete Reichtum kam also nur den Großbauern zugute – einer Schicht, zu der auch Menderes gehörte. Die Masse der Kleinbauern ging jedoch leer aus; die Kleinbauern standen außerhalb seines wirtschaftspolitischen Fokus.[8] Menderes erntete in der Türkei mit solch einseitigen Reformen zunächst Beifall bei der rasch wachsenden bürgerlichen Mittelschicht. Ebenso lobten Geschäftsleute sowie Politiker der USA und westeuropäischer Staaten seine »Modernisierung«. Das war kein Zufall, denn gerade ihre Industrie verdiente gut an der Zulieferung von technischem Zubehör, ob nun für die aufstrebenden türkischen Städte oder die Regionen einer mechanisierten Landwirtschaft.

Eine solche Entwicklung hatte schwerwiegende Folgen für die Türkei, wo in den 1950er-Jahren immer noch 70 Prozent der Menschen in Dörfern lebten. Durch die hektisch vorangetriebene Mechanisierung der Landwirtschaft wurde innerhalb weniger Jahre über eine Million Landarbeiter überflüssig, die bis dahin als Pächter oder Tagelöhner die Felder bestellt hatten.[9] Und so nahm unter der Regierung Menderes die verhängnisvolle Entwicklung ihren Lauf: Notleidende und sozial entwurzelte Landbewohner wanderten in die industriellen Ballungsräume türkischer Großstädte ab und fanden dort oft nur als Gelegenheitsarbeiter in ausufernden Slums ihr Auskommen.

Noch im Jahr 1945 hatten erst 18 Prozent der Türken in Städten gelebt, also in Siedlungen mit über 10 000 Einwohnern. 1960 jedoch, dem letzten Amtsjahr des Ministerpräsidenten Menderes, waren es bereits 26 Prozent. Und nur drei Jahrzehnte später, bei gleichbleibender Politik seiner Nachfolger, lag der Anteil bereits bei 70 Prozent.[10] Entsprechend rasant hat sich die Einwohnerzahl vor allem größerer Städte mit aufstrebender Industrie erhöht – besonders in Istanbul. Die Hauptstadt des Osmanischen Reiches hatte als politisches und wirtschaftliches Zentrum zwar schon seit dem 16. Jahrhundert rund 500 000 Einwohner gezählt, aber daran hatte sich bis ins 19. Jahrhundert wenig geändert. Erst seit den 1930er-Jahren, mit den ersten Erfolgen der Industrialisierung, wuchs langsam die Zahl der Zuwanderer. Istanbul hatte 1950 eine Million Einwohner. Als ich die Metropole 1964 das erste Mal besuchte, vier Jahre nach dem Ende der Amtszeit von Menderes, waren es dagegen bereits 2,2 Millionen.

Adnan Menderes wurde 1960 durch einen Militärputsch gestürzt. Das Militär als offizieller Hüter der »säkularen Verfassung« hatte Menderes vor allem wegen seiner Politik der »Islamisierung« bekämpft, das hieß wegen seines Zieles, dem Islam wieder zu mehr Geltung im öffentlichen Leben zu verhelfen. Damit entzündete sich ein Konflikt, der bis in die Gegenwart andauert: der Machtkampf zwischen »säkular« orientierten Parteien in ideologischer Gefolgschaft von Atatürk und »islamisch konservativen« Parteien in der Nachfolge Menderes'. So gegensätzlich diese Parteien ideologisch auch waren, über Jahrzehnte blieben sie in einer Haltung gleich: Sie förderten intensiv die Industrialisierung von Ballungszentren und die Mechanisierung eines schmalen Sektors von Landwirtschaft und vernachlässigten dagegen weiterhin die Masse der Kleinbauern. Entsprechend spitzte sich die soziale Ungleichheit zu. Waren 1950 nur 14 Prozent der türkischen Bauern ohne Land, so waren es bis Mitte der 1970er-Jahre schon 32 Prozent. Umso mehr konzentrierte sich die wirtschaftliche Potenz bei den Großgrundbesitzern, die sich das Land der verarmten Bauern aneigneten: 1972 erwirtschafteten sie 58 Prozent aller bäuerlichen Einkommen, obwohl sie nur sieben Prozent der Landbevölkerung ausmachten.[11]

Deswegen strömten umso mehr Notleidende in die Ballungsräume von Istanbul, Ankara, Bursa, Izmir, Antalya, wo sich ein Großteil des wirtschaftlichen Reichtums konzentrierte. Istanbul, das 1964 noch 2,2 Millionen Menschen zählte, schnellte bis zum Jahr 2018 auf 18 Millionen Einwohner hoch. Ähnlich war die Entwicklung in anderen Ballungsräumen, wobei ich mich auf den Zeitraum von 1950 bis 2018 beziehe: Ankara wuchs von 800 000 auf sechs Millionen, Izmir von 250 000 auf fünf Millionen, Bursa von 150 000 auf vier Millionen, Antalya von 50 000 auf 2,5 Millionen. Nahezu die Hälfte der Zuwanderer lebt in sanierungsbedürftigen Behausungen. Die Ursachen für das immer schnellere Wachstum der Städte sind aber nicht nur auf die vielen Zuwanderer aus notleidenden Dörfern zurückzuführen.

Hinzu kommt ein weiterer, ebenso schwerwiegender Grund: das unkontrollierte Bevölkerungswachstum. In der zweiten Hälfte des 20. Jahrhunderts haben sich etliche Errungenschaften der Medizin weltweit verbreitet, ebenso eine bessere Hygiene, weshalb bei weitem nicht mehr so viele Kinder im frühen Alter starben wie bisher. Im Gegenteil, es entstand ein Geburtenüberschuss. Eine solche Entwicklung löste in der Türkei nicht nur Freude, sondern auch Irritation aus. Nun hatten die Türken mit dem Problem zu kämpfen, dass es »zu viele Esser gab«, die in den armen Dörfern nicht mehr ernährt werden konnten. In westeuropäischen Industriestaaten hat man, wie schon erwähnt, das Problem gelöst: Man führte eine Sozial- und Krankenversicherung ein; so waren die Familien davon entlastet, möglichst viele Kinder zu zeugen, die für die Alten und Kranken im eigenen Familienkreis zu sorgen hatten.

In der Türkei aber ist es zu keiner derartigen Entwicklung gekommen – und schon deshalb muss man diesen Staat weiterhin als »Entwicklungsland« bezeichnen. Zwar können Türken in dem einen oder anderen Großbetrieb der Ballungsräume eine gewisse soziale Absicherung in Anspruch nehmen, aber die Mehrheit der türkischen Bevölkerung erhält keine Unterstützung – dies betrifft vor allem die ländlichen Regionen. Und so fühlen sich gerade dort die Familien gedrängt, weiterhin zahlreiche Nachkommen zu zeugen, weil sie alleine von ihnen eine Hilfe erhoffen – so gibt es allerdings weiterhin zu viele Kinder, die in den Dörfern selber nicht mehr ernährt werden können. Dieser verhängnisvolle Teufelskreis potenziert sich in solchen Gegenden, in denen die Menschen am ärmsten sind und sich am meisten sozial vernachlässigt fühlen.[12]

Das Bevölkerungswachstum in der Türkei bleibt also

weitgehend ungebremst, wie ein Blick auf die aktuellen Zahlen zeigt. Hatte die Türkei 1923, dem Gründungsjahr der Republik, erst 13 Millionen Menschen gezählt, so waren es im Jahr 2000 rund 68 Millionen, 2018 sind es 81 Millionen gewesen, und für das Jahr 2044 wird die Zahl auf 100 Millionen geschätzt. Und dies geschieht in einem Land, in dem über viele Jahrzehnte eine effiziente Bildungspolitik betrieben wurde. 1923 konnten erst zehn Prozent der Bevölkerung lesen und schreiben. Dagegen waren es 2015, der letzten Zählung, 95,7 Prozent, wobei die Männer zu 98,6 und die Frauen zu 92,6 Prozent alphabetisiert waren.[13] Die Türkei befindet sich mit dieser Erfolgsquote im Spitzenfeld der islamischen Länder. Eine derartige verbesserte Bildung müsste eigentlich, so die weltweite Erfahrung, erheblich dazu beitragen, dass die Mehrheit der Bevölkerung offen für die Argumente einer Geburtenregelung ist. Aber in der Türkei greifen solche Argumente vor allem bei der Mehrzahl der urban gebildeten Städter, weniger dagegen bei den Zuwanderern aus ländlichen Gegenden und noch weniger in vielen der Dörfer selbst. Die Gründe dafür – eine fehlende, nachhaltige Sozial- und Rentenreform – habe ich bereits erörtert.

Wenig konstruktiv erweist sich in diesem Zusammenhang die Haltung von Recep Tayyip Erdoğan, der sich als Führer einer »konservativ islamischen Partei« versteht und eine Identifikationsfigur für Zuwanderer aus ländlichen Gebieten ist. 2013 hat Erdoğan in seiner Funktion als Ministerpräsident den Appell an das »türkische Volk« gerichtet, jede Frau müsse mindestens drei Kinder gebären, damit die Türkei stark bleibe.[14] Mit seinem zutiefst traditionellen Verständnis von der Rolle der Frau durchkreuzt er alle bisherigen Ansätze zur Geburtenregelung.

Aber bereits Ende der 1950er-Jahre, also noch in der Amtszeit des Ministerpräsidenten Menderes, hat der wachsende Zustrom von Bauern in die türkischen Großstädte – bei gleichzeitig einsetzender »Bevölkerungsexplosion« – zu schweren Krisen geführt. In dieser Situation kam damals allerdings Hilfe aus Europa. Im Jahr 1961 schloss die Bundesrepublik Deutschland mit der Republik Türkei ein Abkommen über die zeitweise Beschäftigung von türkischen »Gastarbeitern« in der deutschen Industrie (nachdem schon 1955 ein entsprechendes Abkommen mit Italien und 1960 mit Spanien und Griechenland geschlossen wurde). Diese Vereinbarung milderte für die Türkei – zumindest vorübergehend – die Gefahr, dass die soziale Situation in den eigenen Großstädten unter dem Druck zu vieler Zuwanderer außer Kontrolle geriet. Umgekehrt konnte Deutschland durch die Zuwanderer aus der »Dritten Welt« – jedenfalls kurzfristig – den notwendigen Bedarf an billigen Arbeitskräften befriedigen. In der Türkei allerdings änderte sich während der folgenden Jahrzehnte die Politik nicht, und so ist das soziale Ungleichgewicht erhalten geblieben, ja hat sich noch verschärft. Noch Anfang der 1980er-Jahre besaßen 90 Prozent der türkischen Dörfer, besonders im östlichen Anatolien, keine Elektrizität, 57 Prozent keine Zufahrtsstraße, 30 Prozent keine Wasserleitungen.[15]

Mitte der 1980er-Jahre aber schien es so, als würden neue wirkungsvolle Maßnahmen Abhilfe schaffen. Türkische Politiker unter der Führung von Ministerpräsident Turgut Özal gingen daran, dem Beispiel Italiens, Spaniens und Griechenlands zu folgen und an den landschaftlich reizvollen Mittelmeerküsten »Urlaubsparadiese« für ausländische Touristen zu schaffen. Sie hofften, auf diese Weise würden in den bisher vernachlässigten Küstenstädtchen und Fischerdörfern zahlreiche neue Arbeitsplätze entstehen. In der Türkei begann Mitte der 1980er-Jahre das Zeitalter des Massentourismus – mit neuen Problemen.

Die türkische Westküste und Südküste mit ihren traumhaft schönen Landschaften habe ich mehrmals besucht. Das erste Mal war 1969, das letzte Mal 2012. Dieser Zeitraum von nur vier Jahrzehnten führte mir drastisch vor Augen, wie grundlegend sich dort die Situation verändert hat. Zum Besseren? Zum Schlechteren? Es ist eine Frage der Perspektive, eine Frage, welche Schauplätze man sich auswählt.

Als ich 1969 nach Antalya kam, hatte die Stadt 95 000 Einwohner gezählt, ein beschaulicher Ort, der im 1963 erschienen Polyglott-Reiseführer noch mit folgenden Worten beschrieben wurde: »Die Stadt, die immer mehr zu einem beliebten Reiseziel wird, besitzt einen kleinen romantischen Hafen, prachtvolle Parkanlagen und östlich davon einen ausgedehnten Badestrand.«[16] Von großen Hotels war noch nicht die Rede. Entsprechend rasch hatte ich bei der Ausfahrt mit dem Bus die letzten Häuser am Strand passiert, ein Bus, der mich zu Dörfern an der Südküste führte, wo es noch kaum Unterkünfte und sehr viel leere Strände in unberührter Landschaft gab. Aber als ich 2012 mit dem Flugzeug nach Antalya reiste, blickte ich beim Anflug auf endlose Fronten von Hochhäusern und autoverstopfte Straßen, wobei die historisch gewachsene Altstadt mit ihrem »kleinen romantischen Hafen« sich inmitten des betongrauen Siedlungsgeflechts nur wie ein unscheinbarer Punkt ausnahm. Die Stadt war innerhalb von nur vier Jahrzehnten von 95 000 auf 2,3 Millionen Einwohner gewachsen.

Durch zahlreiche Fernsehberichte war ich auf diese Veränderungen vorbereitet, zudem stieß ich im Internet auf das Angebot von 288 Hotels, davon zwölf in der Fünf-

Sterne-Kategorie, außerdem waren noch weitere 249 Hotels ohne Klassifizierung angegeben. Wer sich im Jahr 2012 durch die Straßen von Antalya oder entlang der Strandpromenade bewegte, entdeckte ein Touristenzentrum, das so modern, so gepflegt erschien wie in Italien. Auch wirkten die vielen Türken, die inzwischen ebenfalls als Touristen nach Antalya kamen, wohlhabend. Es waren Türken aus den industriellen Ballungsräumen der Westtürkei wie auch Türken aus Deutschland und Österreich, die Jahrzehnte zuvor als »Gastarbeiter« ausgewandert waren und nun dem Beispiel westlicher Touristen folgten.

Im Inneren Anatoliens jedoch zeigt sich dem Besucher ein ganz anderes Bild. Viele der Dörfer haben noch immer ungepflasterte Straßen, und besonders im Osten Anatoliens fehlt noch immer elektrisches Licht. In diesen Dörfern leben viele Bauern weiterhin in drückender Abhängigkeit von Großgrundbesitzern oder sie können auf ihren eigenen Feldern kaum mehr das Lebensnotwendigste erwirtschaften. Hinzu kommt, dass im Osten Anatoliens durch den Konflikt zwischen Türken und Kurden viele Dörfer samt Feldern zerstört wurden und die Bewohner schon aus diesem Grund gezwungen sind, ihre Heimat zu verlassen. Landflüchtige Bauern kamen seit den 1970er-Jahren massenweise auch nach Antalya und in andere aufstrebende Touristenorte an der West- und Südküste. Und so lange der Tourismus boomte, fanden sie Arbeit. Aber sobald politische Krisen die Türkei erschütterten und die Zahl der ausländischen Touristen rapide zurückging, verloren sie ihre Arbeit wieder. In ihre Dörfer zurückkehren konnten sie jedoch nicht mehr. Sie waren dazu verurteilt, in einer völlig neuen Umgebung mit einer ungewohnten Situation zu leben, bedroht von kultureller und sozialer Entwurzelung.

Bedrohlich spitzte sich diese Situation vor allem in den großen Ballungsräumen Istanbul, Ankara und Izmir zu, dort, wo der Großteil der Industrie angesiedelt war und wohin die meisten Arbeitssuchenden aus notleidenden Dörfern strömten. Innerhalb weniger Jahre waren Millionen Menschen gekommen, von denen nur die Hälfte ausreichend Arbeit fand, die anderen mussten sich mit Gelegenheitsarbeit oder gar mit Betteln durchschlagen.

In diesen sozial explosiven Ballungsräumen ergab sich in den 1990er-Jahren ein neues Problem: Bei den Gemeinderatswahlen im Frühjahr 1994 gewannen ausgerechnet in Istanbul und Ankara, den politisch und kulturell bedeutendsten Megastädten der Türkei, Kandidaten einer Partei mit einer betont »islamisch« ausgerichteten Ideologie das Amt des Oberbürgermeisters. In Istanbul konnte Recep Tayyip Erdoğan die Wahl für sich entscheiden. Gewählt hatten ihn überwiegend die Millionen Zuwanderer, die wie Erdoğan selbst, aus Anatolien stammten – Menschen, die wütend auf die säkular gesinnten Eliten waren, von denen sie sich verachtet und vernachlässigt fühlten. Erdoğan wurde zu einem neuen Hoffnungsträger, der im Namen des Islam endlich den sozial Schwachen Aufmerksamkeit schenken würde. Seit 2003 bekleidete er das Amt des Ministerpräsidenten und seit 2016 führt er das Amt eines autokratisch regierenden Staatspräsidenten. Erdoğan bescherte, zumindest eine Zeitlang, einer bisher vernachlässigten Bevölkerung den sozialen Aufstieg, bevor er ebenfalls enttäuschte.

Der Prozess, der sich auch in vielen anderen islamisch geprägten Ländern beobachten lässt, ist sehr komplex: Sozial Notleidende haben sich von den bisherigen säkularen Machthabern enttäuscht abgewendet und setzen ihre Hoffnung verstärkt auf Politiker, die ihre Reformversprechen mit religiösen Botschaften verknüpfen. Auf diese Entwicklung aber, die untrennbar mit der massenhaften Zuwanderung in Ballungsräume und den dortigen Krisen verbunden ist, gehe ich in anderen Zusammenhängen näher ein.

»Wie viele Einwohner? Das weiß nur Allah«

Ägyptische Migranten

Dörfer zwischen Reisfeldern, Zuckerrohrpflanzungen, Palmenhainen. Die Häuser aus Lehmziegeln, kubisch, ineinander verschachtelt. Hier und da ein Schöpfradbrunnen, um den ein Ochse an einer Deichsel träge seine Kreise zieht. Bauern in der traditionellen Tracht von Djellaba und Turban gehen gebückt hinter dem Holzpflug her. Es ist ein Bild, wie es sich auch heute noch in vielen Regionen Ägyptens bietet – obwohl inzwischen Plantagen nach den Prinzipien moderner Agrarindustrie immer häufiger werden. Wann hatte ein Wandel eingesetzt? Wann hatten die ersten Bauern daran gedacht, ihre Dörfer zu verlassen? Und wann begann die massenhafte Abwanderung?

In Ägypten hatte sich die ländliche Struktur nahezu zwei Jahrtausende lang kaum verändert. Die Bauern mussten zwar einen Teil ihrer Ernte an übergeordnete Grundherren abliefern und lebten in ärmlichen Verhältnissen, die Feudalordnung aber blieb stabil, weil die Grundherren die Bauern mit Abgaben nicht überlasteten. Kaum ein Bauer war je über den engen Umkreis seiner Region hinausgekommen. Diese Situation hatte bis ins 19. Jahrhundert Bestand, in manchen Regionen sogar bis Mitte des 20. Jahrhunderts – bis zum Zusammenprall mit der westlichen Zivilisation.

Die ersten Signale für eine tiefgreifende Veränderung setzte der Gouverneur Mehmed Ali Pascha, der von 1805 bis 1849 in Ägypten regierte. Als Statthalter des Osmanischen Reiches ging er Jahrzehnte früher als die Sultane in Istanbul daran, seinen Machtbereich tatkräftig nach westlichem Vorbild zu modernisieren. Er ließ Schulen und Fabriken errichten, schickte Studenten nach Deutschland, Großbritannien und Frankreich. Und er griff auch als erster Machthaber Ägyptens folgenreich in das bisher unveränderbar erscheinende System der Landwirtschaft ein. Mehmed Ali wollte Ägypten, das bis dahin ein bloßes Selbstversorgerland war, nach agrarkapitalistischen, exportorientierten Prinzipien umformen. So wurde er bereits in der ersten Hälfte des 19. Jahrhunderts zu einem frühen Wegbereiter der sogenannten Globalisierung auf wirtschaftlicher Ebene – mit entsprechend ambivalenten Folgen.

Baumwolle sollte nun weit über den Eigenbedarf hinaus angebaut werden, mit dem Ziel, den begehrten Rohstoff gewinnbringend an die Industriestaaten Europas zu verkaufen. Aber zu einer derartigen Umstellung in der Produktion waren nur die reichen Grundherren fähig. Und je mehr der Rohstoff Baumwolle auf großflächigen Feldern angebaut wurde und die Produktion von Gemüse auf den Äckern der Kleinbauern einengte, desto mehr drohte vielen Dorfbewohnern die Hungersnot. Die Großgrundbesitzer nutzten ihre ökonomische Überlegenheit und zwangen viele Bauern, ihren kleinräumigen, unrentablen Landbesitz an die Plantagenbesitzer zu verkaufen und in der Folge als Lohnarbeiter auf den Feldern zu arbeiten.

An dieser Entwicklung änderte sich nichts Grundlegendes, als Ägypten 1882 unter britische Kolonialherrschaft kam. Im Gegenteil: Die Briten, die sich offiziell als Sendboten einer »überlegenen Zivilisation« betrachteten, nutzten diese Situation zu ihren Gunsten. Sie brachten den Baumwollhandel unter ihre Kontrolle und machten britische Firmen sowie Banken zu den Großaktionären der Plantagen. Die Briten statteten diese Plantagen mit moderner Technik aus, mit Maschinen, die aus dem hochindustrialisierten England geliefert wurden. Aber die fortschreitende Technisierung machte die Landarbeiter in noch größerer Zahl überflüssig, und damit setzte jener Prozess ein, im Zuge dessen sie mehr und mehr in die Städte abwanderten und sich dort als Gelegenheitsarbeiter durchschlagen mussten. In Ägypten vollzog sich also unter dem Druck britischer Kolonialherrschaft eine Entwicklung, die in der Türkei ohne allen Zwang durch fremde Mächte vor sich ging. Und als die Briten 1922 aufgrund zunehmender nationalistischer Unruhen Ägypten in die Unabhängigkeit entließen, besaß der nun regierende Sultan eine nur begrenzte Macht. Denn der britische Einfluss auf die ägyptische Wirtschaft blieb stark, auch behielt der weiterhin amtierende britische Hochkommissar einschneidende Vorrechte.

1952 veränderte die Revolution des »Bundes der freien Offiziere« unter der Führung von Gamal Abd an-Nasser die Situation radikal. Gestürzt wurde nicht nur der korrupte König Faruk, auch die britischen Berater wurden entmachtet, die den Monarchen bevormundet hatten. Die neue Regierung sah ihre wichtigste Aufgabe in der Bodenreform: den Großgrundbesitz wesentlich zu verringern und Land auf 30 000 Familien von Kleinbauern aufzuteilen. Aber die Reform hatte ein wesentliches Manko: All jene kapitalistischen Großgrundbetriebe, die für die kaufkräftigen westlichen Industriestaaten Baumwolle sowie Südfrüchte produzierten, wurden von der Umverteilung nicht erfasst. Und so blieb gerade die Macht der einflussreichen Großgrundbesitzer ungebrochen. Nasser, der Führer der Revolutionsregierung, wagte es nicht, gegen diese schmale Oberschicht vorzugehen, denn aus ihren Reihen kam ein Großteil der Ingenieure, Ärzte und Lehrer, die für die Entwicklung eines »modernen Ägypten« von Bedeutung waren. Die Folgen waren verhängnisvoll, denn nun nahm die Zahl technischer Großbetriebe in der Landwirtschaft noch weiter zu – und entsprechend zahlreicher wurden die Kleinbauern und Landarbeiter, deren Arbeitskraft nicht mehr benötigt wurde. Für das Schicksal der erneut sozial Ausgegrenzten fühlte sich niemand zuständig. Daher waren verelendete Landbewohner in noch größerem Umfang als bisher gezwungen, in die Städte abzuwandern. Bevorzugtes Ziel waren Städte im Nildelta, so etwa Alexandria, nach wie vor aber vor allem Kairo.

Im weit ausgedehnten Ballungsraum von Kairo konzentrierten sich ein Großteil von Ägyptens Industrie wie auch ein Großteil kultureller Einrichtungen, die auch heute noch einen guten Ruf in der gesamten arabischen Welt genießen. Nach Kairo kamen und kommen Muslime aus aller Welt, um an der Al-Azhar-Universität, einem geistigen Zentrum des sunnitischen Islam, zu studieren. Und Muslime aus der gesamten arabischen Welt strömen in die zahlreichen Fachhochschulen und Universitäten, denn kein arabisches Diplom, sei es für Medizin, Rechtswissenschaft, Ökonomie oder Technik, zählt so viel wie das in der Hauptstadt Ägyptens. Kairo war und ist ein wirtschaftliches und zugleich kulturelles Zentrum – und gerade diese Kombination trug dazu bei, dass die Stadt zum Magneten sowohl für die Masse verelendeter Bauern als auch für Ägypter letztlich aus allen sozialen Schichten wurde.

Auf die Wachstumsraten des Ballungsraums Kairo habe ich bereits hingewiesen, möchte aber nun die Angaben weiter präzisieren. Kairo ist seit vielen Jahrhunderten Ägyptens Hauptstadt und hatte um das Jahr 1800 erst rund 200 000 Einwohner gezählt, 80 Jahre später waren es rund 327 000, noch einmal 30 Jahre später rund 650 000. Im Jahr 1927 hatte sich Kairo zu einer Millionenstadt entwickelt. 1950 aber bot die Metropole Lebensraum bereits für über zwei Millionen Menschen, Ende der 1970er-Jahre bereits für acht Millionen. Und im zweiten Jahrzehnt des 21. Jahrhunderts wird die Einwohnerzahl auf 16 bis 18 Millionen geschätzt. Hierbei lebt die Hälfte der Ägypter in »informellen« Siedlungen, illegal errichteten Behausungen außerhalb des dicht besiedelten Stadtkerns. 1978 hatte ich Einheimische der Bildungsschicht gefragt, um wie viel Einwohner denn die Stadt innerhalb der vergangenen fünf Jahre gewachsen sei. Die Angesprochenen winkten meist mit mehr oder weniger ironischer Geste ab. So genau könne das niemand sagen, die Zahlen würden sich so rasch ändern. »Nur Allah weiß es.«

Aber wie schon am Beispiel Türkei gezeigt, ist das explosive Wachstum städtischer Ballungsräume auch in Ägypten nicht nur auf die soziale Krise in den Dörfern zurückzuführen. Eine wesentliche Triebkraft bildet hier ebenso die sogenannte Bevölkerungsexplosion, denn auch in Ägypten kam es durch die verbesserten medizinischen und hygienischen Verhältnisse zu einem rasanten Geburtenanstieg, ohne dass die Regierung wirksame Gegenmaßnahmen ergriffen hätte.

Zu Beginn des 19. Jahrhunderts hatte Ägypten erst 2,5 Millionen Menschen gezählt – so viel, wie heute bereits ein übervölkerter Vorort von Kairo beherbergt. 1850 lebten erst 5,2 Millionen im ägyptischen Staat, 1900 erst zehn Millionen. Aber bereits 1950 waren es 20 Millionen. In der Folge jedoch schnellte die Einwohnerzahl Ägyptens im Zeitraum von 1950 bis 2020, also in nur 70 Jahren, von rund 20 Millionen auf nahezu 100 Millionen. Die Regierungen des unabhängigen Ägyptens versuchten zwar, dem lawinenartigen Zuwachs an Geburten entgegenzuwirken. Sie schickten Ärzte und Sozialarbeiter in die Nildörfer, um die Bauernfamilien über den Sinn und Zweck von Verhütungsmitteln aufzuklären. Aber der Erfolg war und ist sehr gering. Die meisten Familien sehen es immer noch als vorteilhaft an, möglichst viele Söhne und Töchter zu haben und als kostenlose Arbeitskräfte auf den Feldern mitarbeiten zu lassen. Vor allem erwarten sie von den vielen Kindern, dass sie der nächsten Generation soziale Sicherheit im Alter bieten. Denn keine der bisherigen Regierungen hat ernsthaft den Versuch unternommen, für einen Großteil der Bevölkerung eine Sozial- und Krankenversicherung zu schaffen. Eine solche politische Wende hat ja in Europa zu einem raschen Ende des unkontrollierten Bevölkerungswachstums geführt.

Zu dem mangelnden Erfolg der Geburtenkontrolle in Ägypten trägt auch der weiterhin geringe Bildungsgrad vieler Dorfbewohner bei. Kairo mit seinen zahlreichen Universitäten und Fachhochschulen ist zwar ein kulturelles Zentrum der gesamten arabischen Welt, und in Ägyptens großen Städten lebt eine hoch qualifizierte Bildungsschicht – aber die Alphabetisierung breiter Volksschichten schreitet nur langsam voran. Inzwischen können immerhin 93 Prozent der Jugendlichen lesen und schreiben, aber in der Bevölkerung insgesamt haben erst 75 Prozent die Fähigkeit erworben (im Vergleich dazu die Türkei mit

95 Prozent). Besonders problematisch ist hierbei, dass noch immer rund 66 Prozent der ägyptischen Frauen Analphabeten sind.[17] Dabei ist es für den Erfolg einer Geburtenkontrolle entscheidend, dass Frauen gebildet sind und somit die Voraussetzung haben, sich aus der unreflektierten Bindung an Traditionen zu lösen. Denn je mehr Bildung Frauen besitzen, desto mehr besteht die Möglichkeit, dass sie die Argumente für den Nutzen der Geburtenregelung verstehen – und dass sie an Selbstbewusstsein gewinnen, um sich dem Diktat konservativer Männer zu entziehen.

Der Status von Kairo als einem kulturellen und wirtschaftlichen Zentrum steht auf dem einen Blatt, auf einem anderen die Megastadt Kairo, in der die Gegensätze von Reich und Arm so schroff aufeinanderprallen wie nirgends sonst in Ägypten. Hochhäuser aus Beton und Glas neben einer historisch gewachsenen Altstadt mit vernachlässigter Bausubstanz, übervölkerte Mietskasernen neben ausgedehnten Slums, in denen es immer wieder zu sozialen Unruhen kommt. In den Mietskasernen wie in den Slumhütten leben Zuwanderer aus Dörfern, die nie wirklich zu »Städtern« geworden sind, sondern die fremden Lebensgewohnheiten einer Großstadt als bedrohlich empfinden – nicht anders als Zuwanderer aus türkischen Dörfern in türkische Städte. Und wie in der Türkei, so können auch in Ägypten die schlecht integrierten Migranten Hilfe eher von religiös als von säkular orientierten Organisationen erwarten – wobei die religiösen Helfer einem sehr konservativen, wenn nicht gar einem radikal-politischen Islam nahestehen.

Aber die Gefahr einer religiösen Radikalisierung droht auch der Bildungsschicht. Denn viele der gut ausgebildeten Lehrer, Ärzte und Ingenieure finden in Ägypten selbst keine

Arbeit. Die Regierung hat zwar in den Ballungsräumen vermehrt Schulen, Fachhochschulen und Universitäten geschaffen, nicht aber die Voraussetzungen, dass die Ausgebildeten durchweg im eigenen Land einen Arbeitsplatz finden. Und so strömen seit den 1970er-Jahren arbeitslose Akademiker in immer größerer Zahl nach Saudi-Arabien und in die Golfstaaten, wo sie gebraucht werden. Jahre und Jahrzehnte später kehren die nun wohlhabend gewordenen Migranten mit ihren Familien nach Ägypten zurück. Aber nicht wenige von ihnen bringen aus Saudi-Arabien und den Golfstaaten auch ein anderes Verständnis von Islam mit – den Islam der Wahhabiten, der in seinem Fundamentalismus radikaler und intoleranter ist als jener der ägyptischen Muslimbruderschaft. In der Folge wird die bisher weitgehend liberale Bildungsschicht Ägyptens immer mehr durchsetzt von Islamisten. Sie sind wichtige Akteure und tragen dazu bei, dass in Ägypten zunehmend konservative, islamisch rigide Bildungseinrichtungen entstehen, die von Saudi-Arabien oder den Golfstaaten finanziert werden.

Diese Entwicklung ist nicht ohne die wachsenden Wanderungsströme Arbeitssuchender zu verstehen. Aber damit ist noch nicht erklärt, was in großen Teilen der islamischen Welt den wachsenden Erfolg radikal-islamischer Bewegungen hervorruft. Darüber mehr in den Abschnitten *Verwestlichung? Islamisierung?* und *Entwurzelte Muslime und »Heiliger Krieg«*.

Reichtum – für wen?

Indische Migranten

Die Republik Indien hat völlig andere Rahmenbedingungen als die Türkei und Ägypten, aber sie weist im sozialen Ungleichgewicht und im explosiven Wachstum der Ballungszentren die gleichen Probleme auf. Und die Ursachen sind auch hier in der Konfrontation mit der westlichen Industriegesellschaft und ihrem ambivalenten Einfluss auf fremde Kulturen zu suchen.

Indiens bekannteste Megastädte, die inzwischen auf rund 16 bis 22 Millionen Einwohner angewachsen sind, wurden allerdings – mit Ausnahme von Delhi – nicht von Indern gegründet. Einen ersten Anstoß gaben bereits im 17. Jahrhundert die britischen Kolonialherren. Und dies bedeutet einen markanten Unterschied zur Türkei und zu Ägypten.

1639 gründeten Briten, Mitglieder der Ostindischen Handelskompanie, eine Niederlassung mit dem Namen Madras, dem heutigen Chennai. Diesem Stützpunkt folgten 1661 Bombay, das heute Mumbai heißt, und 1690 Kalkutta (heute: Kolkata). Gemeinsam ist diesen drei Städten, dass sie aus dem Nichts in unmittelbarer Nachbarschaft von Fischerdörfern entstanden sind. Und alle drei Städte wurden von den Briten im 19. Jahrhundert zu großen Handelsstützpunkten und schließlich zu Indiens führenden Häfen ausgebaut. Hierbei stutzten die Briten das bisher wirtschaftlich autarke Indien auf die Rolle eines Lieferanten für koloniale Bedürfnisse zurecht. Kalkutta, Mumbai und Chennai waren als beherrschende Hafenstädte konzipiert, in die zahlreiche Rohstoffe, wie etwa Baumwolle und Jute, aus dem Landesinneren transportiert, dort in Fabriken verarbeitet und dann zu weiterer Feinarbeit nach Großbritannien verschifft wurden. Die Kolonialherren errichteten Fabriken nur an solchen Orten, die ihnen strategisch günstig erschienen: in küstennahen Städten und den Ausfuhrhäfen nach Europa. Indiens ursprüngliche wirtschaftliche Struktur verzerrte sich dadurch entscheidend. Bisher hatten sehr viele autarke Wirtschaftszentren existiert, kleinräumig, ohne dass Waren über weite Strecken zur Verarbeitung hätten verschickt werden müssen.

Hinzu kam, dass die britischen Kolonialherren auch nachhaltig die Struktur der Landwirtschaft veränderten. Sie beuteten die Bauern durch hohe Steuern viel schlimmer aus, als es die hinduistischen oder muslimischen Machthaber getan hatten. Daraufhin verloren die Kleinbauern in bisher nicht gekanntem Ausmaß ihren Besitz an mächtige Großgrundbesitzer, die als Steuereintreiber mit den Briten zusammenarbeiteten. Schon gegen Ende des 18. Jahrhunderts entstand unter den Bauern eine Schicht sozial Entwurzelter, die sich als Wanderarbeiter für einen Hungerlohn in der Fremde verdingen mussten. Und bereits ein Jahrhundert später strömten zahlreiche verelendete Bauern arbeitssuchend in die Kolonialhauptstadt Kalkutta. Für die Briten war dies ein erwünschter Prozess, denn für die aufstrebende Industrie in der Hafenstadt brauchten sie dringend billige Arbeitskräfte.

Die Briten setzten damit in Indien einen Wandel in Gang, wie er ähnlich 1750 in Großbritannien selbst begonnen hatte. So strömten schon zu Beginn des 20. Jahrhunderts in Indien zu viele Menschen aus dem wirtschaftlich vernachlässigten Hinterland in die industriellen Ballungsräume, ohne dass die Industrie im gleichen Maß billige Arbeitskräfte gebraucht hätte. Bereits 1914 wurden in Kalkutta die ersten Obdachlosen registriert, die ohne Hoffnung auf einen Arbeitsplatz ihre »Wohnung« unter Zeltplanen auf Gehsteigen bezogen – ohne Hoffnung, auch jemals wieder in ihre verelendeten Dörfer zurückzukehren. Kalkutta, damals Indiens vitalstes Wirtschaftszentrum, handelte sich auf diese Weise auch als erste Großstadt Indiens den ambivalenten Ruf ein, eine Stadt unvorstellbaren Reichtums und unvorstellbarer Armut zu sein. Mumbai und Chennai litten aber nur wenig später unter den gleichen Symptomen.

1947 erlangte Indien seine Unabhängigkeit, und Jawaharlal Nehru, ein sozialdemokratisch orientierter Politiker, kam an die Macht. Er wollte die verhängnisvollen Auswirkungen britischer Kolonialherrschaft beseitigen und propagierte in diesem Zusammenhang energisch eine Landreform für sozial benachteiligte Bauern. Sein Ziel – und später auch das einer Reihe seiner Nachfolger – war es, die Pächter aus der drückenden Abhängigkeit von Großbauern zu befreien und damit die Landflucht in die ohnehin schon überbevölkerten Ballungsräume zu stoppen.

Aber was ist dann tatsächlich geschehen? Innerhalb der ersten drei Jahrzehnte der unabhängig gewordenen Republik Indien ist Kalkutta von drei auf zehn Millionen Einwohner gewachsen, Mumbai von 2,5 auf acht Millionen, Chennai und Delhi von einer auf fünf Millionen. Selbst kleinere Städte begannen plötzlich sprunghaft aufgrund des Zustroms arbeitssuchender Bauern zu wachsen. Denn an der verheerenden Armut in vielen Dörfern hat sich selbst ein halbes Jahrhundert nach dem Abzug der britischen Kolonialherren nicht viel geändert. Im Gegenteil: Die Armut hat sich in manchen Regionen Indiens von den 1960er- in die 1970er-Jahre sogar vergrößert. 1960 registrierte man per Statistik 38 Prozent der bäuerlichen Haushalte unter der offiziellen Armutsgrenze.[18] Und 1973 lebten bereits 45 Prozent der indischen Bauern unter dem Existenzminimum, 1977 sogar 48 Prozent.[19] Der reformfreudige, sozialdemokratisch orientierte Premierminister Nehru hatte nicht lange an seinem Vorsatz festgehalten, eine nachhaltige Landreform durchzuführen. Denn viele der Großbauern, die auf einen Teil ihrer Privilegien hätten verzichten müssen, saßen als Abgeordnete der regierenden Kongresspartei im Parlament. Sie verlangten hohe finanzielle Entschädigungen, die aber den Staatshaushalt zu stark belastet hätten. Nehru fürchtete, eine Spaltung seiner Partei zu riskieren, wenn er gegen diese mächtige Front der Großgrundbesitzer in den eigenen Reihen ankämpfen würde. Also verlegte er die Maßnahmen zu einer Landreform zugunsten verarmter Bauern in eine unbestimmte Zukunft. Er konzentrierte sich nun vorrangig auf das zweite wichtige Ziel seiner Politik: das agrarische »Entwicklungsland« Indien möglichst rasch in einen modernen Industriestaat umzuwandeln. So hoffte er, dass mit einem kräftigen Wirtschaftswachstum die finanziellen Voraussetzungen geschaffen würden, die Armut der Bauern zu beseitigen.

Nehrus Nachfolger, ob nun in der Kongresspartei oder anderen Parteien, hielten beharrlich an dieser Tendenz fest. Und hierbei ließen es nicht wenige von ihnen bei bloßen Lippenbekenntnissen bewenden. Denn sie blickten oft mit der gleichen Verachtung wie einst die britischen Kolonialherren auf ein »rückständiges«, »mittelalterliches« Hinterland. Auch sie glaubten, man könne die Agrarwirtschaft getrost vernachlässigen angesichts der aufstrebenden Industrie in den Ballungszentren. Und die Dynamik der Ballungszentren von Kalkutta, Mumbai, Delhi, Chennai – und später noch Bangalore als Zentrum der Computerindustrie – schien den technokratisch orientierten Reformern zunächst recht zu geben. Indien hat sich mit einer Reihe international orientierter Konzerne wie Tata, Birla, Mittal aufsehenerregend einen Platz im Prozess der Globalisierung sichern können. Außerdem ist in Indien eine kaufkräftige Mittelschicht entstanden. Rund 200 Millionen Inder sind inzwischen in der Lage, sich ein Auto oder zumindest ein Motorrad zu kaufen, so gibt eine Statistik im Jahr 2017 bekannt.[20]

Aber diese eindrucksvolle Zahl von 200 Millionen Menschen einer aufstrebenden Mittelschicht muss dann doch wieder relativiert werden, denn Indien zählt inzwischen 1,3 Milliarden Menschen. Viele Inder sind noch immer von diesem Fortschritt ausgeschlossen. Nach einem Bericht der Vereinten Nationen aus dem Jahr 2002 lebt in Indien nahezu die Hälfte aller Hungernden der Welt, die größte Armut konzentriert sich hierbei gerade in den Dörfern.[21] Und selbst in den folgenden zwei Jahrzehnten wurden nicht die Voraussetzungen geschaffen, in vielen Dörfern auch nur die elementarsten Grundbedürfnisse zu befriedigen. Noch immer kämpfen zahlreiche Kleinbauern um das wirtschaftliche Überleben und sehen keinen anderen Ausweg, als arbeitssuchend in die Ballungsräume abzuwandern, deren Verdichtung – gerade auch in den ausufernden Slums – immer monströsere Züge annimmt. Entsprechend hoch ist auch die Gefahr sozialer Unruhen.

Die wachsende Armut in den Dörfern hat auch ökologische Ursachen. Seit Jahrzehnten haben die ländlichen Gebiete in Indien darunter zu leiden, dass dort Wälder gerodet werden, um Ackerland für die mechanisierte Landwirtschaft der Großgrundbesitzer zu gewinnen. Dieses neu gewonnene Ackerland trocknet aber teilweise durch unsachgemäßes Bewirtschaften aus und kann landwirtschaftlich nicht mehr genutzt werden. Daher müssen weitere Bauern, die dort als Landarbeiter beschäftigt sind, ihre Heimat verlassen. In Gesprächen mit Indern der Bildungsschicht bekam ich folgende Information: Ursprünglich sei es in Indien ein Tabu gewesen, Wälder großräumig zu roden, denn man glaubte, in den Bäumen würden Geister wohnen und das Fällen von Bäumen würde die Gottheiten erzürnen, diese würden dann die Menschen mit Hungersnot bestrafen. Westlich gebildete Inder hätten diese Form der Religiosität als Aberglauben abgetan und die Rodungen immer intensiver betrieben. Aberglaube? Rückblickend erscheint es so, als ob es besser gewesen wäre, die indische Ober- und Mittelschicht hätte etwas mehr an diesem »Aberglauben« festgehalten. Allerdings handelt es sich hier nicht um ein spezifisch indisches Problem. Ein Blick in viele andere tropisch üppige Regionen lehrt, dass auch dort durch die Abholzung großer Wälder ökologische Katastrophen drohen, so in Südostasien, Schwarzafrika und Lateinamerika.

In Indien habe ich zahlreiche der unkontrolliert wuchernden Großstädte besucht, und ich möchte einen meiner Aufenthalte etwas näher beschreiben, um zu verdeutlichen, wie prekär die Situation für zugewanderte Bauern in Slums werden kann.

Ich wähle hierbei einen Ballungsraum aus, der »nur« zwei Millionen Einwohner zählt und für indische Verhältnisse eher als »klein« einzustufen ist: Bhopal, die Hauptstadt des indischen Bundesstaates Madhya Pradesh. Den Namen dieser Stadt würden heute die wenigsten Europäer kennen, wenn sich dort nicht in der Nacht vom 2. auf den 3. Dezember 1984 die größte Chemiekatastrophe der Industriegeschichte weltweit ereignet hätte. In dieser Nacht waren aufgrund schlechter Wartung aus einer Fabrik, die

Pflanzenschutzmittel produzierte, über 4000 Tonnen hochgiftiger Gase ausgetreten. Die Giftgaswolke trieb durch die angrenzenden Elendsviertel, in denen überwiegend Zuwanderer aus verelendeten Dörfern wohnten. Nach offiziellen Angaben waren 1600 Menschen sofort tot, 6000 starben wenige Stunden später, insgesamt belief sich die Zahl der Todesopfer auf 20 000, und rund 100 000 Menschen leiden seither an unheilbaren Krankheiten. Die verantwortliche Firma Union Carbide war ein multinationaler Konzern unter US-amerikanischer Führung. Zwar zahlte der Konzern insgesamt 690 Millionen US-Dollar Entschädigung an den Staat Indien, aber nur ein geringer Teil der Zuwendung erreichte die Opfer, der Großteil der Summe versickerte bei korrupten Politikern und Beamten.[22]

So weit war ich schon durch Presseberichte informiert, bevor ich 1993 Bhopal besuchte. Der persönliche Eindruck und der unmittelbare Kontakt mit Einheimischen steigerten jedoch meine Beklommenheit. Während der Einfahrt mit dem Zug bot sich mir der schon oft gesehene Kontrast zwischen Slumhütten entlang der Bahngleise und modernen Wohnblocks im Hintergrund. Ein Inder im Zugabteil, westlich gekleidet, erklärte, die Häuser im Hintergrund seien Teil des neuen, modernen Bezirks von Bhopal, »New Bhopal«, ich müsse dieses Viertel unbedingt besuchen. Aber ich würde mich, so antwortete ich, mehr für »Old Bhopal«, die historisch gewachsene Altstadt mit ihren interessanten Gebäuden, interessieren. Er machte eine abwertende Handbewegung. »Very dirty«, dreckig, sehr dreckig, und dann diese engen Straßen ... Ich sagte ihm besser nicht, was mein eigentliches Ziel war.

Am nächsten Morgen nahm ich ein Taxi, um den Ort der Katastrophe von 1984 zu erreichen. Der Taxifahrer, ein älterer grauhaariger Mann im traditionellen weißen Umhang, begrüßte mich mit zusammengefalteten Händen vor der Stirn und verbeugte sich leicht. Es war die typische Geste eines Hindu gegenüber jemandem, den er im Rang sozial höher einstuft. Er sprach gut Englisch. Ob die Union Carbide wieder in Betrieb sei, wollte ich wissen. Er lachte grimmig, alle Unterwürfigkeit war aus seiner Gestik gewichen. Nein, nein, die Fabrik sei bald nach dem Unfall geschlossen worden, sonst hätten die Bewohner hier die »Killer Factory« niedergebrannt.

Wir fuhren eine holprige Lehmstraße, von Strohhütten gesäumt, zum Bahndamm hoch, von wo aus ich einen Überblick über die weit ausgedehnte Hüttensiedlung hatte. Einige Hundert Meter entfernt ragte über die Dächer der Wellblech-, Plastik- und Bretterhütten das Gebäude der Union Carbide auf, ein düsteres, backsteinrotes, kastenförmiges Gebilde. Den Vordergrund beherrschte ein breites Bachbett, durch das sich ein trübes Rinnsal wand, an dessen Ufer allerlei Gerümpel abgestellt, weggeworfen, war. Frauen schöpften daraus Wasser und trugen es in Blechkanistern zu ihren Hütten. Ob dieses Wasser tatsächlich getrunken werde, fragte ich. Ja, antwortete der Fahrer, das Wasser werde allerdings abgekocht. Ob das Wasser nicht durch allerlei Bakterien, ja durch Chemikalien verseucht sei und das Abkochen überhaupt etwas nütze, hakte ich mit einer weiteren Frage nach. Der Fahrer zuckte die Achseln. Es gebe kein anderes Wasser hier. Er blickte auf meinen umgehängten Fotoapparat. »Take a photo.« Jawohl, ich dürfe hier fotografieren, jawohl, ich solle fotografieren, die Menschen in Germany sollten solche Bilder sehen. Die Welt sei nur kurz durch den Unfall auf Bhopal aufmerksam geworden, jetzt habe sie Bhopal vergessen.

Von dieser Katastrophe, erklärte der Taxifahrer, sei er selbst betroffen. Er wohne einen Kilometer von dieser Fabrik entfernt. Hätte er damals in einer Stroh- oder Bretterhütte wie diese Menschen hier gelebt, wäre seine Familie auch sofort gestorben. Als aber seine Kinder nachts wegen der beißenden Luft geschrien und ihn geweckt hätten, habe er sofort Fenster und Türen verschlossen. Die Menschen in ihren Hütten hätten keine Fenster und Türen zum Schließen gehabt, sie seien von vornherein zum Tod verurteilt gewesen. Je ärmer hier jemand sei, desto schutzloser sei er einer Katastrophe ausgesetzt. Doch seine Familie und er hätten bis heute unter den Spätfolgen zu leiden. Jeden Sommer würden ihm die Augen brennen und er habe Kopfschmerzen sowie Atembeschwerden, er fürchte sich schon wieder vor dem nächsten Sommer, aber wenigstens sei er nicht blind geworden wie die meisten Überlebenden in den Hütten.

Wir fuhren weiter und kamen an sehr desolat wirkenden Industrieanlagen vorbei, schließlich an zylinderförmigen Benzintanks. Bei diesen Tanks, erklärte der Fahrer, sei die Explosionsgefahr sehr groß, denn die Anlage sei keineswegs vorschriftsmäßig mit den nötigen Sicherheitsvorkehrungen ausgestattet. Die Firma India Oil erwäge deshalb, die Tanks während der nächsten zwei Jahre in unbewohntes Gebiet zu verlagern. Er wies auf die Siedlungen hin, die sich entlang dieser Tanks hinzogen, in denen Hunderte oder gar Tausende Menschen wohnten. Was aber, so fragte ich, wenn während dieser beiden Jahre auch hier eine Katastrophe passiere. Hoffen wir es nicht, antwortete der Fahrer zaghaft.

Unmittelbar vor den geschlossenen Toren der Firma Union Carbide hielten wir an. Auf deren Mauern war groß und mit frischer Farbe »Killer Carbide« gepinselt, anscheinend wurde die Aufschrift ständig erneuert. Die Stroh- und Bretterhütten reichten bis direkt an die Fabrikmauern. Die damaligen Bewohner, die anstelle der Getöteten die Hütten bezogen hatten, waren also tagtäglich hautnah mit dem traumatischen Ereignis von damals konfrontiert. Ich wandte mich an den Taxifahrer und fragte ihn: Wie könne man so etwas seelisch verkraften? Seine Antwort war wieder von einem grimmigen Lachen begleitet: Wo sollten die denn hin? Die seien froh, wenigstens dieses Dach über dem Kopf zu haben. An eine große Katastrophe zu denken, könnten sie sich gar nicht leisten. Entscheidend sei für sie die Frage, ob es am nächsten Tag etwas zu essen gebe und dass der Fußweg zu einem möglichen Arbeitsplatz nicht gar so lang sei. Wir gingen kreuz und quer durch die engen, von Hütten gesäumten Gassen. Überall wimmelte es von Menschen. Es kämen immer neue Zuwanderer aus Dörfern, erklärte er, das höre überhaupt nicht auf. Indien habe zu viele Menschen und zu wenig Arbeit. Das gehe immer so weiter. Er wiederholte beim Rundgang diesen Kommentar in immer neuen Variationen.

Zu viele Menschen ... Die Wachstumsrate ist ein Problem, das inzwischen immer mehr Indern als solches bewusst geworden ist: dass die heftigen sozialen Konflikte nicht von der unkontrolliert wachsenden Geburtenzahl zu trennen sind.

Zu viele Menschen ... Zu Beginn des 20. Jahrhunderts lebten auf dem Gebiet der heutigen Republik Indien gerade erst 150 Millionen Menschen. Aber als ich 1964 das erste Mal nach Indien kam, waren es bereits 450 Millionen. Im Jahr 2018 hatte Indien jedoch schon rund 1,3 Milliarden Einwohner, nahezu 400 Millionen mehr als der Kontinent Europa gezählt. Ähnlich wie in vielen anderen sogenannten Entwicklungsländern oder Schwellenländern hatte die jeweilige indische Regierung zwar versucht, dem Geburtenboom entgegenzusteuern. Jedoch konnten auch in Indien alle Aufklärungskampagnen über Verhütungsmittel und Geburtenregelung nur bei einer wohlhabenden Oberschicht und Mittelschicht Verständnis finden, nicht aber bei der Masse der sozial Benachteiligten mit geringer Bildung. Überall dort, wo Ehepaare eine Schule besucht hatten, wuchs die Bereitschaft, Verhütungsmittel zu verwenden. Getragen wird dieser Prozess auch vor allem von Frauen, die über eine Schulbildung verfügen und so aus ihrer geistigen Unmündigkeit befreit worden sind.

In jenen Bundesstaaten Indiens, in denen die Alphabetisierung am weitesten fortgeschritten ist, hat sich die Geburtenrate beträchtlich gesenkt, sie ist von durchschnittlich 2,5 Prozent auf nahezu ein Prozent zurückgegangen, allen voran in Kerala, gefolgt von Haryana, Maharashtra, Gujarat, und Tamil Nadu.[23] Diese Tendenz hat sich dort bereits Ende des 20. Jahrhunderts abgezeichnet. Denn es handelt sich um Bundesstaaten, in denen nicht nur die Schulbildung beträchtlich zugenommen hat, sondern sich auch schon ein breiterer Mittelstand mit steigendem Einkommen entwickeln konnte. Ein weiterhin ungebremstes Bevölkerungswachstum weisen dagegen Bundesstaaten wie Bihar, Uttar Pradesh, Andhra Pradesh, Madhya Pradesh, Orissa, Rajasthan auf – Bundesstaaten mit einem relativ niedrigen Urbanisierungs- und Bildungsgrad, geringen Fortschritten in der Frauenemanzipation und einem mangelhaft entwickelten Gesundheitswesen.[24] Und es ist kein Zufall, dass sich gerade aus diesen unterentwickelten Bundesstaaten Wanderungsströme verelendeter Kleinstädter und Bauern weiterhin in die Städte ergießen, in denen die Slums ohnehin schon überbevölkert sind.

Indien ... Ein Staat? Ein Kontinent? Wie schon erwähnt, hat die Republik Indien mit gegenwärtig 1,3 Milliarden Einwohnern den Kontinent Europa um 400 Millionen Menschen bereits übertroffen, und bald wird sich der Unterschied noch weiter vergrößert haben. Angesichts einer solchen Bevölkerungsentwicklung war es problematisch, dass Indien im Jahr 2018 eine Alphabetisierungsrate von »nur« rund 74 Prozent hatte und damit weit hinter der Türkei (mit 95 Prozent) und auf gleicher Höhe wie Ägypten lag. In Indien selbst gibt es beträchtliche Unterschiede: Während im südindischen Bundestaat Kerala rund 94 Prozent der Einwohner lesen können und dort die Geburtenrate sich kaum mehr von der in westeuropäischen Ländern unterscheidet, sind in den nordindischen Bundesstaaten, etwa Bihar, Uttar Pradesh und Rajasthan, zwischen 63 und 69 Prozent Analphabeten, entsprechend hoch und unkontrolliert ist auch die Geburtenrate.[25]

Man fragt sich, was passiert, wenn in einem »Kontinent« wie Indien mit einer derart rasch wachsenden Bevölkerung die Wanderungsströme über die eigenen Landesgrenzen hinaus gehen. Aber solche Wanderungsbewegungen gibt es längst, sie werden nur in Westeuropa kaum registriert, weil sie auf andere Regionen der Welt konzentriert sind. Etwa 15 Millionen Inder lebten außerhalb Indiens, so wurde bereits Anfang der 1990er-Jahre geschätzt.[26] Auf etwa 25 Millionen prognostizierte man ihre Zahl Ende der 2010er-Jahre.[27] Im indischen Amtsenglisch nennt man sie »Non-resident Indians«, auf Deutsch: Auslandsinder.

Die ersten Auswanderungsströme gab es allerdings schon im 19. Jahrhundert. Wesentlichen Einfluss auf diese

Entwicklung hatten die britischen Kolonialherren. Die Briten hatten nicht nur ein wirtschaftliches Interesse daran, dass arbeitssuchende Kleinstädter und Bauern in industrialisierte Großstädte Indiens abwanderten – sie wünschten auch, dass Inder ebenso als Wanderarbeiter in andere britische Kolonien wie Malaysia oder gar in afrikanische Regionen übersiedelten. Denn die Briten benötigten weltweit in immer größerer Zahl billige Arbeitskräfte in Fabriken und Plantagen. Zu einer wirklich großen Auswanderungswelle kam es allerdings erst während der 1960er- und 1970er-Jahre, nun aber mit völlig anderer Gewichtung. Seither können indische Studenten ihre Ausbildung im englischsprachigen Ausland absolvieren, und ebenso wurde indischen Geschäftsleuten die Möglichkeit zuteil, im Ausland tätig zu sein. Zehntausende zogen vor allem nach Großbritannien, Kanada und in die USA. Bezeichnend aber ist für die meisten – ob nun Studenten, Geschäftsleute oder Wanderarbeiter –, dass sie nicht mehr nach Indien zurückkehrten. Sie zogen es vor, im Ausland zu bleiben, selbst wenn es schwierig war, sich dort eine neue Existenz aufzubauen. Gerade fähige Hochschulabsolventen, Wissenschaftler wie auch Geschäftsleute erkannten, dass sie im Herkunftsland Indien geringere Chancen auf berufliche Entfaltung hatten und viel weniger auf soziale Absicherung hoffen konnten.

Im Ausland brachten und bringen es viele Inder zu größerem Wohlstand, als es ihnen in Indien die einengenden Regeln der Kastenordnung ermöglicht hätten. In den ehemals britischen Kolonien Malaysia, Kenia, Uganda und Südafrika konnten viele der Zuwanderer aus Indien beruflich in Spitzenpositionen aufsteigen. Dies trifft aber auch für Inder in Großbritannien und den USA zu. Ausgerechnet in den Vereinigten Staaten, wo ja bekanntlich Privatinitiative und Karrierebewusstsein zu den meistgeschätzten Tugenden zählen, erreichen indische Einwanderer pro Kopf ein höheres Einkommen als der Durchschnittsamerikaner.[28] Und über 40 Prozent der Angestellten, die in Kaliforniens wichtigem Software-Zentrum Silicon Valley arbeiten, sind Inder.[29]

Im deutschen Sprachraum fallen indische Zuwanderer wenig auf, weil sie dort im Vergleich zu Migranten aus islamischen Ländern eine Minorität bilden. Außerdem sind die meisten Inder, die in Deutschland sowie in Österreich leben, Angehörige einer urbanen Bildungsschicht, denn Notleidende aus indischen Dörfern bleiben angesichts der großen Ausdehnung des Landes innerhalb der eigenen Grenzen und suchen Arbeit allein in den dortigen Ballungszentren. Auch zeigen Hindus keinerlei Neigung, andere Völker religiös zu missionieren. Deshalb gelten Inder aus westlicher Sicht von vornherein nicht als religiös aggressiv – im Unterschied zu Muslimen, gegen die viele einen Pauschalverdacht hegen. Hinduistische Inder weisen mit muslimischen Migranten nur eine Gemeinsamkeit auf: Zuwanderer, die bereits im urbanen Milieu ihres eigenen Landes sozialisiert wurden, haben es wesentlich leichter als arbeitssuchende Bauern, sich mit den Strukturen einer fremden Kultur auseinanderzusetzen. Sie sind weniger von der Furcht getrieben, ihre kulturelle Identität zu verlieren.

Rasantes Wirtschaftswachstum

Chinesische Migranten

China hat eine nachhaltige Bodenreform zugunsten der Kleinbauern durchgeführt. Damit verhindert China, dass notleidende Bauern massenhaft aus ihren Dörfern in Großstadtslums abwandern müssen. Zumindest mit derartigen Erfolgen unterscheidet sich die kommunistische Diktatur Chinas positiv von den nur widersprüchlichen Ergebnissen der demokratisch gewählten Regierungen Indiens.

Es waren solche Informationen westlicher Medien, die mich 1987 auf meine erste Chinareise einstimmten. Aber nur wenige Stunden nach meiner Ankunft in Peking gewann ich eigene Eindrücke, die diesen Medienberichten widersprachen. Auf dem Bahnhofsvorplatz von Peking kauerten mehr als hundert Männer zwischen verschnürten Gepäckballen. Ihrer Kleidung nach waren sie Bauern: zerschlissene blaue Arbeitskittel, breitkrempige Strohhüte, viele der Männer barfuß. Waren es Wanderarbeiter? Oder gar landflüchtige Bauern? Ihre Gesichter verrieten Unsicherheit, als fühlten sie sich fremd, sehr fremd angesichts der Hochhäuser rings um den weit ausgedehnten Platz.

Etliche Jahre später sind in den westlichen Medien die Berichte über das Phänomen der chinesischen Wanderarbeiter immer häufiger geworden. Die geschätzte Zahl der Arbeitsmigranten belief sich Mitte der 1990er-Jahre auf rund 160 Millionen, die von den Dörfern in die Städte strömten, dort oft in Barackensiedlungen hausten und für einen Hungerlohn Schwerstarbeit auf Großbaustellen leisteten. Die Masse der Wanderarbeiter könnte bis zum Jahr 2020 auf 250 Millionen oder gar schon auf 300 Millionen angewachsen sein, so lauteten die Prognosen.

Je näher das Jahr 2020 rückte, desto mehr bestätigten sich diese Prognosen. 2017 wurde die Zahl der Migranten in den Millionenstädten auf 282 Millionen beziffert, was rund 35 Prozent von Chinas arbeitender Bevölkerung ausmacht. An ihren Lebensbedingungen hat sich in den vergangenen drei Jahrzehnten nur wenig geändert. Sie wohnen meist in drangvoll engen Massenunterkünften, arbeiten in der Woche mindestens 44 Stunden, oft eher das Doppelte. Nur jeder Dritte hat einen Arbeitsvertrag, gerade einmal 16 Prozent haben Anspruch auf Rente, nur 18 Prozent verfügen über eine Krankenversicherung. Welch ein Kontrast zur alteingesessenen Stadtbevölkerung, die in China sozial gut abgesichert ist. Deutlicher ließe sich nicht zeigen, dass es auch im kommunistischen China eine Unterschicht gibt, für deren Schicksal sich die Regierenden nur wenig interessieren.[30]

Solche Verhältnisse erinnern an die Lebensbedingungen vieler Arbeitsmigranten im Schwellenland Indien, wo die Kluft zwischen einer aufstrebenden Mittelschicht und einer notleidenden Unterschicht eher wächst als sich verringert. Und wie in Indien spitzen sich auch in China die sozialen Spannungen zu, weil viele der Wanderarbeiter nicht mehr in ihre Dörfer zurückkehren, sondern in den Großstädten bleiben. Damit werden auch in den chinesischen Ballungsräumen die Auswirkungen einer überaus kritischen Überbevölkerung immer deutlicher.

Als ich 1987 das erste Mal durch China reiste, befanden sich die großen Metropolen, allen voran Peking, längst schon in einem rasanten Wachstumsprozess. 1950 hatte die Hauptstadt der Volksrepublik China erst 1,6 Millionen Einwohner gezählt, 1987 waren es schon rund 9,5 Millionen. Den Regierenden erschien das rasche Wachstum damals schon alarmierend. Exemplarisch dafür war ein Plakat, das ich 1987 in Pekings großem Busbahnhof entdeckte. Dort war nicht nur in chinesischer, sondern auch in englischer Sprache geschrieben: Stopp einer weiteren Zuwanderung, zehn Millionen Menschen seien für Peking im nächsten Jahrhundert genug. Aber als ich nur zwölf Jahre später, zu Beginn des 21. Jahrhunderts, wieder nach Peking kam, hatte Chinas Hauptstadt bereits 13 Millionen Einwohner. Peking war also innerhalb dieser kurzen Zeit um drei Millionen Einwohner gewachsen – darunter befanden sich auch viele weitere Zuwanderer.

Dasselbe galt für Shanghai. Diese Metropole, 1950 mit 5,5 Millionen Einwohnern die größte Stadt Chinas, zählte 2000 bereits 16 Millionen Einwohner, Tianjin wuchs von zwei auf zehn Millionen, Guangzhou (ehemals Kanton) von zwei auf sieben Millionen. Das Wachstum steigerte sich bis 2017 noch einmal drastisch: Peking hatte nun 22 Millionen Einwohner, Shanghai 24 Millionen, Tianjin 15 Millionen und Guangzhou 14,5 Millionen. Diese Zahlen allerdings schwanken in den einzelnen Quellenangaben, weil oft nicht präzise zwischen den Einwohnerzahlen im Kerngebiet der Städte und denen im Ballungsraum unterschieden wird. Aber wie auch immer: China hat neben dem bevölkerungsreichen Indien mit Abstand die meisten Millionenstädte der Welt, und deren Zahl steigt weiterhin rapid. 1949, dem Gründungsjahr der kommunistischen Volksrepublik China, hatten erst 10,6 Prozent der chinesischen Bevölkerung in Städten gelebt, 1982 betrug der Anteil der Stadtbewohner schon 20,6 Prozent.[31] Und 2017 waren es bereits weit über die Hälfte: Rund 813 Millionen Chinesen wohnten nun in städtischen und rund 576,6 Millionen in ländlichen Regionen.[32] In Indien dagegen lebten 2016 erst 33,1 Prozent der

Bevölkerung in Städten.[33] Die Verstädterung ist also im industriell aufstrebenden China noch rascher vorangeschritten als im rivalisierenden Indien.

Wann nahm diese Entwicklung in China ihren Anfang? Es war nicht anders als in Indien: Mitte des 19. Jahrhunderts, also lange vor der kommunistischen Herrschaft. Und den Anstoß dazu hatten auch in China die Briten gegeben – obwohl China nie unter britische Kolonialherrschaft geraten war. Es begann damit, dass die Briten das chinesische Kaiserreich durch einen Krieg von 1840 bis 1842 zwangen, seine wichtigsten Hafenstädte für den Handel mit den westlichen Imperialmächten zu öffnen. Strategisch interessant erschien den Briten vor allem die Region Hongkong, die sie zu einer Kronkolonie machten und völlig vom chinesischen Herrschaftsgebiet abtrennten (Hongkong wurde erst 1997 an China zurückgegeben). Ähnlich wichtig erschien ihnen Shanghai, das zwar offiziell ein Teil des chinesischen Kaiserreichs blieb, aber seit 1842 weitgehend von den Briten beherrscht wurde. In Shanghai setzten sich 1847 zusätzlich die Franzosen, 1863 auch die Amerikaner fest, daraufhin wurde die Stadt auf drei Einflusszonen fremder Mächte aufgeteilt. Ebenso gerieten Tianjin und Guangzhou in koloniale Abhängigkeit der »fremden Teufel«, wie die Chinesen die Invasoren nannten.

Keine dieser Hafenstädte hatte Mitte des 19. Jahrhunderts mehr als 100 000 Einwohner gezählt. Aber sie wurden von den westlichen Machthabern zu internationalen Handelszentren ausgebaut, und so flüchteten schon in den 1860er-Jahren massenweise Chinesen aus den sozialen Krisenregionen, darauf hoffend, im Hoheitsgebiet der Ausländer Arbeit zu finden. Die westlichen Machthaber förderten diese Entwicklung, weil sie dringend billige Arbeitskräfte benötigten, denen sie nur einen Hungerlohn zu zahlen brauchten. Die Hafenstädte Hongkong und Shanghai wurden so in China zu den ersten Zielen einer sprunghaft wachsenden Migration, wie es in Indien zur gleichen Zeit die Hafenstädte Mumbai, Kalkutta und Chennai gewesen sind. Hatte Shanghai 1850 gerade erst 100 000 Einwohner gezählt, so waren es 1920 bereits 1,5 Millionen, und 1950, als das halbkoloniale System der kommunistischen Herrschaft weichen musste, registrierte man schon 5,4 Millionen.[34] Und Hongkong besaß 1841 gerade erst 7500 Einwohner, aber 1851 bereits 33 000 und 1891 schon 221 000, und 1911 waren es 1,6 Millionen Einwohner.[35]

Durch die Herrschaft der Briten in etlichen strategisch wichtigen Hafenstädten Chinas bahnte sich eine ähnliche Entwicklung an wie in den Hafenstädten des kolonialen Indien. Aber bei weitem nicht alle Zuwanderer blieben in Hongkong und Shanghai, eine Reihe ließ sich anwerben für andere Ziele. Denn auch in China hatten die Briten ein wirtschaftliches Interesse daran, dass landflüchtige Bauern weiterzogen in britische Kolonien, in denen sie als billige Arbeitskräfte auf Großbaustellen und neu angelegten Plantagen gebraucht wurden. Und so setzte Ende des 19. Jahrhunderts bis Mitte des 20. Jahrhunderts ein Strom chinesischer Zuwanderer vor allem nach Malaysia ein – zeitgleich mit Zuwanderern aus dem kolonialen Indien. Knapp 25 Prozent der heutigen Bevölkerung Malaysias sind chinesischer Herkunft, in etlichen der großen Städte, vor allem in Kuala Lumpur, stellen die Chinesen die ethnische Mehrheit. Erst recht trifft dies im selbständig gewordenen Stadtstaat Singapur zu, dort sind rund 75 Prozent der Einwohner Chinesen. Die Vorfahren haben meistens als Plantagenarbeiter begonnen, viele der Nachfahren sind heute dank ihrer konfuzianischen Arbeitsdisziplin als wohlhabende Geschäftsleute tätig. Dieser rasche soziale Aufstieg ist allerdings auch ein Grund dafür, dass es immer wieder zu starken Spannungen zwischen alteingesessenen Bewohnern und solchen mit Migrationshintergrund kommt.[36]

Aus dem verarmten China strömten Auswanderer aber ebenso nach Indonesien (bis 1949 unter holländischer Kolonialherrschaft) und nach Thailand (das zunächst von britischer und später von amerikanischer Wirtschaftshilfe abhängig war). In Thailand haben schätzungsweise 20 bis 30 Prozent der Bevölkerung chinesische Vorfahren. Auch in Indonesien wie in Thailand kommt es immer wieder zu Konflikten zwischen den alteingesessenen Einwohnern und eingewanderten Chinesen, denn auch in diesen Ländern hat eine Reihe der Migranten durch ihre konfuzianisch geprägte Arbeitsdisziplin ökonomisch eine führende Rolle eingenommen.[37]

Der Andrang chinesischer Zuwanderer in Ländern Südostasiens hat noch einmal zugenommen, als 1949 die Kommunisten unter Mao Zedong in China an die Macht kamen. In der Folge flüchteten viele jener, die im Bürgerkrieg gegen die Kommunisten eine wichtige Rolle gespielt hatten und nun politisch bedroht waren. Zugleich strömten mehr und mehr Zuwanderer auch nach Amerika und Europa. Inzwischen leben etwa 40 Millionen Chinesen außerhalb der Volksrepublik China, davon 80 Prozent in Südostasien, aber nahezu zwölf Prozent in den USA und in Kanada und 2,3 Prozent in Europa. In den meisten asiatischen Staaten bilden die sogenannten Auslandschinesen eine neue Wirtschaftsgroßmacht. Gerade dies ist ein Grund, weshalb die wirtschaftlich so mächtigen Chinesen als ethnische Minderheiten von den Einheimischen in Malaysia, Indonesien, Thailand und anderen Ländern misstrauisch beobachtet werden, sich von ihnen zuweilen sogar wirtschaftlich bevormundet fühlen.[38]

Die chinesischen Zuwanderer sind auch in den USA wirtschaftlich sehr erfolgreich. Viele nehmen dort in den Bereichen Technik, Wissenschaft sowie als Unternehmer Spitzenpositionen ein und überflügeln dabei die weißen Amerikaner prozentual. Diesen Erfolg teilen sie sich mit Migranten aus Taiwan, Korea und Japan, die ebenfalls von konfuzianischer Arbeitsdisziplin geprägt sind.[39] Aber auch Zuwanderer aus Indien gehören zu dieser Kategorie (darauf ging ich im vorhergehenden Abschnitt ein). Viele Chinesen wurden ebenso wie indische Zuwanderer bereits in ihrem Heimatstaat durch urbanes Milieu geprägt und haben es daher leichter als Bauern, sich in den jeweils fremden Lebensraum zu integrieren. Hinzu kommt: chinesische Migranten verlangen, so der Sinologe Oskar Weggel, vom Gaststaat selten soziale Unterstützung; im Gegenzug möchten sie dafür in Ruhe gelassen werden. In ihren »Chinatowns« organisieren sie sich weitgehend autonom und bleiben »gerne unter sich«.[40] Auch zeigen Chinesen keinerlei Neigung, andere Völker religiös zu missionieren, da sie – wie Hindus – auch nicht an die alleingültige Wahrheit ihrer eigenen Religion glauben. Damit setzen sie sich aus westlicher Sicht ebenso wenig wie die Hindus dem Verdacht aus, etwa wie Muslime eine religiös-politische Parallelgesellschaft bilden zu wollen.

Zurück zur Entwicklung der Volksrepublik China und der Frage, aus welchen Gründen dort unter kommunistischer Herrschaft eine starke Migration eingesetzt hat.

Mit dem Sieg der Kommunisten 1949 hat sich die Situation grundlegend geändert. Mao Zedong verwendete anfangs seine ganze Energie darauf, in China eine Landreform durchzuführen, um die Masse der Kleinbauern aus ihrer bisherigen tristen Situation zu befreien. China hatte bis dahin zu den »Entwicklungsländern« mit dem schlimmsten Massenelend weltweit gezählt, nun aber gelang es dem Diktator Mao, eine Bodenreform zugunsten der Kleinbauern in Gang zu setzen. Das war ein Erfolg, den bisher kein anderes »Entwicklungsland« so auffallend verbuchen konnte. Und dieser Erfolg schien zu garantieren, dass kein Bauer mehr aus sozialer Not arbeitssuchend in eine Stadt abwandern und dort in einem Elendsviertel vegetieren musste. Aber diese Situation galt nur für das erste Jahrzehnt der kommunistischen Regierung.

Mao rückte schon Ende der 1950er-Jahre davon ab, vorrangig die rückständige Landwirtschaft zu fördern. Er orientierte sich zunehmend an der Sowjetunion, die das Schwergewicht ihrer Wirtschaftspolitik auf die Entwicklung der Industrie in schon existierenden städtischen Ballungsräumen gelegt hatte. So ließen auch die chinesischen Planer die meisten Fabrikanlagen dort entstehen, wo von vornherein die besten Verkehrswege und die besten technischen Voraussetzungen gegeben waren, eben in städtischen Ballungsräumen. Aus diesem Grund bauten die chinesischen Machthaber Shanghai zu einem Zentrum der Schwerindustrie aus, weil dort ausländische Fachkräfte bereits eine effiziente Infrastruktur geschaffen hatten. Bis in die 1980er-Jahre wurden insgesamt vier Dutzend Großstädte – neben Shanghai vorrangig Peking, Tianjin, Guangzhou – in die forcierte Industrialisierung einbezogen. Dort konzentrierten sich dann nahezu 70 Prozent der Industrieanlagen, während weite Teile des ländlichen Raumes vernachlässigt blieben.[41] Größere Wanderungsbewegungen aus Dörfern in wenige Zentren einer aufstrebenden Industrie setzten also erst unter kommunistischer Herrschaft ein.

Die Entwicklung war allerdings von beträchtlichen Krisen, ja verheerenden Fehlschlägen begleitet. Mao selber trug erheblich dazu bei, als er 1957 zum »Großen Sprung nach vorn« aufrief mit dem Ziel, die Industrialisierung zu beschleunigen. Er wollte innerhalb von nur 15 Jahren sein noch weitgehend bäuerlich geprägtes Reich auf das industrielle Niveau Großbritanniens bringen. Die Ergebnisse waren katastrophal. Infolge mangelnder Sachkenntnis der Akteure und überhasteter Planung geriet Chinas Wirtschaft innerhalb von nur drei Jahren an den Rand des Ruins, und es starben nahezu 45 Millionen Menschen an Hunger.[42] Die 1966 von Mao ausgerufene »Kulturrevolution« stürzte das Land in die nächste Krise, wodurch die Wirtschaft wiederum erhebliche Rückschläge erlitt.

Mao starb 1976. Der Nachfolger Deng Xiaoping, der von 1979 bis zu seinem Tod 1997 an der Macht war, leitete durch seine Wirtschaftsreformen einen grundlegenden Wandel ein. In der Ära Mao hatte das Wirtschaftswachstum die meiste Zeit pro Kopf im Jahresdurchschnitt bei drei bis vier Prozent stagniert.[43] Aber die Wachstumszahlen stiegen in der Ära Deng auf jährlich bis zu sieben und acht, manchmal über zehn Prozent.[44] Und bei solchen Erfolgen ist es bis in die Gegenwart, Ende der 2010er-Jahre, geblieben. Welch ein Kontrast. Mao hatte die Wirtschaftspolitik völlig der Ideologie untergeordnet, dagegen billigten Deng und dessen Nachfolger Jiang Zemin, Hu Jintao und Xi Jinping dem Ökonomischen Eigenständigkeit zu. Berühmt geworden ist ja Dengs Ausspruch, der exemplarisch für diese Haltung steht: »Egal, ob die Katze schwarz oder weiß ist – Hauptsache, sie fängt Mäuse«. In den 1980er-Jahren hatte Deng die Bauern von den Fesseln der Kollektivwirtschaft befreit und ihnen erlaubt, ihre Ernteerträge frei auf dem Markt anzubieten. Ebenso hatte er in den Städten das Prinzip der Planwirtschaft gelockert und Handel sowie Gewerbe durch private Geschäftsleute gestattet.

Die Wirtschaftsreformen seit 1979 schienen ein eindrucksvolles Indiz zu sein, dass China sich ein für alle Mal von dem Status der Unterentwicklung zu lösen begann. Ja, mehr noch: China würde auch bald den Status eines »Schwellenlands« überwunden haben und in nicht allzu ferner Zukunft auf Augenhöhe mit den führenden westlichen Industriestaaten konkurrieren können. Denn in China hatte sich unter der Regierung von Deng Xiaoping die Zahl der unter der staatlich festgelegten Armutsgrenze lebenden Menschen drastisch verringert: von 500 Millionen auf 100 Millionen Chinesen. Zu Beginn des 21. Jahrhunderts konnte man in Europa zunehmend den wachsenden Wohlstand von Chinas Mittelschicht registrieren, denn nun strömten in immer größeren Mengen zahlungskräftige Touristen aus China ins Ausland.

Aber Deng blieb mit seinen Maßnahmen in erster Linie auf Regionen konzentriert, die sich in den verkehrsgünstigen Ebenen im östlichen China befinden. Es waren die Ballungsräume rings um Peking, Tianjin, Shanghai, Guangzhou. Zumindest in dieser Hinsicht unterschied sich Deng nicht von seinem Vorgänger Mao. Allerdings kam unter Dengs dynamischer Reformpolitik noch eine weitere industrielle »Wachstumsinsel« dazu, Shenzhen. Die Entwicklung dieser Stadt ist symptomatisch für den ambivalenten Erfolg der Reformen.

Shenzhen, über Jahrhunderte ein unbekannter Marktflecken, zählte selbst noch zu Beginn von Dengs Regierung erst rund 30 000 Einwohner. Dies änderte sich sprunghaft, als Deng diese Kleinstadt 1979 zur Sonderwirtschaftszone erklärte. Da Shenzhen verkehrsgünstig an der Route von Guangzhou zur Hafenstadt Hongkong liegt, sah Deng die Chance, die ganze Region in Konkurrenz zu Hongkong (das damals noch britische Kronkolonie war) zu einem industriellen Ballungsraum auszubauen. Shenzhen sollte hierbei zur Kernzone, zum eigentlichen Experimentierfeld der neuen Wirtschaftspolitik werden und schließlich den Rivalen Hongkong übertreffen. In den folgenden Jahren kamen, von Deng explizit gefördert, Millionen Wanderarbeiter nach Shenzhen, um durch ihre Bautätigkeit den bisher geruhsamen Marktflecken in eine Wolkenkratzermetropole zu verwandeln. Dengs Ziel war, in der Region Shenzhen ein gigantisches Konglomerat an Fabriken und Logistikzentren modernster Ausrichtung und damit einen der größten und modernsten Ballungsräume Chinas zu schaffen.

Die Folgen dieser Politik sind beeindruckend und trotzdem widersprüchlich: Einerseits blieb das Wirtschaftswachstum dynamisch, andererseits hatte diese Entwicklung auch höchst problematische Nebenerscheinungen. Im Zeitraum von 1979 bis 2018, also nur innerhalb von vier Jahrzehnten, ist aus der Kleinstadt Shenzhen mit ihren 30 000 Einwohnern ein Ballungsraum von rund 20 Millionen Menschen geworden, ein wirtschaftspolitisches Zentrum einer global vernetzten Logistikindustrie mit mehr als 100 börsenorientierten Firmen.[45] Shenzhen war in den Jahren zwischen 1990 und 2000 zu einer der raschest wachsenden Städte der Welt geworden – und die reichste Stadt Chinas.

Ich habe Shenzhen zweimal besucht. Als ich 1987 von Guangzhou nach Hongkong unterwegs war, bot sich mir unterwegs eine Landschaft mit Reisfeldern und vielen Kleinstädten sowie Dörfern. In Shenzhen waren damals zahlreiche Baukräne und halbfertige Hochhäuser vorzufinden, die Einwohnerzahl betrug rund vier Millionen. Aber nur 25 Jahre später, 2012, war ich auf der rund 150 Kilometer langen Bahnstrecke durchweg mit einem Siedlungsgeflecht von Fabriken und Wohnblöcken konfrontiert, und Shenzhen war auf rund zehn Millionen Einwohner gewachsen. Beim Bummel durch die Stadt hatte ich nun den Eindruck, dass sich das weitläufige Zentrum mit seinen Wolkenkratzern kaum von der Modernität nordamerikanischer Großstädte unterschied.

Allerdings erzählte mir ein deutscher Geschäftsmann, der in Shenzhen tätig war, dass weit draußen in den Vororten viele der Zuwanderer in sozial sehr prekärer Lage lebten. Auch würden in Shenzhen in eilig gebauten Fabriken so viele Unfälle wegen schlechter Wartung passieren wie sonst kaum in einer anderen Stadt der Volksrepublik China. Seine Auskünfte deckten sich mit jenen Angaben, die ich Jahre später im Internet recherchierte. Heimlich aufgenommene Fotos dokumentieren »unwürdige Unterkünfte«. Teilweise sind bis zu zehn Personen in einem winzigen Raum zusammengepfercht. Sie leben in bedrückenden Verhältnissen, sind im Sommer einer sengenden Hitze ausgesetzt und haben nur extrem verdreckte Sanitäranlagen zur Verfügung. Ohne ausreichenden Schutz vor giftigen Chemikalien arbeiten sie zwölf oder gar 14 Stunden am Tag, sieben Tage die Woche. Produziert wird vor allem für den amerikanischen und europäischen Markt, auf denen die Waren äußerst billig und erfolgreich verkauft werden.[46]

Aber ungeachtet der schlechten Lebensbedingungen vieler Wanderarbeiter in den Vororten von Millionenstädten wie Shenzhen strömen weiterhin Millionen von Bauern in eben diese Ballungsräume. Und sie wollen dort allen Widrigkeiten zum Trotz auf Dauer bleiben. Auch wenn die Zuwanderer dort selbst noch im Jahr 2020 ohne ausreichende soziale Absicherung oder gar als nur verächtlich Geduldete leben, so erscheint ihnen dieses Dasein oft noch um vieles besser als in den ländlichen Regionen. Dies gilt vor allem für Bauern, die aus Chinas westlichen Provinzen einen mehr als 1000 Kilometer langen Weg in die östlichen Provinzen zurückgelegt haben.

Gerade an diesem Phänomen zeigen sich die negativen Auswirkungen von Dengs Reformpolitik. Nur ein Bruchteil der Bauern Chinas hat davon profitiert. Wesentlich verbessert haben sich die Lebensbedingungen nur für jene Bauern, die in den Ebenen der Küstenregionen leben, wo die Felder ohnehin fruchtbar sind und sich die Landwirtschaft auch aufgrund günstiger Infrastruktur leichter mechanisieren lässt. Anders sieht es in Chinas westlichen Provinzen aus. Dort lernte ich selbst noch zu Beginn des 21. Jahrhunderts Regionen kennen, in denen die Holzpflüge auf den Äckern von Menschen gezogen wurden, weil es keine Zugtiere gab. Diese Situation entsprach jener, wie ich sie teilweise auch in Indien und Ägypten erlebt hatte.

Die sozialen Gegensätze in China hatten sich bereits in den ersten beiden Jahrzehnten von Dengs Wirtschaftspolitik verschärft. Schon 1987 war in Shanghai, um nur ein Beispiel zu nennen, das Pro-Kopf-Einkommen fünfzehnmal so hoch wie in Chinas ärmster Provinz Guizhou im Westen.[47] Die Bauern in den wirtschaftlich aufstrebenden Küstenregionen des Ostens konnten ihr Einkommen verdoppeln oder gar verdreifachen, während Bauern im Westen um das wirtschaftliche Überleben kämpften. Ja, jeder dritte Ernährer war in den Dörfern Westchinas arbeitslos, so die Schätzungen von 1999.[48] Die wohlhabend gewordenen Chinesen, die ich seit Beginn des 21. Jahrhunderts in größerer Zahl als Touristen in Österreich und Deutschland antraf, stammten überwiegend aus Städten des chinesischen Ostens, vor allem aus Peking, Shanghai, Tianjin, Guangzhou, Shenzhen.

Im Mai 2000 lernte ich in China Studenten kennen, die mir erzählten, dass die Regierung seit einem Jahr intensiv dafür werbe, junge Leute sollten nach Abschluss ihres Universitätsstudiums als Arbeitskräfte oder auch als Entwicklungshelfer für ein paar Jahre in unterentwickelte Provinzen im Westen Chinas gehen. Die Regierung habe erkannt, wie explosiv das soziale Gefälle zwischen dem reichen Osten und dem armen Westen sei, und sie selber würden diese Meinung teilen. Es müsse etwas geschehen. – Ob sie selber dazu bereit seien, für ein paar Jahre in den unterentwickelten Westen zu gehen? Die Studenten zögerten mit ihrer Antwort, sie wirkten sichtlich verlegen. Das sei schwierig, lauteten übereinstimmend die verschiedenen Kommentare. Die Regierung biete zwar großartige wirtschaftliche Vergünstigungen, aber die Propaganda habe nicht den gewünschten Erfolg. Denn die Chinesen insgesamt seien zu sehr an ihre Großfamilie gebunden und würden nicht so weit weg von ihrer Familie leben wollen, auch wenn es sich nur um ein bis zwei Jahre handle.

Die Gesprächspartner, Angehörige einer bürgerlichen Mittelschicht, konnten zwischen verschiedenen Möglichkeiten wählen. Viele Wanderarbeiter, die aus dem armen Westen in den reichen Osten ziehen und dort oft Jahre lang getrennt von ihren Familien leben, sind allerdings nicht vor diese Wahl gestellt. Sie müssen abwandern, um zu überleben.

Aber in China ist diese Entwicklung – ebenso wie in Indien und anderen Ländern in Asien und Afrika – nicht von der sogenannten Bevölkerungsexplosion zu trennen. 1950, im ersten Jahr der kommunistischen Herrschaft, hatte China 506 Millionen Einwohner gezählt und war damals schon das bei weitem bevölkerungsreichste Land der Welt. Die chinesische Bevölkerung wuchs jedoch bis in die 1980er-Jahre weiterhin rasch. 1960 war die Einwohnerzahl bereits auf 650 Millionen hochgeschnellt, 1976, dem letzten Lebensjahr von Mao, auf 930 Millionen.[49] Denn unter Maos Regierung wurden kinderreiche Familien massiv gefördert. Die politische Führungsriege war damals der Meinung, ein mächtiger Staat brauche eine möglichst große Bevölkerung. Erst als das explosive Wachstum zu immer größeren sozialen Konflikten führte, erließ Maos Nachfolger Deng Xiaoping 1979 die Gesetze zur Ein-Kind-Familie. Die strengen, brutal durchgeführten Maßnahmen brachten zwar eine bessere Wirtschaftslage mit sich und begünstigten den Aufstieg Chinas zu einer führenden Wirtschaftsmacht. Aber dann drohten Probleme der Überalterung. So entstanden neue soziale Spannungen, während die Folgen der vorangegangenen Bevölkerungsexplosion noch nicht bewältigt worden waren. Trotz dieser Ambivalenz entwickelte sich China dynamisch weiter – mit 1,39 Milliarden Menschen ist es noch immer das bevölkerungsreichste Land, knapp gefolgt von Indien mit 1,3 Milliarden.

Xi Jinping jedoch, der seit 2013 regiert, korrigierte 2015 Dengs strenge Regelung der Ein-Kind-Politik und erlaubte den Familien wieder mehr Kinder, um die Überalterung zu bremsen. Die Bevölkerung begrüßte diese Reformen. Darüber hinaus gelang es Xi Jinping, an die Verheißung von Deng anzuknüpfen, die Armutsgrenze weiter zu senken. Die Regierung Deng hatte, wie bereits erwähnt, innerhalb von zwei Jahrzehnten die Zahl der extrem Armen von 500 Millionen auf 100 Millionen verringern können. Der Regierung Xi Jinping wiederum gelang es, innerhalb von nur fünf Jahren, von 2013 bis 2018, die Zahl von 98 Millionen auf 68 Millionen zu senken.[50]

China hat sich weiterhin dynamisch verändert. Während meiner letzten Reise 2012 kam ich in Städte, die mit ihren Hochhausfassaden nun vollends wie eine Kopie nordamerikanischer Städte anmuten. Entsprechend auch der wirtschaftliche Aufstieg: 2010 hat China Japan als zweitgrößte Volkswirtschaft der Welt abgelöst und rückt seither mit seiner Produktionskraft immer näher an die der USA heran.[51] Aber bei all diesem enormen Fortschritt bleiben zwei Probleme ungelöst: Zum einen ist die Kluft zwischen reichen und armen Regionen noch immer extrem, zum anderen muss offen bleiben, ob eine strikte Diktatur auf Dauer geeignet ist, den sozialen Sprengstoff zu entschärfen.

Droht der Kollaps?

Offene Fragen angesichts der weltweiten Völkerwanderung

Die Bilder vom September 2015 haben sich in das kollektive Gedächtnis der Deutschen und Österreicher gegraben: Tausende Männer, Frauen und Kinder bewegten sich entlang von Autobahnen und auf Feldwegen, lagerten zu Hunderten vor Bahnhöfen und auf Bahnsteigen. An manchen

Tagen überquerten bis zu 20 000 Menschen die Grenze zu Österreich, dann zu Deutschland. Es waren Menschen, die aus dem vom Bürgerkrieg verwüsteten Syrien wie auch aus dem Irak und aus Afghanistan flohen.

Dass es weltweit massenweise Flüchtlingsströme gibt, ist zwar in den Medien schon seit Jahrzehnten immer wieder Thema gewesen – nun aber ließen sich solche Informationen nicht mehr distanziert betrachten. Seit Flüchtlinge innerhalb kurzer Zeit in derart großer Zahl die Grenzen zu Deutschland und Österreich überschritten haben, sind Flüchtlinge – und mit ihnen fremde Kulturen – bedrängend nahe gerückt. Daher bleibt das Thema allgegenwärtig.

Aber es sind Menschen, die vor zeitlich begrenzten Kriegen fliehen. Nicht wenige von ihnen würden in ihre Heimat zurückkehren, sobald dort Frieden eingekehrt ist. Anders verhält es sich mit jenen Menschen, die wir in Europa als »Wirtschaftsflüchtlinge« bezeichnen. Dabei handelt es sich um Menschen, die in den vergangenen Jahrzehnten aus notleidenden Dörfern zunächst nur in die Großstädte ihres eigenen Landes abgewandert sind. Oftmals finden sie auch dort kein wirtschaftliches Auskommen und wählen in ihrer Verzweiflung Europa als nächstes Ziel, den einzig noch verbleibenden Hoffnungsort. Aus der bisherigen Binnenmigration wird so mehr und mehr eine globale Migration, die in westlichen Medien häufig als der »Beginn einer Völkerwanderung« bezeichnet wird. Und in diesem Zusammenhang wird oft die Gefahr beschworen, eine massenhafte Zuwanderung von »Wirtschaftsflüchtlingen« aus fremden Kulturen nach Europa könnte einen »Zusammenprall der Kulturen« zur Folge haben. Die Konsequenz sei, dass die Europäer um den Bestand ihrer eigenen »Identität« zu fürchten hätten. Mehr noch: dass Europäer immer mehr das Gefühl bekämen, ihre bisher vertraute Vorstellung von »Heimat« würde sich auflösen (angesichts von Zuwanderern, die ihre Heimat verloren haben). Man müsse alles tun, um Flüchtlinge von Europa fernzuhalten. So verlor der Begriff »Festung Europa« plötzlich für viele die selbstkritisch ironische Bedeutung und wurde sogar zum Kampfbegriff rechtspopulistischer Parteien.

Die europäische Furcht konzentrierte sich zunächst auf die massenhafte Zuwanderung von Menschen aus islamischen Ländern, die nicht wegen eines Krieges flüchten, sondern »nur« aus wirtschaftlicher Not ihre Heimat verlassen. Dann aber rückte jäh ins Bewusstsein, dass immer mehr Menschen auch aus Schwarzafrika versuchen, in das »Paradies Europa« zu gelangen. In eben jenem Jahr 2015, als die Medienaufmerksamkeit vor allem auf einige Tausend syrische Flüchtlinge gerichtet war, haben 108 000 Afrikaner die Grenze zu Europa illegal überquert, so die Angaben der EU-Grenzschutz-Agentur Frontex. Im Vergleich zum vorangegangenen Jahr sei das ein Anstieg von 42 Prozent. Im Positionspapier, das die italienische Regierung 2016 unter dem sozialdemokratischen Ministerpräsidenten Matteo Renzi der EU-Kommission in Brüssel vorlegte, war zu lesen: Es werde nur einseitig über Kriegsflüchtlinge geredet, dabei seien »die Ströme im zentralen und westlichen Mittelmeer in erster Linie auf Wirtschaftsflüchtlinge zurückzuführen«. Und solche Migranten würden kommen, solange Europa reich und Afrika arm sei, vermutlich »jahrzehntelang«.[52]

Weltweit seien, so die Berechnungen des UN-Flüchtlingskommissariats im Jahr 2016, mindestens 60 Millionen Menschen auf der Flucht, mehr als die Hälfte davon auf dem afrikanischen Kontinent. Afrika ist damit zu einem Hauptproblem der sogenannten Völkerwanderung geworden – und dies vor dem Hintergrund des rasanten Bevölkerungswachstums: Jeden Monat vermehrt sich Afrika um etwa 2,5 Millionen Menschen, jedes Vierteljahr fast um die Einwohnerzahl Österreichs, also nahezu acht Millionen. 2017 hatte Afrika rund 1,2 Milliarden Einwohner, bis 2050 könnten es aber nach Prognosen der UN rund 2,5 Milliarden sein. Derzeit allerdings kommt erst ein Bruchteil der Flüchtlinge nach Europa, noch finden die bedeutendsten Wanderungsbewegungen in Afrika selbst statt. Nach Berechnungen des UN-Flüchtlingskommissariats 2016 hat nicht einmal die Hälfte der 16 Millionen Afrikaner, die 2015 auf der Flucht waren, ihren Heimatstaat verlassen. Und die meisten, die über die Grenze gingen, ließen sich im nächstgelegenen Nachbarstaat nieder. Nur etwa 16 Prozent beispielsweise der westafrikanischen Migranten versuchten, nach Europa oder in andere Teile der Welt auszuwandern. 84 Prozent sind in der Region geblieben.[53]

Noch hat sich die dynamische Binnenmigration in Afrika nicht zu einer globalen Migration entwickelt. Noch nicht. Aber ein solch besorgniserregender Befund gilt genauso für viele Länder des arabischen Raumes. Sollte es zu einem derartigen Umschwung kommen, wären die Konsequenzen für die ganze Welt, besonders für Europa, sehr tiefgreifend. Dabei ist nur etwa die Hälfte der Schwarzafrikaner muslimischen Glaubens, die andere Hälfte besteht aus Christen.

Die schwere Krise in Schwarzafrika hat nahezu die gleichen Ursachen wie die in jenen Staaten, deren Entwicklung ich in exemplarischen Ausschnitten dargestellt habe. So ist dieser Wandel auch in keinem der schwarzafrikanischen Staaten ohne den Einfluss westlicher Globalisierung vorstellbar – eine Globalisierung, die durch den

Kolonialismus westlicher Großmächte im 19. Jahrhundert angestoßen wurde. Es würde allerdings den Rahmen der Darstellung sprengen, nun ausführlich auf mehrere Staaten einzugehen. Ein kurzer Blick auf Nigeria soll genügen, um die Krise zu veranschaulichen. Schwarzafrikas bevölkerungsreichster Staat ist mit Reichtümern an Bodenschätzen und fruchtbaren Ackerböden gesegnet wie kaum ein anderer, aber gerade aus diesem Staat kommen die meisten Flüchtlinge.

Nigeria stand bis 1960 unter britischer Kolonialherrschaft, blieb jedoch selbst im Status seiner Unabhängigkeit extrem abhängig von britischen Geschäftsleuten und schließlich von europäischen sowie amerikanischen Konzernen. Die ersten Auswirkungen zeigten sich, als 1958 Erdölvorkommen in Nigeria entdeckt wurden. In den folgenden Jahrzehnten stieg Nigeria zwar zum zehntgrößten Erdölproduzenten der Welt auf, von den erwirtschafteten Reichtümern allerdings profitierten vorrangig die Erdölkonzerne Shell, Exxon Mobil, Chevron Texaco, Agip und Total sowie eine schmale nigerianische Oberschicht. Die Regierungen des »unabhängigen« Staates Nigeria folgten alle mehr oder weniger dem Rat westlicher Technokraten, man solle zuallererst das Land rasch industrialisieren und für diese Maßnahme technische Produkte aus dem Westen kaufen. Unausgesprochen blieb dabei, dass Reformen für die notleidenden Landbewohner zweitrangig seien, aber dieses Versäumnis hatte Konsequenzen. Die nigerianische Regierung unternahm nichts, nachdem durch die florierende Erdölindustrie immer größere Umweltschäden entstanden waren, zahlreiche Felder durch Verseuchung unfruchtbar wurden und die Bauern arbeitssuchend in die Großstädte abwanderten.

Ein alarmierendes Beispiel dieser Entwicklung bietet Nigerias größte Stadt Lagos. 1925 hatte Lagos erst 74 000 Einwohner gezählt. 1960, zu Beginn der Unabhängigkeit, waren es 400 000. Aber weitere zweieinhalb Jahrzehnte später, 1985, hatte sich die Stadt durch die massenhafte Zuwanderung sozial entwurzelter Bauern auf bereits sechs Millionen Einwohner vergrößert und beherbergte 2016 rund 18 Millionen, 2019 rund 20 Millionen.[54] Pro Woche kommen 25 000 neue Zuwanderer nach Lagos, so schätzten bereits 1985 sachkundige Beobachter.[55] An diesem massiven Zustrom hat sich in den folgenden Jahrzehnten nichts wesentlich geändert. Zwei Drittel aller Einwohner von Lagos leben unter der offiziellen Armutsgrenze in Slums – dies mit katastrophalen Folgen: Lagos zählt zu den schmutzigsten Städten der Welt mit einer der weltweit höchsten Kriminalitätsrate.[56] Gerade Lagos wurde so zu einer jener Megastädte, aus denen viele der Zuwanderer noch einmal an Abwanderung denken: in das »Paradies« Europa. In Wien war ich 2016 mit einem Taxifahrer unterwegs, der aus Lagos stammt und damals schon fünf Jahre in Wien wohnte. Ich fragte ihn, was ihm an Wien am meisten gefalle. Er antwortete: Dass er nicht überfallen werde, wenn er abends spazieren gehe.

Neben der Kriminalität lässt auch das rasante Bevölkerungswachstum die sozialen Probleme in Nigeria immer schwerer lösbar erscheinen. 1950 hatte das Land 37 Millionen Einwohner, 2018 waren es 190 Millionen, und für das Jahr 2030 wird die Zahl auf 264 Millionen geschätzt, für 2050 gar auf 411 Millionen, so die Prognose der UN. In Nigeria fehlen bis heute die Voraussetzungen, um die Bevölkerungsexplosion einzudämmen – aus Gründen, die ich am Beispiel anderer Länder bereits erörtert habe. Und so ist ein weiteres Problem entstanden, das dafür sorgt, dass sich in naher Zukunft immer größere Flüchtlingsströme nach Europa in Bewegung setzen.

Hinzu kommt noch ein – bisher unterschätztes – Problem: die Klimakatastrophe, die seit dem zweiten Jahrzehnt des 21. Jahrhunderts immer deutlicher folgenschwere Schäden hinterlässt. Die zunehmende Erhitzung der Welt, verursacht durch den immer stärkeren Ausstoß von Abgasen in westlichen Industriestaaten, hat zuerst Völker außerhalb dieser industrialisierten Welt getroffen – besonders in Afrika. Größere Regionen südlich der Sahara könnten bald derart erhitzt und ausgetrocknet sein, dass es für die Menschen dort keine Chance zum Überleben mehr gibt. Der Klimawandel werde so unaufhaltsam zum »Motor der Migration«, warnte die Weltbank 2018 und präsentierte für die Region südlich der Sahara folgende Prognose: Bis zum Jahr 2050 könnten dort rund 85 Millionen Menschen ihre Heimat verlassen müssen, würden also zu »Klimaflüchtlingen« werden. Jetzt schon würden etliche Millionen in südliche Nachbarländer, vor allem Südafrika, abwandern, aber je prekärer die Situation im Süden Afrikas werde, umso mehr Flüchtlinge kämen nach Europa.[57] Bis zum Jahr 2050 könnten zwischen 150 bis 200 Millionen Schwarzafrikaner nach Europa gekommen sein, so schätzen inzwischen Experten.[58]

Aber die Klimakatastrophe zeigt auch schon in vielen Regionen Asiens ihre Wirkung, so vor allem in Indien. Im Juni 2019 wurden im Bundesstaat Rajasthan am Rand der Wüste Thar 50,8 Grad Celsius gemessen, in der Megastadt Delhi 48 Grad. Sollte sich die Erwärmung wie bisher fortsetzen, haben Wissenschaftler vom Massachusetts Institute of Technology in Cambridge ausgerechnet, dann könnten

70 Prozent der Inder bis zum Ende des 21. Jahrhunderts zeitweise extremer Hitze ausgesetzt sein. Delhi könnte dann die 50-Grad-Marke überschreiten, was bei zunehmend feuchtheißem Klima ein Überleben der Menschen in diesem Ballungsraum mit nahezu 20 Millionen Einwohnern nur noch schwer möglich erscheinen lässt.[59] Deshalb könnten sich in Indien bald weitere Wanderungsströme in Bewegung setzen. Aber wohin in einem ohnehin schon überbevölkerten Subkontinent? Ähnliche Fragen stellen sich in den tropisch feuchtheißen Regionen Südostasiens.

Der rasche Klimawandel kann auch zur Ursache für schwere politische Krisen und letztlich für Bürgerkriege werden, die dann in einer weiteren Phase dazu führen, dass Menschen massenhaft aus ihrer Heimat fliehen. Ein eklatantes Beispiel hierfür bietet Syrien. Der Bürgerkrieg in Syrien begann offiziell im März 2011 im Rahmen des sogenannten Arabischen Frühlings. Doch die Wurzeln des Konflikts stecken unter anderem in einer lang anhaltenden Dürreperiode, die den Syrern vielerorts beträchtliche Probleme bereitete. Die Trockenperiode dauerte von 2007 bis 2010. Grundwasser wurde knapp, die Feldfrüchte verdorrten, und hinzu kam, dass die schlechte Verwaltung die Lebensbedingungen zusätzlich erschwerte. Die Missernten führten zu einer dramatisch ansteigenden Landflucht der Bauern. Lebten im Jahr 2002 erst 8,9 Millionen Syrer in Städten, so waren es 2010 bereits 13,8 Millionen Menschen. In den städtischen Ballungsräumen kam es zu einer verheerenden Überbevölkerung, viele Zuwanderer blieben ohne Arbeit, und die Regierung unter Baschar al-Assad reagierte zu langsam darauf, um in den Städten schnellst möglich die nötige Infrastruktur zu schaffen. »Der Stein für politische Unruhen und Krieg war gelegt«. So hatte im Januar 2019 rückblickend ein internationales Team von Wissenschaftlern eine zusätzliche Erklärung für die Ursachen des Bürgerkriegs in Syrien geliefert. Und weiter: In den Jahren vor 2010 habe es auch in weiten Teilen Nordafrikas lange Trockenheit sowie Ernteausfälle gegeben, und auch dort habe die steigende Zahl von Dürreperioden zu einer wachsenden Zahl explosiver Konflikte geführt, eben weil auch dort die landflüchtigen Bauern mehr als bisher in den Slums der Städte arbeitslos geblieben seien. Die politischen Unruhen von 2011 in Tunesien und Libyen – radikalisiert im sogenannten Arabischen Frühling – müsse man ebenfalls im Zusammenhang mit dem Klimawandel betrachten.[60]

Aber ob nun die Flüchtlingsströme aus Schwarzafrika, dem Nahen Osten oder aus Zentralasien kommen, es stellen sich für alle Europäer immer dieselben Fragen: Wie kann man all diese Flüchtlinge aufnehmen? Und lassen sie sich mit ihrer fremden Kultur in das westliche Gesellschaftssystem integrieren? Gibt es keine Möglichkeit, die Zuwanderer in ihren Heimatländern zu unterstützen?

Was tun? Ob wir wollen oder nicht: Das Problem der Migration wird uns noch viele Jahrzehnte beschäftigen, es wird sogar noch an Brisanz gewinnen, wenn nicht gründlicher nach den Ursachen der Krise gefragt und dann entsprechend gehandelt wird. Die Zeiten sind längst vorbei, in denen man allein die Kolonialmächte für alle lang schwelenden Krisen verantwortlich machen konnte. Inzwischen lässt sich zur Genüge beobachten, in welchem Maß Politiker der gegenwärtigen »Dritten Welt« neue Krisen verursachen. Allerdings tragen westliche Industriestaaten bis heute ihren Teil dazu bei, dass Krisen sich verschärfen. 80 Prozent der afrikanischen Landwirte sind bis heute Kleinbauern, und ihre Lebensgrundlage wird durch die Handelspolitik der Europäischen Union massiv bedroht. Seit 2010 hat die EU ihre Exporte von Geflügel nach Afrika fast verdoppelt, und dies war nur möglich, weil Europas Bauern staatlich derart stark finanziell unterstützt werden, dass sie überschüssige Lebensmittel zu Spottpreisen nach Afrika verschicken können und daran gut verdienen – aber die afrikanischen Bauern ruinieren. Darüber hinaus kaufen europäische und amerikanische Agrarkonzerne fruchtbare Ackerböden auf, um Plantagen zu errichten, die Gemüse, Obst, Kaffee und Kakao für den Bedarf westlicher Industriestaaten billig produzieren. Und dies geschieht oft, indem wiederum Kleinbauern verdrängt werden. Das Problem lässt sich letzten Endes eben doch nicht von Europa trennen.

Und wieder sind wir bei der Frage: Was tun mit den Flüchtlingsströmen aus fremden Kulturen? Daran schließen sich weitere Fragen an: Macht es Sinn, zwischen Kriegsflüchtlingen und Wirtschaftsflüchtlingen grundsätzlich zu unterscheiden? Verlassen nicht auch letztere ihr Land, weil sie dort nicht mehr überleben können?

Je weniger sich Flüchtlinge aufhalten lassen und sich alle Aufrufe nach einer Abschottung der »Festung Europa« als hilflos erweisen, desto mehr wächst die Herausforderung, auf die immer intensivere Verflechtung der Kulturen angemessen zu reagieren. Desto mehr müssen wir verstehen lernen, dass Menschen fremder Kulturen in mancher Hinsicht eine andere Vorstellung von gesellschaftlichem Zusammenleben, von persönlicher Freiheit, von Politik und von Religion haben – und dieses Fremde auch nach Europa mitbringen. Dann sind wir mit der Frage konfrontiert, inwieweit uns Menschen fremder Kulturen Anregungen liefern können oder inwieweit wir das Andersartige als »problematisch« zurückweisen sollen.

Soziale und religiöse Krisen

Marokko – ein Beispiel unter vielen

Entwurzelte Muslime

Ein sozialer Konflikt – noch ohne religiöse Dimension

Marokko gehört zu jenen Staaten der sogenannten Dritten Welt, in denen viele Menschen aus ländlichen Regionen arbeitssuchend in die Städte strömen – und dort in ohnehin schon übervölkerten Slums ein Leben mit Gelegenheitsarbeiten fristen. Aber mehr noch: Marokko ist auch einer jener Staaten, in denen viele Notleidende den Weg weiter nach Europa suchen, selbst wenn die Migration lebensgefährlich ist. Die meisten der Marokkaner im Alter unter 30 Jahren würden am liebsten in westeuropäische Länder auswandern, wenn es die Umstände zuließen, denn sie finden die Existenzbedingungen in ihrer Heimat immer schwieriger, so war einer Umfrage aus dem Jahr 2011 zu entnehmen.[1] Und an dieser Situation hat sich nichts geändert.

In Marokko als einem islamisch geprägten Land kommt aber noch ein anderes Krisensymptom hinzu: Die sozialen Spannungen vermischen sich mit religiösen Konflikten. Gerade auch in Marokko werden sozial und kulturell Entwurzelte anfällig für die Propaganda radikal-islamischer Organisationen, und nicht wenige der jungen Männer sympathisieren angesichts ihrer aussichtslosen Existenz mit radikalen Utopien islamistischer Heilsprediger. Das allerdings ist kein nur marokkanisches Problem. Eine solch explosive Mischung von sozialer Misere und religiöser Radikalisierung lässt sich in etlichen Staaten der islamischen Welt finden. Ich wähle aber Marokko als Beispiel, weil ich dieses Land seit 1960 immer wieder besucht habe und die Entwicklung im Alltag genauer beobachten konnte.

»Aladin lebt noch in Marokko. Tausend und eine Nacht und viele schöne Ferientage gibt es dort zu erleben.« So hatte ich 1984, wie schon im Abschnitt *»Orient« und andere Träume* erwähnt, in einem deutschen Reiseprospekt gelesen. Und in diesem Jahr 1984 kam ich zum dritten Mal nach Marokko und während dieser Reise auch wieder nach Tetuan. Aber 1984 musste ich Abschied nehmen von meiner Erinnerung an jene Woche 1960, als ich in Tetuan erstmals »Orient« als eine faszinierende, alle Sinne erfassende Exotik erlebt hatte. Über diese Erinnerung legte sich 1984 eine zweite, die in schroffem Kontrast zu den Anpreisungen im Reiseprospekt stand: Tetuan mit dem »begeisternden Traumbild einer morgenländischen Stadt« wurde für mich nun zu einer Stadt der sogenannten Dritten Welt mit explosiven sozialen Problemen.

Ob ich ein Hotel suche? Ob ich eine Führung durch die Stadt wolle? Ob ich günstig einen Teppich kaufen wolle? Die Zurufe auf dem Busbahnhof von Tetuan wechselten in drei, vier Sprachen. Die Jugendlichen und jungen Männer, die mich umringten, waren alle westlich gekleidet, und damit bildeten sie einen auffallenden Kontrast zu den Marokkanern in Turban, Fez und Burnus. Auf den ersten Blick unterschieden sie sich nicht von den westlich gekleideten Männern, die in den Cafés der Neustadtviertel Marokkos saßen, Zigaretten rauchend, Zeitung lesend. Aber die Jacken, Hemden, T-Shirts und Hosen dieser jungen Männer im Busbahnhof wiesen meist Flicken und manchmal auch

Löcher auf – ein schmerzlich sichtbares Zeichen der Armut. Vermutlich trugen sie die Kleidung über Wochen oder gar Monate hinweg, ohne sie wechseln zu können, vielleicht besaßen sie überhaupt keine zweite Jacke oder Hose.

Die jungen Männer wollten, als ich den Busbahnhof auf der Suche nach einem Hotel verließ, nicht von meiner Seite weichen. Es war eine ganze Gruppe, die mich hartnäckig länger als eine halbe Stunde begleitete. »You american? Du deutsch? Ja, deutsch, das ist gut«. Ihr Gebaren wirkte mehr aufdringlich als herzlich, wenn sie mir, dem Ausländer, auf die Schulter klopften und mich mit »mon ami«, »my friend«, »hallo Freund« anredeten. Ihre Stimmen verrieten Ungeduld und Gereiztheit, als seien sie bereits durch allzu viele Abweisungen verunsichert, verärgert, ja enttäuscht, gekränkt. Auch ich war einer jener Ausländer, die abwinkten. Ununterbrochen hätte ich selbsternannten Gepäckträgern und »Guides« einen Stundenlohn aushändigen müssen, ohne dann die vielen anderen zufriedenzustellen, die mit ihren Angeboten nachdrängten. Und alle redeten mich in verschiedenen Sprachen an. Was hieß das? Dass sie alle eine Schule besucht, etliche wohl auch eine höhere Ausbildung genossen hatten – aber arbeitslos waren.

»Fuck you!«, schrie mir einer der jungen Männer zu, den meine beharrlich abwehrenden Gesten in Wut geraten ließen. »Tourist go home!«, schrie ein zweiter. Einer tatschte mit dem Handrücken gegen meine Umhängetasche. Reflexartig schnellte meine eigene Hand in die Hosentasche, ob mein Geldbeutel noch da sei. Es war eine Geste, die ich im nächsten Moment auch schon wieder bereute. Schließlich signalisierte ich ihnen damit, dass ich sie für Diebe hielt. Aber war ich angesichts der löchrigen Jacken und der lauernden Blicke nicht zu derartigem Misstrauen berechtigt?

Oder bettelten sie als Arbeitslose tatsächlich nur um eine Dienstleistung? Neben mir, hinter mir hörte ich zorniges Gelächter, anscheinend hatten sie alle meine Misstrauensgeste registriert und fühlten sich gekränkt. »Racist«, schrie einer.

Orient ... Dritte Welt ... Faszination ... Unbehagen ... Angst ... Dieses Kribbeln im Magen, diese Anspannung der Muskeln, sobald sich in einer der Gassen schon wieder eine Gruppe junger Männer mit fordernder Geste näherte. Diese nervöse Konzentration bei dem Gedanken, mich »richtig« zu verhalten, um die Aggression dieser jungen Leute auf keinen Fall zu steigern. Diese mit Menschen überfüllten Gassen. Dieses Stoßen und Drängen, dass ich zeitweise Mühe hatte weiterzukommen. Wie »leer«, wie beschaulich hatten dagegen die Straßen und Gassen noch zwei Jahrzehnte früher gewirkt. Nun bot die Stadt den Anschein, dass sie aus allen Nähten platzte. Tetuan hatte seine Einwohnerzahl innerhalb von nur 24 Jahren von 101 000 auf 200 000 verdoppelt.

Gleiche Eindrücke gewann ich 1984 in anderen marokkanischen Städten, so besonders in Fes, jener »Königsstadt«, deren noch vollständig erhaltene Altstadt aus dem 13. Jahrhundert bei den Touristen den Ruf genießt, am intensivsten den »Charme von Tausend und einer Nacht« auszustrahlen. Bei meinem letzten Aufenthalt 1967 hatte ich beim Rundgang über die Hügel rings um die Stadt noch ungetrübt einen Blick auf die historisch gewachsene Medina mit ihren ineinander geschachtelten Häusern, Moscheen, Koranschulen und Palästen genießen können. Aber 1984 hatte sich die Szenerie dramatisch verändert. Auf den Hügeln rund um die Altstadt hatten sich in das satte Grün von Olivenbäumen und Agaven an vielen Stellen Hüttensiedlungen aus Brettern, Wellblech und Plastik eingefressen. Und beim Rundgang im Zentrum von Fes fühlte ich mich, nicht anders als in Tetuan, immer wieder bedrängt, geschoben, angerempelt durch Menschen, die ebenfalls Mühe hatten, sich einen Weg zu bahnen. Auch hier gab es viele Jugendliche, die aufdringlich, ja teilweise aggressiv um eine Dienstleistung baten und nicht mehr von meiner Seite weichen wollten. Auch hier fand ich eine drastisch wachsende Zahl von Bettlern vor, die an den Hausmauern kauerten, an Straßenecken standen und zeitweise mir beharrlich folgten. Auch Fes erweckte den Eindruck einer Stadt, die aus allen Nähten platzte. Bei meinem Aufenthalt 1967 lebten ungefähr 220 000 Menschen in Fes, aber nur 17 Jahre später waren es 430 000.

Ein solch beschleunigtes Wachstum in nahezu allen größeren Städten Marokkos hat bis heute nichts vom Charakter eines unkontrollierten, krebsartigen Wucherns verloren. Tetuan, das 1960 erst 101 000 Einwohner gezählt hatte, ist 2020 auf nahezu 400 000 angewachsen, Fes im selben Zeitraum von rund 180 000 auf nahezu eine Million, in Marrakesch ist die Einwohnerzahl von rund 240 000 auf ebenfalls rund eine Million gestiegen, in Rabat von 227 000 auf 1,7 Millionen und in Casablanca hat sie sich im Verhältnis von 960 000 zu vier Millionen fast vervierfacht. In all diesen Städten wohnt etwa die Hälfte der Menschen in Slums. Überall waren also deutliche Anzeichen einer rapid zunehmenden Verelendung zu erkennen. Was sind die Ursachen? Die Ursachen sind dieselben, die ich im Kapitel *Beginn einer Völkerwanderung* an den Beispielen Türkei, Ägypten und Indien bereits geschildert habe: einerseits eine fehlende Geburtenregelung, andererseits eine Abwanderung zahlreicher verelendeter Bauern in die Städte.

Marokko zählte 1925 erst rund sechs Millionen Einwohner und bis 1960, kurz nach Beginn der Unabhängigkeit, hatte sich die Zahl auf neun Millionen erhöht. Dann aber brauchte es nur noch einmal 25 Jahre, dass aus den neun Millionen Einwohnern bis 1985 rund 21 Millionen wurden. 2020 sind es fast schon 40 Millionen. Mit der rasch wachsenden Bevölkerungszahl nahm auch die Verelendung zu, weil die Regierung unter Sultan Hassan II. kaum sozialpolitische Maßnahmen traf, um diese Entwicklung zu steuern. Und hier unterschied sich der Sultan unwesentlich von vielen anderen Machthabern der sogenannten Dritten Welt. Die Einkommensunterschiede waren vor allem in den 1970er-Jahren beträchtlich gewachsen. Die Zahl der unter der offiziellen Armutsgrenze lebenden Menschen wurde 1980 auf rund sieben Millionen geschätzt, also rund ein Drittel der damals rund 21 Millionen Einwohner. Davon waren rund vier Millionen Menschen arbeitslos.[2]

Die größte Armut herrschte – wie auch in vielen anderen Ländern Asiens und Afrikas – in den Dörfern. Über 40 Prozent der marokkanischen Bauern besaßen in den 1980er-Jahren kein eigenes Land, viele mussten deshalb als Landarbeiter für einen Hungerlohn unter der feudalen Obhut eines Plantagenbesitzers schuften.[3] Angesichts solcher Machtverhältnisse hatten Landarbeiter und Kleinbauern immer weniger Chancen, ihre Äcker gewinnbringend zu bearbeiten. Sultan Hassan II., von 1961 bis 1999 an der Macht, zeigte schon deshalb wenig Interesse, an diesen Zuständen etwas zu ändern, weil er selbst der größte Grundherr Marokkos war. Folgerichtig förderte er besonders die ihm nahestehende Schicht der Großgrundbesitzer; rund 91 Prozent der staatlichen Fördergelder gingen an die zehn Prozent vermögender Bauern.[4] Die Großbauern jedoch produzierten Obst und Gemüse weniger für den einheimischen Markt, sondern eher für den Bedarf westlicher Industriestaaten, die das preisgünstige Angebot aus Marokko zu schätzen wussten. Gerade solche Verhältnisse schufen die Voraussetzungen dafür, dass seit den 1970er-Jahren immer mehr verelendete Landbewohner in die Städte abwanderten. Aber in den Städten war die soziale Lage ohnehin schon prekär und spitzte sich durch den Zustrom landflüchtiger Bauern noch einmal zu. Mehr als 40 Prozent der erwerbsfähigen Marokkaner waren Mitte der 1980er-Jahre arbeitslos oder chronisch unterbeschäftigt,[5] viele davon Jugendliche. Die Volkszählung von 1982 registrierte unter den 15- bis 24-Jährigen nur ein gutes Viertel, das einer regelmäßigen Beschäftigung nachgehen konnte.[6]

Auf eine derart spannungsgeladene Situation in Marokko war ich allerdings vorbereitet. Denn im Januar des Jahres 1984, vier Monate vor meiner Reise, hatten westliche Medien über blutige Unruhen in Fes, Marrakesch, Casablanca und Tetuan berichtet. Bei diesen Unruhen waren durch das Gewehrfeuer der Polizeitruppen mehr als hundert Demonstranten getötet und etliche Tausend verletzt worden. Die prekäre Versorgungslage hatte sich zu einer Hungerrevolte zugespitzt. Die Menschen hatten gegen die Erhöhung der Brotpreise protestiert, gegen die hohe Arbeitslosigkeit, gegen fehlende Sozialleistungen. Es war die zweite Hungerrevolte seit 1981 – und sie war ebenso heftig wie die, die nahezu zur gleichen Zeit in Ägypten und Tunesien stattfand.[7]

Ob an den Unruhen im Januar auch radikal-religiöse Muslime beteiligt waren? Oder ob Islamisten gar eine führende Rolle gespielt hatten? Mit solchen Fragen wandte ich mich an marokkanische Studenten in einem Café in der Neustadt von Fes. Die Studenten verneinten übereinstimmend. Es sei bei den Unruhen allein um soziale Reformen gegangen. Besonders diese Fragen interessierten mich, weil gerade Anfang der 1980er-Jahre in etlichen Staaten des Nahen Ostens islamistische Bewegungen zunehmend politischen Einfluss gewannen und soziale Unruhen zu ihren Zwecken nutzten, so besonders in Ägypten. Mehr noch: Im Iran hatte Ayatollah Khomeini 1979 den Schah Mohammed Reza Pahlavi gestürzt, indem er vor allem die notleidenden Slumbewohner hatte mobilisieren können. Marokko sei nicht Ägypten, sei nicht der Iran, bekam ich zur Antwort. Aus der Sicht vieler Einheimischer waren 1984 in Marokko anscheinend noch keine Anzeichen zu erkennen, dass eine große Anzahl Jugendlicher zu einem radikalen Islam tendieren könnte. Ihr Protest gegen die Regierung schien bis dahin allein durch die soziale Frustration bestimmt.

Aber dass sich in Marokko zusätzlich auch eine religiös-politische Identitätskrise anbahnen könnte – zeitgleich zu vielen anderen islamischen Staaten – war wahrscheinlich. Allerdings überwog bei westlichen Beobachtern 1984 noch die Ansicht, in Marokko hätten religiöse Extremisten eine schlechtere Ausgangslage für ihre Propaganda. Denn der Sultan von Marokko vereinte in seinem Amt ja religiöse und politische Macht, Islamisten konnten also nicht zum Widerstand gegen eine »gottlose säkulare« Regierung aufrufen.

Rückblickend ist die Situation jedoch anders zu bewerten: Den religiös-politischen Status des Sultans stellte die Mehrheit der Marokkaner zwar nicht in Frage, aber Notleidende wurden im Verlauf der nächsten Jahrzehnte trotzdem anfällig für die Propaganda radikal-islamischer Organisationen.

Frustration und Fremdenfeindlichkeit

Wie sich ein Konflikt hochschaukelt

Je mehr ich in marokkanischen Städten mit jungen Männern zu tun hatte, die mich aufdringlich mit Angeboten von Hotelunterkünften und günstigen Teppichen bedrängten, desto nervöser, desto gereizter wurde mein Kopfschütteln, wurden meine Handbewegungen.

»Was soll diese Handbewegung?! Was soll das?!« Ein junger Mann in Jeansjacke herrschte mich akzentfrei auf Deutsch mit heiserer Stimme an, nachdem ich im Affekt nicht auf Französisch, nicht auf Englisch, sondern auf Deutsch sein Angebot zurückgewiesen hatte. Er hatte mich in ein Teppichgeschäft in der Altstadt von Fes führen wollen. »Bin ich ein Hund, den man einfach verscheuchen kann? Gehört dir Marokko? Uns gehört Marokko! Uns!« Er ließ den Zeigefinger auf mich zuschnellen, als wolle er mich durchbohren. »Du hast nichts zu suchen in Marokko, ihr Touristen habt alle nichts zu suchen in Marokko!« – Woher er so gut Deutsch könne? Diese Frage kam mir nach der ersten Irritation zögernd über die Lippen; ich versuchte, durch ein Gespräch seiner Aggression die Schärfe zu nehmen. Aber er hatte sich abrupt weggedreht, ja er begann zu laufen, als müsse er fliehen. Sekunden später sah ich den Grund seiner Flucht: Im Eilschritt näherten sich Polizisten, um mich, den Touristen, zu »schützen«.

Woher konnte er so gut Deutsch? Weshalb sprachen er wie auch andere dieser bettelnden Jugendlichen außer Französisch noch weitere Sprachen, zumindest in Bruchstücken? Sie mussten eine Schule besucht haben, etliche von ihnen eine höhere Schule oder gar eine Universität, denn sonst wären solche Sprachkenntnisse undenkbar.

Sie gehörten also letztlich einer privilegierten Schicht an, die damals allerdings nicht sehr breit war, schließlich lag die Rate der Analphabeten in Marokko in den 1980er-Jahren noch bei 65 Prozent, in den Dörfern gar bei 80 Prozent.[8] Aber selbst für die Absolventen von höheren Schulen und Universitäten war die Chance, einen angemessenen Arbeitsplatz zu bekommen - oder überhaupt irgendeine Arbeit zu finden - sehr eingeschränkt. Umso verzweifelter versuchten sie, wenigstens bei Touristen eine kurzfristige Dienstleistung auszuhandeln. Denn gerade diese jungen Männer litten darunter, nicht anders als völlig ungebildete Analphabeten auf der Straße für ihren Unterhalt betteln zu müssen. Gerade sie waren nicht mehr bereit, sich selbstgenügsam mit einem Dasein am Existenzminimum abzufinden. Sie legten Wert auf modische westliche Kleidung, mit der sie gerne ihren sozialen Aufstieg, ihre Zugehörigkeit zu einer aufstrebenden Mittelschicht oder zu einer zukünftigen wirtschaftlichen Elite demonstriert hätten. In kurzen Gesprächen erfuhr ich schließlich, dass sie alle mehr oder weniger demonstrativ den herkömmlichen traditionellen Kapuzenmantel, Fez und Turban verachteten, selbst wenn ihre Bluejeans, T-Shirts und Kunststoffjacken mangels Geldes oft schon sehr abgetragen, ja unansehnlich wirkten. Umso aggressiver mussten sie reagieren, wenn jede erneute Arbeitssuche, jede angebotene Dienstleistung von Touristen gleichgültig oder sogar »arrogant« zurückgewiesen wurde.

Wie »reich« mussten Touristen auf die jungen Marokkaner wirken? Einen Eindruck davon, wie junge Arbeitslose über den sozialen Status europäischer oder amerikanischer Touristen denken, bekam ich sehr bald. Ich brauchte nur verschiedene Teestuben in der Neustadt wie in der Altstadt zu besuchen. Dort sah ich Jugendliche in abgewetzten T-Shirts und Bluejeans sitzen, stundenlang mit demselben halbleeren Glas Tee auf dem Tisch, während sie auf den Fernsehbildschirm starrten. Französische und amerikanische Spielfilme liefen dort, meist Kriminalfilme, Liebesfilme, billige Serienproduktionen, ständig unterbrochen von Werbespots. Auf dem Bildschirm lächelten westlich gekleidete, meist hellblonde Frauen, sie priesen Lippenstift, Puder und Creme für Modebewusste an, Männer in sportlichem Sakko stiegen in chromblitzende Autos ein und animierten durch das offene Fenster augenzwinkernd zum Kauf dieses Autos. Das Werbefernsehen war also westlichen Stils, etliche Spots waren offensichtlich unverändert aus Frankreich übernommen worden – Spots, in denen nahezu austauschbar schmucke Villen, Autos und Motorräder auftauchten wie in den Spielfilmen. Was musste ein Gelegenheitsarbeiter empfinden, wenn ihn via Bildschirm solche Botschaften erreichten? Musste er sich nicht brüskiert fühlen durch eine Werbung, die nur auf die Bedürfnisse einer schmalen Oberschicht ausgerichtet war und dem Elend von zwei Dritteln aller Marokkaner Hohn sprach? Und war es nicht naheliegend, ausländische Touristen mit diesem Reichtum gleichzusetzen?

»Rassist!« Dieses Schimpfwort, das mir und anderen Touristen immer wieder nachgerufen wurde, irritierte mich anfangs. Aber marokkanische Studenten erklärten mir die Gründe für solche Ressentiments. Die meisten jungen Marokkaner seien informiert über die Situation ihrer Landsleute, die als sogenannte »Gastarbeiter« in Frankreich und anderen Ländern Westeuropas ihr Geld verdienten. Viele dieser »Gastarbeiter« seien inzwischen aus Europa zurückgekehrt, weil man sie wegen der verschlechterten Konjunktur abgeschoben habe. Voller Enttäuschung und zum Teil auch voller Hass berichten sie über die Anfeindungen im Ausland, von »Rassismus« gegen alle Menschen mit dunklerer Hautfarbe, besonders in Frankreich. Die Europäer hätten sich nicht wirklich geändert, sie seien trotz aller gegenteiligen Beteuerungen immer noch Rassisten und Imperialisten wie zur Kolonialzeit. Jeder Tourist, der mit einer abwehrenden Handbewegung auf Einheimische reagiere, entspreche exakt jenem Bild, das viele heimgekehrte »Gastarbeiter« vermitteln.

Trotzdem, so widersprach ich, reiße in Marokko der Strom von Bewerbern nicht ab, die in Europa arbeiten wollten. Ob das nicht ein eklatanter Widerspruch sei? – Europa bleibe der große Traum, antwortete mir ein Student der Betriebswirtschaft. Er wies darauf hin, dass derzeit ungefähr 400 000 Marokkaner in Westeuropa arbeiteten, die meisten in Frankreich. Die Erfahrung, als Mensch zweiter Klasse behandelt zu werden, habe er selbst gemacht, als er einige Monate in Paris gearbeitet habe. Allerdings werde in Frankreich ein Arbeitssuchender menschlicher behandelt als in Marokko. Hier gelte man als ein Stück Dreck, wenn man weder Arbeit noch Geld vorweisen könne. Von den eigenen Landsleuten herumgestoßen zu werden, sei die deprimierendste Erfahrung überhaupt. Ein Kapitalist in Europa sei noch menschlich im Vergleich zu einem Kapitalisten in Marokko.

In einer Teestube fragte mich ein Student der Physik, wie mir denn Fes, wie mir Marokko gefalle. Ich antwortete: Die historisch gewachsene Altstadt von Fes beeindrucke mich sehr, und ich schloss mit der Bemerkung, Fes sei eine schöne Stadt, Marokko ein hochinteressantes Land. Das war eine taktvolle Antwort, wie man sie von einem einfühlsamen Besucher erwarten sollte. Der Marokkaner aber lächelte mit einem Anflug ironischer Bitterkeit und bemerkte: »Euch Touristen gefällt Marokko, uns Marokkanern nicht.« Nach einem längeren Gespräch, das wir in einer abgelegenen Nische der Teestube führten, erklärte der Student mit einem vorsichtigen Seitenblick: Das Land sei reif für eine Revolution.

Diesen Satz sagte er vier Monate nach den blutigen Unruhen vom Januar 1984, bei denen es mehr als hundert Tote und etliche Tausend Verletzte gegeben hatte. Revolution? Der Student relativierte im weiteren Gespräch seine Formulierung. Es würde noch lange dauern, bis es zu einer Revolution käme. Die Unruhen von 1981 und 1984 seien eher Revolten gewesen, bei denen die Aufständischen nur um billige Preise für Brot und bessere Arbeitsbedingungen gekämpft hatten. »Revolution« dagegen würde bedeuten, eine andere Gesellschaftsordnung zu wünschen.

Der Student blieb mit seinen Formulierungen so vage wie die anderen Studenten. Bei jedem von ihnen aber wurde deutlich, dass sich der eigentliche Zorn junger Marokkaner nicht gegen »reiche« Touristen richtete, sondern gegen reiche Marokkaner – gegen eine schmale Oberschicht von Großgrundbesitzern, Fabrikanten und Bürokraten, die eng mit dem Sultan verbunden waren und aufgrund dessen alle wichtigen Positionen in der Wirtschaft und der Verwaltung besetzten. Für die Angehörigen einer nur zaghaft sich entwickelnden Mittelschicht war es unmöglich, allein durch eigene Leistung sozial aufzusteigen.

Einen Repräsentanten dieser ungeliebten Oberschicht hatte ich kennengelernt. Er war ein Großgrundbesitzer, der mit dem Ertrag seiner Orangenplantagen Spanien und Frankreich belieferte. Mit ihm hatte ich in einem Café in der Neustadt von Fes über die Frage diskutiert, was man unter »richtig gelebtem Islam« zu verstehen habe. Er furchte unwillig die Stirn, als ich ihn auf das Problem der rebellischen Jugend in Marokko ansprach. Er erklärte mir, dass sich dem unverdorbenen, traditionsbewussten Gläubigen nicht die Frage stelle, warum er arm sei, er nehme sein Schicksal ergeben als den Willen Allahs hin, dies unterscheide ihn grundsätzlich von den Bedürftigen in Europa. Wenn ein Bedürftiger in Marokko unzufrieden werde und er mit seinem Geschick zu hadern beginne, dann habe er sich durch schlechte Einflüsse aus Europa verführen lassen. Und damit gefährde er die harmonische, seit vielen Jahrhunderten bewährte Ordnung des Islam.

Solche Sätze zitierte ich gegenüber den Studenten und erntete damit, wie erwartet, ein grimmiges Grinsen. Sie nannten den Großgrundbesitzer einen Heuchler, einen Ausbeuter, einen Parasiten; der Sultan solle sich von solchen Typen distanzieren. Der Sultan ... Keiner der Studenten äußerte offen Kritik an dem damals regierenden Sultan Hassan. War es Vorsicht? Je mehr ich nachhakte, desto mehr drängten die Angesprochenen darauf, das Thema zu wechseln.

Aber alle antworteten sie 1984 auf meine Frage, ob es in Marokko eine Bewegung radikaler Muslime gebe, mit *Nein*. Ob die Antwort ehrlich war, konnte ich damals nicht beurteilen.

Verwestlichung? Islamisierung?

Die gespaltene Gesellschaft

Das Stadttor Bab Boujeloud mit seinen prächtigen blau glasierten Fayencen ist das von Touristen wohl meistfotografierte Bauwerk in der Königstadt Fes. Wegen seines Durchblicks auf malerische Gassen und das Minarett einer Moschee ist es der bevorzugte Durchgang von der Neustadt zum »orientalischen Mittelalter« der Altstadt, der Medina. Dort traf ich einen jungen Marokkaner, der sich wohltuend von jenen Männern unterschied, die mich aggressiv bedrängten. Er war zurückhaltend, ja sanft, sprach leise und trug den traditionellen braunweiß gestreiften Kapuzenmantel, die Djellaba. Zwar kannte ich schon viele Gassen der Altstadt, aber am vierten Tag meiner Rundgänge wählte ich dennoch ihn zum »Guide«, dies allein aus dem Grund, weil er mir die vielen aufdringlichen jungen Männer wie auch die Bettler fernhielt.

Im Gespräch mit ihm lernte ich im Mai 1984 Marokko aus einer neuen Perspektive kennen. Ali, so stellte er sich mit seinem Rufnamen vor, vermittelte mir die Sicht eines religiös konservativen Muslims. Ihn störten die Gegensätze zwischen der traditionell islamischen Medina, der Altstadt, und der westlich geprägten Ville Nouvelle, der Neustadt. Und solche Gegensätze bezogen sich nicht nur auf Äußerlichkeiten, sondern legten innere Widersprüche bloß. Dies hing auch mit einem Zwiespalt zusammen, der nicht nur auf Marokko zutraf, sondern mit geringen Abweichungen auch für andere islamische Staaten typisch ist.

Es war gerade Sonntag, als ich mit Ali durch die Medina von Fes spazierte. Eben dieser Wochentag war ein guter Anlass, das allmählich intensiver werdende Gespräch auf grundsätzliche Probleme zu lenken. Zunächst sprachen wir über die Neustadt von Fes, deren Straßen am Sonntagmorgen ähnlich leer und schläfrig still erschienen wie in einer westeuropäischen Großstadt. Dort waren die Geschäfte, Banken und Behörden geschlossen, nur wenige Menschen zeigten sich auf den breiten, mit Bäumen gesäumten Boulevards. In den winkeligen Gassen dagegen wimmelte es von Menschen; unzählige Handwerker hämmerten, sägten, feilten, Lastenträger zogen gebeugt vorbei, die Händler saßen in ihren Basargewölben; es war ein normaler Arbeitstag. Warum in der Neustadt am Sonntag alle Geschäfte geschlossen hätten, fragte ich den jungen Marokkaner. – Die Franzosen hätten dies in der Kolonialzeit eingeführt, antwortete er. – Und dies werde so beibehalten?

Ali zog unwillig die Stirn in Falten. In der Medina lasse man am Freitag die Arbeit ruhen und gehe in die Moschee, erklärte er ausweichend. Auf mein Schweigen hin ergänzte er mit Nachdruck: In der Medina halte man sich an die Gebote Gottes, in der Neustadt geschehe dies nicht. Er sei ein Bewohner der Medina und für ihn gelte allein der Freitag als Ruhetag. Ich hakte nach: Die Kolonialherrschaft sei doch längst zu Ende, die Regierung könnte doch den Freitag als islamischen Ruhetag wieder einführen; warum tue sie das nicht? Bei dieser Frage presste Ali seine Lippen aufeinander. In plötzlicher Erregung deutete er auf ein Foto des Sultans Hassan, das über dem Eingang einer Teestube hing: »Fragen sie den da!«

Im weiteren Verlauf der Führung kehrten wir in einer der vielen Teestuben ein, und nachdem uns Pfefferminztee serviert wurde, sah Ali auf die Gläser, verzog auf einmal ironisch den Mund und sagte: Der Tee sei der Whisky der Medina. Wieder die schmalen hart gewordenen Lippen.

Ich fragte, ob es irgendwo in der Medina Alkohol zu kaufen gebe. Er schüttelte energisch den Kopf. Das sei nur in der Neustadt möglich. In der Medina halte man sich an die Gebote Gottes. – Wein und Bier würden in der Ville Nouvelle öffentlich verkauft und auch in Restaurants angeboten, erklärte ich, die Flaschen seien aber nicht aus Europa importiert, vielmehr seien auf den Flaschen marokkanische Städte als Produktionsorte angegeben. – Die marokkanische Produktion habe es schon in der Kolonialzeit gegeben, antwortete er. – Aber es werde auch jetzt noch weiter Bier und Wein von Marokkanern produziert, warum? Ali lächelte gequält. Seine rechte Hand zuckte plötzlich, als wolle er sie hochheben und wieder auf das obligate, in der Teestube hängende Bild des Sultans Hassan mit dem Verweis »Fragen Sie den da!« deuten. Aber dieses Mal schwieg er.

In der Teestube flimmerte der Bildschirm eines Fernsehapparats. Gezeigt wurde ein Spielfilm offensichtlich französischer Provenienz, die Frauen trugen enganliegende Röcke oder Bluejeans, dazu Blusen, die die Arme frei ließen, das Haar war offen. Welch ein Kontrast zu den Frauen in der Medina: Nahezu alle in der Altstadt waren in den traditionellen Kapuzenmantel Djellaba gehüllt, die Kapuze war hochgezogen, nicht wenige von ihnen hatten über dem Gesicht sogar einen Schleier, der nur einen schmalen Schlitz für die Augen frei ließ. Beiläufig konnte ich beobachten, wie mein Gesprächspartner zwischendurch immer wieder angespannt, ja interessiert zu den freizügig gekleideten Frauen auf den Bildschirm blickte. Ob er es richtig finde, dass in Marokko Frauen das Gesicht verschleiern würden, fragte ich. – Das sei eine sehr strenge Tradition, antwortete er, aber eben nur Tradition. Es handle sich nicht um ein Gebot des Koran. – Und der knöchellange Umhang? Das Kopftuch? – Das sei der Wille Gottes, erwiderte er und schaute wieder interessiert auf die französischen Frauen, die sich auf dem Bildschirm bewegten. In der Neustadt seien viele Frauen westlich gekleidet, ohne Kopftuch, sagte ich, genauso wie hier in diesem Film. Er komme sehr selten in die Neustadt, antwortete er knapp und wandte nun endgültig sein Gesicht von dem Fernsehapparat weg.

Plötzlich ergab sich ein Kontrast: Auf dem Bildschirm tauchte das Bild des Sultans auf. Fanfarenstöße. Das Portrait wie eine Ikone. Dann wechselte das Bild zu einem bärtigen Imam mit weißem Turban und Kaftan, der in gedehntem Singsang Koranverse rezitierte. Minutenlang waren auf dem Bildschirm nur noch Schriftzeichen des Koran zu sehen. Ali bemerkte mein Interesse und kommentierte kurz, aus welcher Sure der Imam rezitierte. Solche Sendungen würden häufig ausgestrahlt, erklärte er, und das sei gut so.

Ob er Bettlern Almosen gebe, fragte ich bei unserem weiteren Rundgang durch die Altstadt. Ali verneinte. Er besitze zu wenig Geld, um anderen etwas geben zu können. Schließlich stamme er aus einer kinderreichen Familie, sein Vater habe in einer Möbelfabrik gearbeitet und sei bei einem Arbeitsunfall ums Leben gekommen. Seine Familie habe dadurch zwar Anspruch auf eine kleine Rente, aber das reiche kaum fürs Leben. Täglich bete er zu Allah, dass den Bettlern von reichen Leuten gegeben werde und dass die Armut von den Muslimen der ganzen Welt abgewendet werde. – Ob er nicht glaube, die Regierung täte zu wenig, um die Armut zu bekämpfen? Ali zögerte mit seiner Antwort. Dann sagte er: Viele dieser bettelnden Leute besäßen nicht die nötige Arbeitsdisziplin. Er selber sei arm, aber er habe die Disziplin, sich Geld als Fremdenführer zu verdienen, und sei sich auch sonst für keine Arbeit zu schade, er nehme jede Arbeit an. – Aber was wäre, wenn er keine Arbeit fände? Ali wirkte wieder nachdenklich. Es sei dann der Wille Gottes, erklärte er schließlich, und er füge sich dem Willen Gottes.

Mehr sagte er nicht. Offenbar schreckte er davor zurück, die Regierung wegen der überall wahrnehmbaren Armut zu kritisieren, aber er verteidigte die Regierung auch nicht. »Fragen Sie den da!« Die kurz aufflammende Wut, mit der er auf das Bild des Sultans gewiesen hatte, offenbarte sein Unbehagen. Aber er wagte nicht, öffentlich darüber ausführlicher zu sprechen. Mit diesem kurzen, aber heftigen aggressiven Ausbruch zielte er allerdings in eine ganz andere Richtung: Ihm schien der Sultan in mancherlei Hinsicht nicht »islamisch« genug zu sein.

Die Begegnung mit dem jungen Marokkaner Ali ließ mich mit einer Reihe Fragen zurück. Zwar war es offensichtlich, dass die Hungernden und Arbeitslosen mit ihren Demonstrationen für soziale Gerechtigkeit zur Gefahr für die Regierung werden konnten. Aber wuchs nicht auch bei Muslimen, die religiös traditionell orientiert sind, die Unzufriedenheit? Könnte nicht ein zweiter politischer Unruheherd entstehen, wenn orthodox Gläubige zunehmend unter der religiös-politischen Widersprüchlichkeit ihres Regimes litten? Und könnten dann nicht gerade religiöse Extremisten – Islamisten – auch in Marokko stark an Einfluss gewinnen?

Für solche Fragen war ich sensibilisiert, weil ich unmittelbar vor meiner Reise nach Marokko im März 1984 in einer Wiener Tageszeitung einen Artikel gelesen hatte mit der Überschrift: »Auch Marokko gibt Islamisierungsdruck nach«.[9] Der Autor des Artikels nahm ausdrücklich auf die »blutige Brotrevolte« im Januar 1984 Bezug. Sultan Hassan II. sei durch den »Volkszorn« politisch unter Zugzwang geraten. Er habe einerseits nicht nur die Erhöhung des Brotpreises zurückgenommen und die Steuern gesenkt, sondern andererseits auch Maßnahmen gegen den »aufkeimenden revolutionären Islam« ergriffen. Die Zahl der Unzufriedenen wachse ständig, immer mehr radikalisierte Muslime würden sich in geheimen Moscheen der Hinterhöfe und winkeligen Souks treffen. Sultan Hassan wolle aber nicht zum »Schah des Maghreb« werden, er wolle nicht wie der Schah des Iran gestürzt werden, deshalb startete er eine Offensive im »Namen Allahs«.

Islamisten in Marokko? In westlichen Medien waren Mitte der 1980er-Jahre Nachrichten über die Muslimbruderschaften im Nahen Osten bereits hoch präsent, und der revolutionäre Umbruch im Iran unter Ayatollah Khomeini stand ohnehin im Mittelpunkt der Berichterstattung. Allerdings dauerte es lange, bis der islamische Fundamentalismus als eine globale Bedrohung wahrgenommen wurde. Dabei war eine religiös-politische Bewegung dieser Art bereits Mitte des 18. Jahrhunderts erstmals durch den in Mekka geborenen Korangelehrten Mohammed Abd al-Wahhab gegründet worden. Auf ihn geht der sogenannte wahhabitische Islam zurück, wie er bis heute im Königreich Saudi-Arabien heimisch ist. Dessen fanatischer Dogmatismus übt auch einen starken Einfluss auf radikal-islamische Terror-Organisationen wie die al-Qaida und den Islamischen Staat (IS) aus. Abd al-Wahhabs heftigste Kritik hatte dem westlichen Einfluss gegolten, der schon Mitte des 18. Jahrhunderts auf die urbane Bildungsschicht der islamischen Welt zu wirken begann. Aber Abd al-Wahhabs fanatischer Aufruf »Zurück zu einem reinen Islam« jenseits aller modernen Neuerungen blieb auf Regionen beschränkt, in denen ohnehin ein großes Misstrauen gegen moderne Reformen bestand.

Seit 1928 entwickelte sich dann eine geistig flexiblere Form des islamischen Fundamentalismus (oder »Islamiya«, Islamismus, wie die Muslime selbst diese religiös-politische Bewegung nennen). Damals gründete der Volksschullehrer Hasan al-Banna die erste Muslimbruderschaft in Kairo. Damit setzte al-Banna ein Signal gegen die revolutionären Tendenzen in der Türkei, in der Atatürk im selben Jahr als erster muslimischer Politiker eine strikt säkular orientierte Staatsverfassung durchsetzte. Atatürk argumentierte, diese Reform sei nötig, denn die islamische Kultur sei rückständig und könne mit ihrem bisher religiös-politisch strukturierten Staatswesen nicht effizient auf die Herausforderung der westlichen Moderne reagieren. Hierauf antwortete al-Banna wiederum: Die Muslime könnten nur dann zu ihrer einstigen politischen Größe zurückfinden, wenn sie ihre Religion von allen wesensfremden Einflüssen reinigen würden. Im Gegensatz zu den wahhabitischen Muslimen akzeptierten die Anhänger der Muslimbruderschaft allerdings eine breiter angelegte geistige Auseinandersetzung über Religion und Politik.

Aber so sehr der islamistische Protest gegen die Trennung von Religion und Politik damals Aufsehen erregt hatte, dauerte es dann doch etliche Jahrzehnte, bis islamistische Organisationen wie die Muslimbruderschaft eine maßgebende Rolle in der Politik zu spielen begannen. Die Mehrheit der Muslime hegte bis in die 1960er-Jahre erheblich mehr Sympathie für säkular orientierte Regierungen, weil deren Reformen am ehesten die Hoffnung auf ein besseres Leben zu garantieren schienen. Erst als sich viele dieser Regierungen nach und nach in Misswirtschaft und Korruption verstrickten, wodurch die sozial Benachteiligten oft noch ärmer wurden, konnten die Islamisten als neue Hoffnungsträger an Zulauf gewinnen. Islamistische Politiker leisteten in weiten Teilen der islamischen Welt viel intensiver soziale Hilfe als die säkular orientierten Machthaber. So wurde die Muslimbruderschaft in Ägypten und anderen arabischen Ländern breitenwirksam populär. So im Iran die Bewegung der »Islamischen Revolution« unter Khomeini, dem es Ende der 1970er-Jahre gelungen war, sozial und kulturell entwurzelte Zuwanderer in den Slums der iranischen Großstädte gegen den »ungläubigen« Schah zu mobilisieren. Khomeini begründete seine Propaganda mit dem Hinweis, der Schah sei seiner sozialen Fürsorgepflicht für die Notleidenden nicht nachgekommen. Auf dieselbe Weise konnten sich sogar islamistische Terror-Organisationen wie die al-Qaida und der Islamische Staat als die eigentlichen Hoffnungsträger für die gesellschaftlich Ausgegrenzten stilisieren.

Würden nun auch Islamisten in Marokko die soziale Misere zu ihren Gunsten nutzen können? Aus westlicher Sicht war es in den 1980er-Jahren noch unvorstellbar, dass sich islamische Fundamentalisten heimlich in sogenannten Hinterhofmoscheen trafen und schließlich Unruhe gegen eine »asoziale« und »unislamische« Regierung schürten. Auch stand damals noch nicht im Fokus der Weltöffentlichkeit, dass ausgerechnet in Marokko sozial frustrierte Jugendliche zu einem radikalisierten Islam neigen könnten. Denn in Marokkos Staatsverfassung ist ja explizit das gewährleistet, was radikal-orthodoxe Muslime anstreben: Es regiert ein Sultan, der die politische und religiöse Macht in einer Person vereint. Marokko definiert sich, wie schon erwähnt, nicht als säkularer, sondern als islamischer Staat. Ein »unislamischer« Sultan? »Fragen Sie den da!« Mit welch wegwerfender Geste der junge Marokkaner Ali auf das Bildnis des Sultan Hassan gewiesen hatte. Die Gestik und der Tonfall verrieten deutlich, dass Ali einen Widerspruch zwischen religiös-politischem Anspruch und dem gelebten Alltag, zwischen streng ausgelegtem Islam und westlichem Einfluss empfand.

Sultan Hassan hatte an zwei Fronten zu kämpfen, um auf die blutigen Unruhen vom Januar 1984 zu reagieren. Er senkte einerseits, wie schon erwähnt, die Preise für die Grundnahrungsmittel und kündigte an, den notleidenden Bauern die Steuern bis zum Jahr 2000 zu erlassen. Aber er erkannte andererseits, dass es nicht nur darum ging, die sozialen Proteste zu entschärfen – er musste auch die traditionell gläubigen Muslime beschwichtigen. Den religiös konservativen Untertanen kam er wegen ihres kulturellen Unbehagens entgegen, indem er im März 1984 eine Reihe neuer Gesetze auf religiös-politischem Sektor verabschiedete. So sollten im marokkanischen Rundfunk Programme in französischer und englischer Sprache eingestellt und Spielfilme aus dem Ausland nicht mehr importiert werden. Dies sei den Marokkanern aufgezwungen worden, so lautete nun eine Erklärung des Sultans, dies sei ein Erbe des Kolonialismus, zukünftig solle Kultur vorrangig in arabischer Sprache vermittelt werden. In der Folge wurden auch 20 französische Schulzentren in Marokko geschlossen. Mit solchen Maßnahmen kam Sultan Hassan aber vorrangig den Muslimen entgegen, die in religiös-politischer Zuspitzung eine »Rückkehr zum Islam« und eine Rückbesinnung auf »arabische Kultur« nach Jahrzehnten des »religiösen Liberalismus« und der »Dekadenz« forderten.[10]

Die Indoktrination fand vor allem über den Schulunterricht statt. Die Schüler sollten fortan auf einen »Staatsislam«, frei von »westlichen Einflüssen«, eingeschworen werden. Wie intensiv diese Indoktrination etwa über die Schulbücher erfolgte, hat eine von marokkanischen Soziologen durchgeführte Studie aus dem Jahr 2001 gezeigt.[11] Ein leitmotivisch immer wiederkehrender Satz in diesen Lehrbüchern für Hauptschulen und für höhere Schulen lautet: »Der Islam ist Religion und Staat.« Anders ausgedrückt heißt das, wer eine Trennung von politischer Macht und Religion befürworte, entferne sich von den Kernbotschaften des Islam.

In den Handbüchern für den Unterricht dominiert eine Skala von Werten und Gegenwerten als Leitlinie. Alle positiven Lebensziele und Verhaltensformen werden darin aus der Lehre des Islam abgeleitet, dagegen werden die negativen Erscheinungen ausschließlich nichtislamischer Herkunft zugewiesen. Anhand von vergleichenden Tabellen sollen die Schüler über die Nachteile der beiden großen westlichen Ideologien – des Kapitalismus und des Kommunismus – informiert werden, und anhand dieser Negativbeispiele sollen sie die Vorteile der islamischen Staatsordnung verinnerlichen. Im Kapitalismus gebe es schrankenlose Ausbeutung, im Kommunismus Unterdrückung und Schreckensherrschaft. Der Kapitalismus fördere die Korruption und Arbeitslosigkeit, der Kommunismus ermuntere die Bevölkerung zum Klassenhass. Dagegen zeige der islamisch orientierte Staat, wie er in Marokko existierte, den richtigen Weg der Mitte, er allein garantiere den Bürgern wirkliche Freiheit und soziale Gerechtigkeit. Wenn aber in zahlreichen islamischen Ländern derartige Ideale missachtet würden, bedeute dies nur, dass muslimische Machthaber wie auch viele muslimische Bürger von ihrer Religion abgefallen seien.

Die Autoren der Studie wiesen darauf hin, die ideologische Einseitigkeit der Schulbücher stimme keineswegs mit dem Verhalten der marokkanischen Schüler überein. Zwar seien die jungen Marokkaner in der Mehrheit dafür, dass Frauen Kopftuch und verhüllende Kleider tragen, aber viele von ihnen hätten sich eine beachtliche Toleranz für andere Religionen bewahrt. 78 Prozent seien bereit, freundschaftliche Beziehungen zu Nichtmuslimen zu unterhalten, und fast zwei Drittel würden Christen und Juden als Lehrer akzeptieren.[12] Darüber hinaus zeigen die Soziologen einen Zwiespalt zwischen gesellschaftlicher und institutioneller Praxis auf. Die Indoktrination in den Schulbüchern ziele zwar darauf, dass man religiös konservativ sein und sich eindeutig von fremden Religionen und Weltanschauungen abgrenzen müsse, aber die Jugend bleibe trotzdem weitgehend offen im Kontakt mit Andersgläubigen.

In Teestuben und in Restaurants kam ich hier und da auch mit Muslimen der gehobenen Bildungsschicht ins Gespräch. Etliche von ihnen gingen entschieden auf Distanz zu einer derartigen »islamischen« Indoktrination. Sie bezeichneten sich selbst als gläubig, aber sie erklärten, die Muslime müssten differenziert auf die Herausforderung der Moderne reagieren. Einige Jahrhunderte früher sei Offenheit doch möglich gewesen, besonders in Fes, gerade diese Stadt habe einmal als eine Metropole gegolten, die so manche Metropole in Europa kulturell übertroffen habe. Leider sei bei einem Großteil der heutigen marokkanischen Bevölkerung der Bildungsgrad sehr niedrig, vor allem was religiöse, philosophische und literarische Kenntnisse betreffe. Wie solle sich da etwas entwickeln können? So antworteten sie mit einer Mischung aus Ironie und Resignation.

Entwurzelte Muslime und »Heiliger Krieg«

Strukturen weit über Nordafrika hinaus

Am 16. Mai 2003 sprengten sich in der Millionenstadt Casablanca 14 junge Marokkaner in die Luft. Über 40 Menschen wurden mit in den Tod gerissen, Hunderte überlebten mehr oder weniger schwer verletzt. Die Selbstmordattentäter hatten sich mit Sprengstoffgürteln an verschiedenen Orten platziert, so im Clubhaus des Jüdischen Zentrums, so in etlichen Hotels, in denen hauptsächlich Touristen aus Europa sowie den Golfemiraten nächtigen. Der Terrorakt war sorgfältig geplant, ganz im Stil der al-Qaida. Entsprechend wurden in den arabischen und den westlichen Medien Vermutungen darüber angestellt, ob sich nun auch in Marokko junge Männer in größerer Zahl radikalisierten und möglicherweise im Auftrag des Terror-Netzwerks al-Qaida agierten.

Sehr bald stellte sich allerdings heraus, dass zwischen den marokkanischen Attentätern und den international vernetzten Dschihadisten keinerlei Verbindung bestand. Die 14 Jugendlichen in Casablanca handelten unter Anleitung von islamistischen Predigern, die im lokalen Milieu verwurzelt waren. Die Jugendlichen selbst stammten aus sozial extrem benachteiligten Schichten. Aber hatte die aggressive Aktion einen religiös-ideologischen Hintergrund? Als ich 1984 Casablanca auf Fußmärschen erkundet hatte, war ich wie in Fes, Meknès, Marrakesch und Tetuan an zentralen Plätzen von arbeitssuchenden wie bettelnden Jugendlichen aggressiv bedrängt worden, aber ihre Schimpfwörter waren damals frei von allen religiös geprägten Floskeln gewesen. Und in Gesprächen mit sozial frustrierten Studenten war zwar auch in Casablanca von »Revolution«

die Rede, aber sie alle hatten sich von jeder Form einer »Islamischen Revolution« distanziert, erst recht von Parolen eines Dschihad, eines »Heiligen Krieges«, den man gegen »Ungläubige« führen müsse.

Welcher Wandel aber hat in der Zeitspanne bis 2003, also in nur zwei Jahrzehnten, stattgefunden? Die anschaulichste Antwort darauf lieferte mir der 2010 erschienene Roman *Die Engel von Sidi Moumen* von Mahi Binebine. Der Autor wurde 1959 in Marrakesch geboren und studierte in Paris Mathematik, wo er dann einige Jahre als Lehrer tätig war. Im multikulturellen Paris wandte er sich der Malerei sowie der Schriftstellerei zu. Er fühlte sich jedoch durch die wachsende Agitation rechtspopulistischer, islamfeindlicher Bewegungen in Frankreich zunehmend abgestoßen und kehrte 2002 wieder in seine Heimatstadt Marrakesch zurück. Zu diesem Zeitpunkt war es für ihn noch unvorstellbar, dass Islamisten ein Attentat großen Ausmaßes in Marokko verüben könnten. Aus seiner Sicht schien sein Heimatland gegen radikal-islamischen Terror gefeit. Umso verstörter reagierte er auf die Ereignisse in Casablanca 2003 und fuhr wenige Wochen später in jenes Elendsviertel, aus dem alle 14 Selbstmordattentäter stammten: Sidi Moumen.

Es ist jener Name, der später dem Roman seinen Titel geben sollte. Fünf Jahre brauchte Binebine, um den Roman zu schreiben, den er in französischer, nicht in arabischer Sprache verfasste. Ausgiebige Gespräche mit den Slumbewohnern über ihre Lebensbedingungen waren nötig, immer wieder kehrte er für weitere Recherchen nach Sidi Moumen zurück. 2011 erklärte er in einem Interview: »Es war ein Schock für mich, es war schrecklich, was ich sah, es hatte nichts mit dem Marokko zu tun, das ich kannte. Zehn Quadratkilometer Baracken, Blechdörfer, offene Abwasserkanäle, ich hätte ebenso gut in Kalkutta oder Rio sein können. Das Ganze umgeben von einer Mauer, die das Elend von der Außenwelt abschirmen soll.«[13]

Binebine liefert in seinem Roman ein erschütterndes Portrait einer Bevölkerungsschicht, die im brutalen Überlebenskampf verroht, abgestumpft und unfähig zu Mitgefühl ist. Er beschreibt das Vegetieren sozial Ausgegrenzter, zu deren Alltag Gewalt schon seit früher Jugend gehört. Auch das Wirken radikaler Prediger, die gerade in einem solchen Umfeld sozial wie kulturell entwurzelte Slumbewohner zurück zur »Religion« zu führen vermögen, wird geschildert. Diese Prediger haben leichtes Spiel, die Jugendlichen von der ehrenvollen Aufgabe zu überzeugen, als Kämpfer im »Heiligen Krieg«, im »Dschihad«, gegen »Ungläubige« auserwählt zu sein und ihr Leben zu opfern. Für diese Marokkaner im Alter von 16 bis 20 Jahren hat der Tod nichts Schreckliches an sich, er bedeutet für sie eher Erlösung von einem Dasein voller Qual und Sinnlosigkeit.

Der Autor lässt seine Hauptfigur über die Gelegenheitsarbeit als Müllsammler reflektieren: »So weit weg wie möglich von Sidi Moumen mit seinen Wellblechdächern, seinem Dreck und seinem Gesindel. (...) Schluss mit Schmutz und Ungeziefer. Die Bengel in ihren Lumpen nicht mehr sehen, die hinter den Müllwagen herrennen und sich darum schlagen, wer der Erste ist, der im Dreck wühlen, bis zur Taille in die Berge von Unrat einsinken darf. Nein, diese monströsen Lastautos, die Abfall und Kotze über unsere Kindheit auskippten, wollte ich nie mehr sehen. Als ich die mit Sprengstoff bestückte Weste anzog, war ich schon zu Staub geworden. Das löste ein seltsames Gefühl in mir aus. Ich fühlte mich eins mit der Erde, dem Himmel und den in der Nacht funkelnden Sternen. (...) In Sidi Moumen, umgeben von Kadavern, Lahmen und Hungerleidern, waren wir ja auch schon halbwegs tot. Etwas mehr oder weniger, das spielte keine Rolle mehr.«[14] Neben vielen anderen Verzweifelten stellt der Autor außerdem einen jungen Schuhputzer vor, der ursprünglich einem Märtyrertod wenig abgewinnen konnte. Er hatte sich auf Arbeitssuche nach Europa begeben wollen, aber weil alle Versuche einer Migration nach »Paris, Madrid oder Mailand« scheiterten, akzeptierte er schließlich, dass ihm der ehrenvolle »Titel eines Märtyrers zusammen mit dem Schlüssel zum Paradies« angeboten wurde. »Vielleicht würde er dort zum Lieblingssänger der (…) Engel avancieren«.[15]

Diese Gedanken werden von zutiefst depressiv anmutenden Menschen ausgesprochen, die zum Selbstmord neigen. Selbstmord ist jedoch bei Muslimen mit einem strengen religiösen Tabu belegt (ebenso wie früher bei Christen). Einen Ausweg aus diesem Dilemma bietet der freiwillige Tod als Märtyrer. Die Todessehnsucht oder die Flucht aus einem deprimierenden Leben bekommt so eine religiöse Rechtfertigung. Der Selbstmörder landet zwar in der Hölle, aber als Märtyrer ist ihm der Weg ins Paradies geebnet, weil er sein Leben für ein höheres Ziel opfert. Was ist das höhere Ziel? Radikale Prediger brauchten dem angestauten Groll der sozial Entwurzelten nur ein Feindbild mit scharfen Konturen zu geben, und schon konnte sich die Aggression auf ein präzises Ziel hin entladen: Es sind die »Feinde des Islam«, die eine gerechte Sozialordnung verhindern. Damit ist vor allem Marokkos reiche Oberschicht gemeint, die im Bündnis mit den Industriestaaten des »gottlosen Westens« die »gläubigen Muslime« ausbeutet. Bereitwillig ließen sich die jungen Selbstmordattentäter aus Sidi Moumen an Orte schicken, die als Terrorziel ein besonderes Symbol für den

»Heiligen Krieg« darstellten: Hotels, in denen viele Ausländer wie auch reiche Muslime wohnen, ebenso das Jüdische Zentrum, in dem sich Juden treffen, die als Verbündete des »amerikanischen Imperialismus« gelten.

Die Prediger, die diese Ziele vorgaben, waren Marokkaner, aber sie lehnten die »islamische« Staatsordnung des eigenen Landes als nur halbherzig und heuchlerisch ab. Sie vertraten eine radikalere Version des »islamischen Staates« – strikt an der Ideologie der Wahhabiten orientiert, die in Saudi-Arabien ihre religiös-politische Heimat haben. Von privaten Geldgebern aus Saudi-Arabien bezogen diese Prediger auch ihre finanziellen Mittel, um die Slumbewohner mit großzügigen Spenden zu ködern und ihnen zu zeigen, was Sozialhilfe aus »wahrhaft islamischem Geist« bedeutet.

Das Attentat in Casablanca 2003 mit über 40 Toten und Hunderten Verletzten ereignete sich aber nicht unter der Regierung des despotischen Königs Hassan II., er war bereits 1999 gestorben. Sein Sohn hatte die Nachfolge als Mohammed VI. angetreten. Der neue König trat zunächst als Reformer auf, um die sozialen Probleme zu entschärfen, die sich unter der 38-jährigen Herrschaft seines Vaters zugespitzt hatten. Es gelang ihm anfangs auch, sich als geschickter Vermittler zwischen den ideologisch verfeindeten Gruppierungen zu präsentieren. So trat er verstärkt für die Rechte der Frauen ein, außerdem für eine liberalere Auslegung des Koran sowie für eine größere Meinungsfreiheit. Aber diese Reformen erreichten nur eine schmale Bildungsschicht, nicht jedoch die vielen Millionen Marokkaner in den weit ausgedehnten Vororten und Slums, erst recht nicht die Bewohner armer ländlicher Regionen.

Fast die Hälfte der Bevölkerung könne noch immer nicht

lesen und schreiben, das öffentliche Schulsystem und das Gesundheitswesen seien weiterhin schlecht organisiert, so lauteten die Befunde 2010, sieben Jahre nach dem Attentat. Geschätzte 15 Prozent der Bevölkerung lebte unter dem Existenzminimum, weitere 15 Prozent in Armut. Extrem schwierig blieb die Lage der Landbevölkerung, noch immer sahen sich viele Bauern gezwungen, in die Städte abzuwandern, in denen sie in den Slums vegetierten.[16] Jeder fünfte Marokkaner hatte laut Angaben der Weltbank 2011 täglich weniger als umgerechnet einen Dollar zur Verfügung. Zwei Drittel der Marokkaner waren unter 30 Jahre alt, und die meisten von ihnen würden Umfragen zufolge, wie bereits erwähnt, am liebsten nach Europa auswandern, wenn es die Umstände zuließen.[17] Demnach bestanden also die Voraussetzungen dafür, dass aus sozial frustrierten jungen Männern religiös radikale »Glaubenskämpfer« wurden, weiterhin.

Das nächste auffällige Symptom dieser Krise zeigte sich bereits ein Jahr nach dem Attentat in Casablanca. Am 11. März 2004 verübten Terroristen aus Marokko ein Sprengstoffattentat auf einen Vorortzug in Madrid, bei dem 192 Menschen starben und rund 2050 verletzt wurden, 82 davon schwer. Diesmal aber waren nicht radikale Prediger mit Wohnsitz in Marokko die Organisatoren, sondern – wie es von vornherein den Erwartungen westlicher Beobachter entsprach – eine Zweigorganisation der al-Qaida.[18] Arabische Agenten der al-Qaida aus Ländern des Nahen Ostens hatten die Slums von Casablanca, Fes, Meknès, Marrakesch und Tetuan durchstreift, um dort arbeitslose Jugendliche mit Versprechen für gut bezahlte »Arbeit« anzuwerben.

Waren zu dieser Zeit die sozial entwurzelten jungen Männer in Marokko vielleicht noch zudringlicher und aggressiver, als ich sie 1984 erlebt hatte? Zu meiner Überraschung jedoch berichteten mir deutsche wie österreichische Touristen zu Beginn des 21. Jahrhunderts, sie seien in Marokko kaum auf junge Männer gestoßen, die etwa westliche Reisende bedrängt und beschimpft hätten. Wie das? Hatten viele dieser jungen Männer etwa Arbeit gefunden?

Mitte der 1980er-Jahre hatte in Marokko eine Entwicklung eingesetzt, die erst erheblich verspätet in den westlichen Medien registriert wurde. Nicht nur, dass jetzt rund eine halbe Million Marokkaner in Westeuropa auf Saisonarbeit war. Nun fanden auch etliche weitere Zehntausend im Ausland Arbeit – aber nicht im Dienstleistungsgewerbe oder in Fabriken, sondern als »Glaubenskämpfer«. Das war bereits bei dem Sprengstoffattentat in Madrid der Fall. Den Sold konnten die Terror-Organisationen, sei es die al-Qaida oder andere, aufgrund der hohen Zuwendungen privater islamistischer Sponsoren in reichen Erdölstaaten bezahlen. Von dieser Entwicklung wurden sozial Entwurzelte sowohl aus Marokko als auch aus der gesamten islamischen Welt erfasst. Allerdings gehörte Marokko mit seiner extrem großen Armut zu den meist gefährdeten Ländern, aus denen sozial Entwurzelte anfällig wurden für angebotene »Arbeit« durch islamistische Terroristen.

Zum ersten »Traumziel« arbeitsloser junger Muslime wurde in den 1980er-Jahren Afghanistan. Dort fanden sie Aufnahme in jener Dschihad-Organisation, die unter der Führung von Osama bin Laden gegen die russische Besatzung kämpfte und 1989 den Namen al-Qaida, »die Basis«, erhielt. Neu an dieser Organisation war, dass sie sozial Entwurzelte aus unterschiedlichen Ländern zu einer schlagkräftigen Einheit im Kampf gegen »ungläubige Imperialisten« in aller Welt zusammenzuschließen vermochte. Die al-Qaida bot den Migranten, was sie in ihrer Heimat vermissten: eine gute Bezahlung sowie eine Wertschätzung als »gute Muslime«. Die Regierungen der einzelnen Staaten ließen die unruhig gewordene Jugend an den Kriegsschauplatz Afghanistan ziehen, denn dadurch milderte sich für sie das explosive soziale Problem im eigenen Land.

Im Jahr 2003 setzte eine weitere Wanderungswelle junger Muslime in den Irak ein. Denn dort waren im März dieses Jahres amerikanische und britische Truppen einmarschiert, um das Regime Saddam Hussein zu stürzen. Diesmal rief die al-Qaida zum »Heiligen Krieg« gegen die amerikanische und britische Besatzung auf. Junge Männer aus marokkanischen Slums spielten hierbei wieder eine herausragende Rolle. Allein über 30 junge Muslime aus Tetuan hatten sich während der folgenden drei Jahre als Selbstmordattentäter in die Luft gesprengt und dabei Hunderte Menschen getötet. Auch Attentäter aus Fes waren maßgeblich an Attentaten beteiligt, wie ich einer Nachricht der *Züricher Zeitung* vom 20. März 2007 entnehmen konnte.[19]

Tetuan und Fes ... Es sind jene Städte, deren Flair ich als besonders »orientalisch« empfunden hatte und deren historisch gewachsene Altstädte – wie auch die von Marrakesch und Meknès – als »Weltkulturerbe« durch die UNESCO anerkannt sind. Aber Tetuan und Fes sind mir beide eben auch in besonderer Erinnerung wegen der jungen Männer, die Dienstleistungen aggressiv aufdrängen wollten und ausländische Touristen wüst beschimpft hatten, falls diese ablehnten. Vor allem in Fes hatte ich es mit Arbeitslosen zu tun, von denen manche verschiedene Fremdsprachen mehr oder weniger gut beherrschten, also eine höhere Schule oder gar eine Universität besucht hatten – mithin Männer, die sich trotz aller Bildung und Begabung nutzlos vorkommen, verachtet fühlen mussten. Welche Entwicklung hatte wohl jener junge Marokkaner genommen, der mich in Fes in perfektem Deutsch beschimpft hatte? Konnten nicht gerade verbitterte Menschen wie er zu einer radikalen Organisation abwandern und dann mit ihren Fähigkeiten besonders gefährlich werden? Die al-Qaida benötigte nicht nur ungebildete Arbeitslose aus Slums, die sich angesichts ihrer Ausweglosigkeit zu Selbstmordattentätern mit dem Versprechen des »Paradieses« instrumentalisieren ließen. Sie hatte auch großen Bedarf an qualifizierten Technikern, Lehrern, Ärzten und Verwaltungsfachleuten, die für die Logistik der Terror-Organisation unverzichtbar waren.

Noch erfolgreicher im Anwerben von Gefolgsleuten war seit Beginn des 21. Jahrhunderts die Terror-Organisation Islamischer Staat. Diese radikal-sunnitische Gruppierung war 2006 im Irak entstanden und hatte zunächst im Bündnis mit der al-Qaida sowohl gegen die amerikanischen und britischen Besatzungsmächte als auch gegen die schiitisch dominierte Regierung gekämpft, dann aber war sie eigenständig geworden. Ihr war es in den 2010er-Jahren gelungen, große Teile des nördlichen Irak wie auch des nördlichen Syrien zu erobern und dort einen eigenen Staat zu gründen. In diesen Staat konnte sie sozial entwurzelte Muslime mit dem Versprechen locken, ihnen ein Gemeinwesen mit guten Sozialleistungen zu bieten, finanziert durch die Einnahmen aus den eroberten Erdölfeldern im Irak. Zumindest galt dies für den Zeitraum von 2013 bis 2018, solange die Terror-Organisation den Mythos der Unbesiegbarkeit genoss. Fünf bis sieben Millionen Menschen lebten in diesem Staat, und die meisten der angeworbenen »Glaubenskämpfer« waren dort erheblich besser mit Wohnraum, Arbeitsplätzen und sozialer Sicherheit versorgt als in ihren Herkunftsländern.

Die Zuwanderer kamen aus zahlreichen unterschiedlichen Ländern der islamischen Welt, was zeigt, dass es sich hier nicht um ein vorrangig marokkanisches Problem handelte. Am stärksten vertreten waren Saudi-Araber, die als einzige nicht der Armut wegen zur Organisation Islamischer Staat gestoßen waren, sondern weil ihnen der radikale wahhabitische Islam in ihrem Heimatland »nicht islamisch genug« erschien. An zweiter Stelle rangierten Tunesier und Marokkaner, sie allerdings flohen aus der sozialen Misere, ebenso Libyer, Ägypter und Jordanier, die alle zahlreich vertreten waren.[20]

Muslime mit guter Schulbildung bei den Terroristen des »Islamischen Staates«? Muslime gar mit Universitätsdiplom, aber ohne Verständnis für Menschenrechte und Demokratie? Solche Fragen können nur gestellt werden, wenn man die gesellschaftlichen Rahmenbedingungen in ihren Herkunftsländern nicht kennt. Die meisten der Zuwanderer haben in ihrem bisherigen Leben nie Mitgefühl im sozialen Zusammenleben oder eine wie auch immer geartete Form der Demokratie kennengelernt. Ihre Erwartungen konnten daher allein darauf verengt sein, endlich ein sicheres Dach über dem Kopf und ein ausreichendes Einkommen zu bekommen – und beides boten ihnen die despotischen Regime der Islamisten.

Angesichts einer derartigen Entwicklung stellt sich eine weitere Frage: Was geschieht, wenn solche Menschen in Kampfgebieten des Auslands keine Aufgabe und keine soziale Sicherheit mehr haben? Diese Situation trat in Afghanistan ein, als dort der Krieg gegen die russische Besatzung zu Ende ging. Nicht anders verhielt es sich, als in Syrien und im Irak die Terror-Organisation Islamischer Staat besiegt wurde. Viele der Migranten mussten sich nun wieder sozial entwurzelt fühlen. Ihnen blieb nur die Wahl, sich nach anderen radikalen Organisationen umzusehen, die ihre Dienste brauchten und ihnen Schutz boten. Oder sie kehrten in ihre Heimat zurück. Dort aber war die Wahrscheinlichkeit groß, dass die Migranten bei einer weiterhin tristen wirtschaftlichen Lage noch weniger integriert werden konnten als vor ihrer Abreise an die Kriegsschauplätze. Umso akuter war die Gefahr, die nun von ihnen ausging. Je stärker sie sich als Rückkehrer sozial isoliert fühlten, desto mehr konnte bei ihnen die Bereitschaft wachsen, den bewaffneten Kampf in ihrer Heimat fortzusetzen, zumal viele von ihnen im Gebrauch mit Waffen geschult waren. Dass sie in diesem Kampf ihr Leben verlieren könnten, musste sie ohnehin nicht schrecken, denn spätestens unter der Anleitung einer radikal-islamischen Organisation hatten sie ja gelernt, den Märtyrertod zu »lieben«.

Abschied von Tausendundeiner Nacht

Ein anderes Bewusstsein des Reisens

Es schien anfangs so, als ob in Marokko nach dem verheerenden Terroranschlag in Casablanca 2003 wieder Ruhe eingekehrt sei. Politische Erschütterungen durch gewaltbereite Islamisten drohten anscheinend nur in anderen islamischen Staaten. Entsprechend wurde Marokko nach anfänglicher Verunsicherung wieder zu einem beliebten Reiseziel für Touristen, eines der wenigen »noch sicheren« Länder mit dem »Charme von Tausend und einer Nacht«, wie die Reiseprospekte lockten.

Aber acht Jahre nach dem Attentat in Casablanca schockierte ein weiterer spektakulärer Terroranschlag die Weltöffentlichkeit. Am 28. April 2011 explodierte in Marrakesch eine Bombe und tötete 17 Menschen. Diesmal war das Attentat gezielt gegen ausländische Touristen gerichtet. Die Bombe war in einem abgelegten Rucksack im Obergeschoss des Cafés Argana versteckt, einem Café, das direkt am belebten Djemaa el Fna liegt – und von dessen Dachterrasse aus auch ich schon mehrmals das faszinierende bunte Treiben auf dem legendären Marktplatz von Marrakesch genossen hatte. Die Bombe explodierte durch Fernzündung, elf ausländische Touristen und sechs Marokkaner starben, dazu gab es viele Verletzte. Die Täter wurden eine Woche später gefasst. Wieder waren es islamistisch gesinnte Jugendliche, die zunächst verdächtigt wurden, durch eine Zweigorganisation der al-Qaida gesteuert worden zu sein. Doch ebenso wie 2003 in Casablanca waren auch 2011 in Marrakesch die Drahtzieher einheimische radikale Prediger, sie allerdings ließen sich ebenfalls von der Ideologie der al-Qaida inspirieren.

In den folgenden Jahren erschien es aber so, als wäre Marokko zur Ruhe gekommen. Wieder strömten vermehrt Touristen ins Land, wieder in der Hoffnung, dass das »Traumziel Marokko« eines der wenigen politisch stabilen Länder der islamischen Welt bleibe. Unter diesen Touristen befanden sich im November 2015 auch meine Frau und ich. Diesmal reisten wir mit dem Bedürfnis, einmal keine »Arbeitsreise« mit strapaziösen Erkundungen in krisengeplagten Städten zu unternehmen. Daher vermieden wir es auch, in drangvoll besetzten Autobussen wie bisher quer durch das Land zu fahren, um das Alltagsleben selbst in öffentlichen Verkehrsmitteln hautnah zu erleben. So mieteten wir für zehn Tage ein Auto mit Fahrer, mit dem wir auf kurvigen Straßen über Pässe des Atlasgebirges und holprige

Sahara-Pisten in entlegene Ortschaften unterwegs waren. Wir kamen in Dörfer mit Lehmbauten, von Palmenhainen umgeben und bizarren Kasbahs überragt, in Dörfer, in denen die Menschen fast durchweg traditionell wie noch vor vielen Jahrhunderten gekleidet sind. Auf dieser Fahrt wurde ich zu einem Touristen, der wieder, wie auf meinen Reisen vor 50 und 60 Jahren, eine absolute Gegenwelt zur westlichen Zivilisation erleben wollte. Allerdings bot das Jahr 2015 einem Individualtouristen von vornherein wesentlich mehr Bequemlichkeit zu einem erschwinglicheren Preis als damals, auch hatte ich, nun 75 Jahre alt, den Rucksack mit dem Rollkoffer vertauscht.

Unser Fahrer war ein etwa sechzigjähriger Berber, zwar westlich gekleidet, aber mit seinem weißen Bart wirkte er doch irgendwie »orientalisch«. Er hatte ein gutes Gespür dafür, was Touristen wie wir erwarteten: zum Beispiel in Unterkünften zu übernachten, die nicht dem »Massengeschmack« entsprachen. Wir bevorzugten kleine Hotels im traditionellen Baustil der Kasbahs ohne besonderen Komfort und mit Personal im traditionellen Burnus und Turban. Und da meine Frau und ich jeden Tag spontan festlegten, in welcher Ortschaft wir abends ankommen wollten, musste unser Fahrer wendig organisieren, damit wir in den wenigen Hotels dieses Typs ein Zimmer bekamen. Es gäbe zu viele Touristen mit ähnlichen Wünschen, erklärte er und raubte uns damit eine Illusion. Während der Fahrt telefonierte er immer wieder mit seinem Sohn, der in Marrakesch ein Reisebüro betrieb, und der Sohn fragte von dort aus bei entsprechenden Hotels nach freien Zimmern, reservierte ein Zimmer und gab dann den positiven Bescheid via Handy an unseren Fahrer weiter.

Dank seines besonders feinsinnigen Gespürs für unseren

Geschmack hatte der Fahrer eine entsprechende Überraschung bereit: eine Übernachtung in einem Beduinenzelt mitten in der Wüste. Auch das organisierte er über das Handy. Wir erreichten kurz vor Sonnenuntergang inmitten von Sanddünen eine kreisrunde Gruppierung von sechs Beduinenzelten. Seitlich davon lagerten etliche Kamele. Unser Fahrer hatte uns auf den Sonnenuntergang eingestimmt. Wir müssten rechtzeitig dort ankommen, damit ich diese Motive noch fotografieren könne. Ein wirklich beeindruckendes Panorama. Ich fotografierte sofort aus mehreren Blickwinkeln, zumal die Sonne in diesem Moment als blutrote Scheibe hinter der Silhouette von Dattelpalmen versank. Unser Fahrer kommentierte: Ich würde fast so emsig fotografieren wie die chinesischen und japanischen Touristen, mit denen er auch hierherkomme. Uns empfingen zwei Berber in Burnus und Turban, sie erklärten in ausgezeichnetem Französisch, das Abendessen sei telefonisch bereits bestellt und werde in der nächsten halben Stunde serviert. Sechs Zelte – alle für Touristen. Aber wir waren in dieser Nacht die einzigen Gäste und so konnten wir uns mit einiger Mühe in der Illusion wiegen, in einem Beduinenlager fernab von allen Einflüssen westlicher Zivilisation zu übernachten. Die Kamele waren wohl für Touristen zum Ausritt in die Wüste bestimmt. Wie sie so malerisch dalagen, vermittelten die Tiere den Eindruck, sie warteten nur darauf, wie in früheren Jahrhunderten Lasten von einer Oase zu einer anderen zu transportieren.

Dieses Flair machte den Ort auch am nächsten Morgen überaus fotogen. Wir saßen beim Frühstück im Freien, im Hintergrund die Beduinenzelte, die Dattelpalmen, die Kamele. Dazu die beiden Berber in Burnus und Turban, die uns auf großen Tellern Brotfladen, Käse, Butter, Honig und

Marmelade servierten. Unser Fahrer saß dabei, hatte aber nun seine westliche Kleidung mit einem Burnus und einer weißen Filzkappe als Kopfbedeckung vertauscht. Auch er fügte sich nun perfekt in die Atmosphäre von »Orient« ein. Die Butter allerdings war aus Dänemark, Honig und Marmelade stammten aus anderen EU-Staaten, sorgfältig in Plastik verpackt. Bei der Weiterfahrt trug unser Fahrer dann wieder westliche Kleidung. Und am Ohr hatte er wieder das Handy. Nun aber telefonierte er nicht mit seinem Sohn, um das nächste Quartier zu organisieren, sondern mit seinem Enkel im 200 Kilometer entfernten Marrakesch.

Ein ambivalentes Vergnügen, um fremde Kultur zu erleben. Trotzdem war die Versuchung groß, sich dem Flair des Andersartigen hinzugeben und sich darauf zu freuen, dass hinter bizarren Felsen oder ockerfarbenen Sanddünen bald wieder eine Oase mit Kasbahs auftauchte.

Dieses Gefühl, wohlig in eine völlig andere Welt einzutauchen, dauerte allerdings nur wenige Tage. Am Morgen des 14. November 2015 erfuhr unser Fahrer über sein Handy: Am Tag zuvor hatte die Terror-Organisation Islamischer Staat in Paris während eines Fußballspiels zwischen Frankreich und Deutschland im vollbesetzten Stadion ein verheerendes Sprengstoffattentat verübt und außerdem auf Menschen in Straßencafés geschossen. Näheres wisse er noch nicht, sagte er nach dem ersten Schock. Während wir durch eine atemberaubende Landschaft des Hohen Atlas mit Ausblick auf Schneegipfel und tief eingeschnittene Täler fuhren, telefonierte er mit seinem Handy immer wieder mit Verwandten und Freunden in Marrakesch, die ihm Einzelheiten erzählten. 175 Menschen seien getötet worden, aber die Zahl werde angesichts der vielen Verletzten wohl auf über 200 steigen. Das Attentat sei, so laute die Botschaft der Terror-Organisation, eine Antwort auf die imperialistische Politik Frankreichs gegen gläubige Muslime. – Ob unter den Attentätern auch Marokkaner seien? – Er wisse es nicht. Die Attentäter würden wohl aus sehr verschiedenen Ländern stammen. Plötzlich diskutierten wir also während der Fahrt durch entlegene Landstriche heftig über politische Krisen.

Mit einem Mal war die Welt von »draußen« wieder gegenwärtig. Dabei fuhren wir durch Dörfer, deren »orientalisch mittelalterliche« Atmosphäre besonders intensiv an Afghanistan und den Jemen erinnerte – aber welch böse Ironie: Afghanistan und der Jemen waren doch inzwischen Länder, die mehr als viele andere durch Bürgerkrieg verwüstet wurden und in denen westliche Großmächte einerseits sowie die al-Qaida und der Islamische Staat andererseits die Konflikte immer wieder erneut anheizten.

Unser Fahrer betonte, in Marokko gebe es einen derart schlimmen Terror nicht, Marokko bleibe ein sicheres, stabiles Land. Ich sprach ihn auf das Attentat an, das 2011 in Marrakesch 17 Menschenleben gefordert hatte. Das Café Argana sei immer noch eine Ruine, erklärte ich. Das sei vier Jahre her, antwortete er, und das wiederhole sich nicht. – Ob es nicht Marokkaner gebe, die aus den Kriegen in Syrien und dem Irak zurückkämen? – Davon wisse er nichts. Marokko bleibe ein sicheres Land, Touristen sollten sich nicht abschrecken lassen, Touristen könnten unbesorgt kommen, ob aus Europa oder Amerika, sie seien alle willkommen, die marokkanischen Muslime seien tolerant und weltoffen.

Er erzählte aus seinem Leben. Viele Jahre habe er als Händler im Souk von Marrakesch gearbeitet, bevor er ein Guide für Touristen geworden sei. Der Händler im benachbarten Laden sei ein Jude gewesen, mit ihm sei er bestens ausgekommen. Auch mit den Touristen komme er ausgezeichnet aus, egal aus welchem Land sie stammten und welche Religion sie hätten. In Marokko funktioniere das, für die Mehrheit der Marokkaner sei eine solche Haltung selbstverständlich.

2015 reisten wir noch – so schien es – durch ein sicheres Marokko. Aber drei Jahre später erregte folgende Nachricht internationales Aufsehen: Eine dänische und eine norwegische Studentin waren, als sie nach einer Wanderung im Atlasgebirge auf freiem Feld im Zelt übernachteten, überfallen und getötet worden. Es war kein Raubmord, sondern eine religiös motivierte Hinrichtung »ungläubiger« Frauen, die durch ihr Verhalten provozierten. Im Internet machte bald ein Videofilm weit über Marokko hinaus die Runde, der zeigte, wie einer der beiden Frauen mit einer Machete der Kopf abgeschlagen wurde. Modernste Technik und archaisches Mittelalter standen hier in Allianz. Die später verhafteten Marokkaner erklärten, dass sie zwei Wochen vor ihrer Tat der Organisation Islamischer Staat die Treue geschworen hätten.[21]

In dem touristisch vielbesuchten Land herrscht eine trügerische Ruhe, eine Atmosphäre wie in vielen anderen Staaten auch – und dies nicht nur im islamisch geprägten Kulturraum. Demgegenüber lese ich in Touristenprospekten Schlagworte wie »Traumziel des Orients« oder »Zauber von Tausend und einer Nacht« ohnehin nur mit ironischer Distanz. Aber auch das gehört zur Ironie: Dem Zauber solcher Werbung kann ich mich selbst nicht konsequent entziehen. Gelegentlich glaube ich immer noch daran, mir solche Träume erfüllen zu können – mehr noch: mir solche Träume erfüllen zu *müssen*. Träume von einem »Orient«, der farbiger und sinnenfreudiger als unsere westliche Zivilisation sei. Welch ein Widerspruch zu all meinen greifbaren Beobachtungen, bei denen mir viele Einheimische plötzlich fremder als zuvor erscheinen – und ich mir selbst plötzlich fremd bin. Wie fremd bleibt letztlich das Fremde?

Manchmal bilden sich allerdings Brücken zwischen den Menschen, ohne dass auch nur ein einziges Wort gesprochen wird. Solche Begegnungen hatte ich im Marokko des Jahres 1984, gerade als sich die Fremdenfeindlichkeit durch die soziale Krise aufgeschaukelt hatte.

Morgens gegen fünf Uhr saß ich wartend im Busbahnhof von Fes. Zu dieser Uhrzeit hatten sich noch keine arbeitslosen jungen Männer eingefunden, um den Reisenden ihre Dienstleistungen anzubieten. Lediglich ein alter Mann kauerte auf dem Boden in meiner Nähe. Er war mit einem reichlich zerschlissenen Burnus bekleidet. In der Hand hielt er einen Brotfladen. Schließlich winkte er einem Händler, der vorbeikam und sich dann mit seinem Essenskorb zu ihm niederbückte. Sorgfältig begutachtete der alte Mann die dort liegenden Orangen, Erdnussbeutel und hartgekochten Eier und handelte dann den Preis für eines der Eier aus. Das Feilschen nahm längere Zeit in Anspruch, bis er dem Händler schließlich zwei kleine Münzen gab. Scheinbar zögerte er seiner Armut wegen, ob er sich von seinem bisschen Geld ein Ei kaufen konnte. So saß er, das Ei in der rechten Hand, den Brotfladen in der linken. Andächtig betrachtete er das Ei und konnte sich noch nicht entschließen, es zu schälen. Da begegneten sich unsere Blicke. Er sah mich mit leeren Händen sitzen und plötzlich, in einer spontanen Bewegung, bot er mir das Ei an. Anscheinend glaubte er, ich hätte nichts zu essen und hätte ihn hungrig beobachtet. Sehr verlegen, ja beschämt, deutete ich auf meinen Proviantbeutel. Er nickte verstehend.

Wegen fehlender Sprachkenntnisse konnten wir uns nur in Zeichensprache verständigen. Ich bot ihm aus meinem Beutel etwas an. Er lächelte schüchtern, lehnte ab und begann nun, das hartgekochte Ei für sich zu schälen.

Eine halbe Stunde später saß ich im fahrenden Bus und holte aus meinem Beutel Brot, Tomaten und Käse zum Frühstück. Auf dem Sitz gegenüber räusperte sich ein Fahrgast, ebenfalls ein alter Mann in einem zerschlissenen Burnus. Er streckte bittend die Hand nach meiner Brotflade aus, ich solle sie teilen. Seine Bitte war stumm, weil auch er anscheinend kein einziges Wort einer Fremdsprache beherrschte. Wir aßen gemeinsam.

Zusammenprall der Kulturen

Die Vielschichtigkeit der Migration

Wie fremd sind Zuwanderer?

Verblüffende Gespräche in der Türkei

Am Nachbartisch eines Straßencafés saß ein junger Türke. Er hatte beim Kellner ein zweites Glas Bier bestellt, und dabei begegneten sich unsere Blicke. Zunächst sprach er mich auf Englisch, dann in fließendem Deutsch an. Diese Begegnung hatte ich in Beyoğlu, jenem Stadtteil von Istanbul, in dem sich die meisten Cafés und Restaurants befinden, die ihres Flairs wegen ebenso in Rom, Athen, Berlin oder Wien angesiedelt sein könnten.

Der junge Türke hatte in Berlin Maschinenbau studiert, lebte aber jetzt als Ingenieur wieder in seiner Heimatstadt Istanbul. Er gab sich als einen entschiedenen Anhänger Atatürks zu erkennen und erklärte mit sichtlichem Stolz, hier in diesem Stadtviertel Beyoğlu sei Istanbul geistig noch ein Teil von Europa, nicht von Asien. Vor drei, vier Jahrzehnten sei ganz Istanbul noch viel europäischer gewesen. Aber das ändere sich zusehends, seit immer mehr Zuwanderer aus dem hintersten Anatolien und der Schwarzmeerküste im Großraum Istanbul wohnen würden. Es seien Muslime aus völlig unterentwickelten Dörfern. Diese würden ihre Frauen am liebsten voll verschleiern. Solchen Männern sitze das Messer locker, wenn sie auch nur den leisesten Verdacht hätten, man wolle die »sogenannte Ehre« ihrer Frauen und Töchter antasten. Finsteres Asien sei das. In manchen Stadtteilen Istanbuls sehe man heute dreimal so viel Frauen mit Kopftuch und Pluderhosen als noch vor zwanzig Jahren. Wenn das so weitergehe, dann habe seine Heimatstadt Istanbul die europäische Identität bald vollends verloren, dann dominiere in Istanbul Anatolien mit seinem Islam, für dessen Anhänger das Wort *modern* ein Fremdwort sei. Es wäre besser, diese Asiaten würden in ihren Dörfern bleiben.

Was sagte er da? Seine Wortwahl erinnerte mich an manche Deutsche und Österreicher, die in Frankfurt, Hamburg oder Wien ihre »europäische« Identität angesichts »asiatischer« Türken bedroht sehen.

Dieses Gespräch führte ich 2008. Ein Jahr zuvor hatte Ministerpräsident Erdoğan bei vorgezogenen Parlamentswahlen durch einen Erdrutschsieg mit seiner »islamisch« orientierten Partei AKP zum zweiten Mal die absolute Mehrheit gewonnen. Mein Gesprächspartner winkte ab, als ich den Namen Erdoğan erwähnte. »Auch einer dieser Asiaten«, erklärte er. Erdoğan sei zwar in Istanbul geboren, aber in einem Viertel, in dem überwiegend Zuwanderer lebten. Seine Eltern seien ja aus einem hinteren Winkel der Türkei gekommen, und daher könne Erdogan geistig nie ein Europäer werden. Das war ein affektgeladener Kommentar.

In jenem Jahr 2008 genoss Erdoğan noch bei vielen Türken wie auch Deutschen und Österreichern den Ruf eines »Hoffnungsträgers«. Vielerorts glaubte man, hoffte man, Erdoğan könne es gelingen, die Türkei ein Stück näher an »Europa« zu rücken. Damals schien es noch so, als könne er mit seiner Politik die Meinung der Kritiker widerlegen, die einen unüberbrückbaren Gegensatz zwischen »westlicher« und »orientalischer« Kultur sahen.

Wie soll man Erdoğan einschätzen und wie seine Anhänger, die ihn gewählt haben und ihn immer noch als ihren Kandidaten ansehen? Über die vielen Facetten des Politikers Erdoğan haben die Medien seit Beginn des 21. Jahrhunderts zur Genüge berichtet. An dieser Stelle möchte ich mich mit einem Aspekt begnügen und den ambivalenten Erfolg Erdoğans in einen Zusammenhang mit dem Problem der Migration und deren sozialen Konflikten rücken. Zunächst aber zu der Frage, weshalb sogar in der Türkei selbst ein starker Affekt gegen Zuwanderer aus Dörfern in die Städte besteht.

Die Türkei war und ist seit 1923, dem Gründungsjahr der Republik, ideologisch und kulturell ein zutiefst gespaltenes Land. Für die Spaltung stehen exemplarisch zwei Begriffe, die im Verlauf der Jahrzehnte geprägt wurden und von den Einheimischen häufig verwendet werden: einerseits die »weißen Türken« *(siyah Türkler)* und andererseits die »schwarzen Türken« *(kara Türkler)* Die »weißen Türken« repräsentieren jene sozialen Schichten in den urbanen Ballungszentren, die überwiegend der säkularen Ideologie Atatürks zuneigen und sich im Verhalten an westlichen Vorbildern orientieren. Es sind jene Bevölkerungsschichten, die über viele Jahrzehnte das politische wie auch kulturelle Leben in der Türkei dominierten. Ihnen gegenüber stehen die »schwarzen Türken«. Sie leben überwiegend in anatolischen Kleinstädten und Dörfern und sind den traditionellen Strukturen des sozialen wie religiösen Lebens verpflichtet. Die »schwarzen Türken« gehören jenen Schichten an, die viele Jahrzehnte lang gezwungen waren, im sozialen wie politischen Abseits zu verharren. Angesichts wachsender Not strömen sie arbeitssuchend in die wirtschaftlich aufstrebenden Ballungszentren, in denen sie hauptsächlich die ärmeren Stadtteile bevölkern. Erdoğan stammt aus der Schicht der »schwarzen Türken«, seine Eltern kamen als Zuwanderer nach Istanbul, wo sie sich unter ärmlichen Bedingungen mühsam behaupten mussten. Erdoğan versteht sich zuallererst als Anwalt dieser »schwarzen Türken«. Er trat von Anfang an mit dem Anspruch auf, dieser bisher benachteiligten Schicht zu größerem Recht zu verhelfen und die politische Dominanz der »weißen Türken« zu brechen.

Ein Sympathisant Erdoğans, der in Deutschland lebt, erklärte mir: Erdoğan habe in Anatolien Hunderttausende neue Arbeitsplätze geschaffen für Menschen, die bisher wegen ihrer religiösen Gesinnung sowie ihrer konservativen Traditionen von den bisherigen Machthabern ignoriert worden seien. Darüber hinaus habe Erdoğan den im Abseits lebenden Menschen Würde und Stolz gegeben, indem er sich selbst als einer der ihren präsentiere. Erdoğan sei gerade deshalb ein Demokrat, weil er, der mächtigste und erfolgreichste Politiker, sich um jene kümmere, um die sich bisher niemand gekümmert habe.

Angesichts solcher Äußerungen erinnere ich mich an meine Beobachtungen während der Fahrt türkischer »Gastarbeiter« im Zug von München nach Istanbul 1964 (geschildert im Abschnitt *Grenz-Erfahrungen*). Je näher die türkische Grenze kam, desto nervöser wurden sie. Mich überraschte damals, wie eingeschüchtert die Männer den Polizisten ihre Pässe zeigten, und mit welch wegwerfender, verächtlicher Miene die Polizisten die Pässe zurückgaben. Mehr noch: mit welcher schroffen Handbewegung die Polizisten Gepäckstücke zur Überprüfung forderten. Und dann die Verachtung, die in ihrem Fingerschnippen lag – eine Verachtung Menschen gegenüber, denen ihre Herkunft aus Kleinstädten und Dörfern anzumerken war. Die Betroffenen ertrugen diese Verachtung sichtlich eingeschüchtert – und mit mühsam unterdrücktem Groll.

Die gegenseitige Distanz im konkreten sozialen Leben zwischen »weißen Türken« und »schwarzen Türken« kann der aufmerksame Reisende in der Türkei bis heute vielerorts beobachten. Für mich wurde dies besonders in Istanbul deutlich, wo ich ständig zwischen sehr unterschiedlich strukturierten Stadtvierteln wechselte. So im Jahr 2008. Eben noch war ich in einem Bezirk unterwegs gewesen, in dem die verwinkelten Gassen von Häusern mit Balustraden osmanischen Stils gesäumt sind. Fast alle Frauen dort trugen Kopftücher, manche auch Pluderhosen, viele der Männer weiße Kappen, und so hatte ich zahlreiche Bewohner auch in Vorortvierteln angetroffen. Etwas später aber saß ich in einem Straßencafé in der Neustadt und konnte beim Kellner ein Glas Bier oder Wein bestellen anstatt des sonst üblichen Tees. Von dort aus blickte ich auf Hausfassaden, die sich mit ihrem Flair nicht von einer modernen europäischen Großstadt unterscheiden, auf westlich gekleidete Passanten, wie sie überall in Europa anzutreffen sind.

Entsprechend kontrastreich sind die Lebensformen. In den Istanbuler Altstadtvierteln wie auch in den weit ausgedehnten Vororten halten die meisten Zuwanderer aus Dörfern unbeirrbar an Gebräuchen wie Brautwerbung, Brautpreis und Mitgift fest. Und sie sind strikt dagegen, dass eine Frau ohne Kopftuch das Haus verlässt und gar eine ärmellose Bluse oder einen kurzen Rock trägt. Selbst nach ein bis zwei Jahrzehnten Aufenthalt in der Großstadt sind sie noch nicht zu Städtern geworden. Entsprechend grenzen sie sich gegen die »lockeren Sitten« in den »verwestlichten« Neustadtvierteln ab. Dabei aber kommt es immer wieder zu Konflikten zwischen den Generationen: Söhne und Töchter dieser Zuwanderer sind teilweise von den größeren Freiheiten einer türkischen Moderne fasziniert, während ihre Eltern dem modernen Leben distanziert gegenüberstehen. Tragisch können solche Konflikte enden, wenn eine junge Frau Opfer eines »Ehrenmords« wird, weil sie sich zu »freizügig« verhalten hat. Umgekehrt äußern sich viele Bewohner »verwestlichter« Stadtviertel in Istanbul herablassend bis verächtlich über die traditionell lebenden »Dörfler«. Und so verläuft zwischen den einzelnen Bezirken eine schroffe Kulturgrenze, je nach dem, ob sich deren Bewohner als westlich modern oder als traditionell verstehen.

Angesichts derartiger Unterschiede schon im Äußeren wie auch in der Geisteshaltung kann man verstehen, dass die erste Begegnung mit einer türkischen Großstadt für bäuerliche Familien aus anatolischen Dörfern einen Kulturschock bedeuten kann. Solche Familien brauchen erst gar nicht in Deutschland anzukommen, um sich in den eigenen kulturellen Maßstäben zutiefst verunsichert, zutiefst in Frage gestellt zu sehen. Es genügt für diesen Schock eine Großstadt wie Istanbul. Oder Ankara. Oder Izmir. Aus diesem Grund entstehen in modernen türkischen Metropolen Parallelgesellschaften, die sich in spezifischen Stadtvierteln gegen die unverstandene »verwestlichte« Stadtkultur abschotten – und alteingesessene »verwestlichte« Türken fühlen sich gerade wegen solcher Gegensätze von »asiatischen« Zuwanderern bedroht. Im Prinzip ist hier schon ein Szenarium vorgeformt, wie es sich angesichts muslimischer Migranten in Deutschland, in Österreich, Frankreich, Großbritannien und in anderen europäischen Ländern verstärkt als kultureller Gegensatz darstellt.

Das Problem der Parallelgesellschaften

Muslimische Zuwanderer in Europa

Besonders in Bezug auf Migranten aus islamischen Ländern haben wir uns an Nachrichten über den vielzitierten, unvermeidbaren »Zusammenprall der Kulturen« gewöhnt. Wir lesen oder hören über Großfamilien und Klans, die sich strikt gegen »verderbliche Einflüsse des Westens« abschotten und vor Ehrenmorden nicht zurückschrecken, wenn Familienmitglieder die strengen Regeln autoritärer, religiös vorgegebener Moral verletzen. Auch lesen oder hören wir davon, dass an vielen Hauptschulen in deutschen und österreichischen Großstädten Schüler mit »Migrationshintergrund«, vor allem Muslime, einem »normalen Unterricht« nicht folgen können, weil die kulturellen Barrieren zu hoch sind. So schreibt, um das Beispiel des Ballungsraums Wien zu nennen, die österreichische Lehrerin Susanne Wiesinger in ihrem 2018 erschienenen Buch *Kulturkampf im Klassenzimmer. Wie der Islam die Schule verändert:* »Islamische Gebote und Verbote, gepaart mit desolaten Deutschkenntnissen, haben den Lehrplan für Volks- und Mittelschulen de facto abgeschafft.«[1]

Es lohnt sich, näher auf Details des zitierten Buches einzugehen, denn sie stehen exemplarisch für ein wachsendes Problem. Inzwischen gebe es, so Wiesinger, in Wiener Stadtvierteln mit einem hohen Anteil an Muslimen »nur noch Brennpunktschulen«, vor allem im 10. Wiener Gemeindebezirk Favoriten, in dem die Autorin als Lehrerin tätig ist.[2] Derartige »Brennpunktschulen« sind zunehmend zum Austragungsort für kulturelle, religiöse und nationale Streitigkeiten geworden. In Wien-Favoriten trifft dies besonders auf Türken, Kurden, Tschetschenen und Afghanen zu, wobei die Türken als die größte Gruppe in allen Schulen den Ton angeben. Die türkischen Schüler vermitteln den Migranten anderer Kulturen und Nationalitäten die Botschaft, dies sei ihr Revier und alle anderen hätten sich an ihre Regeln zu halten. Entsprechend gereizt reagieren Kurden, Tschetschenen und Afghanen, und so kommt es regelmäßig zu Schlägereien zwischen den verschiedenen Gruppierungen.[3] Für die Lehrerinnen und Lehrer an solchen Schulen habe es, so die Autorin, einen großen Schock bedeutet, als sie feststellen mussten, dass viele der muslimischen Schüler, sowohl die Jungen als auch die Mädchen, islamistische Attentäter als Helden feiern. Besonders bei dem Terroranschlag gegen die Redaktion der Satirezeitschrift *Charlie Hebdo* in Paris am 7. Januar 2015 habe sich das gezeigt; viele der Schüler hätten den Massenmord als gerechte Strafe für die Beleidigung des Islam durch »Ungläubige« verteidigt.[4] Ebenso schockierend sei die Tatsache, dass viele der Schüler den »Ehrenmord« an Frauen rechtfertigen, die sich der Zwangsheirat durch ihre Großfamilie widersetzen.[5] Undenkbar erscheine es auch den meisten, einen Partner mit einer anderen Religion zu heiraten, beispielsweise einen Christen, oder eine islamische »Mischehe« einzugehen, etwa mit einem Sunniten oder Schiiten.[6] Viele von ihnen sähen folgerichtig auch ein großes Problem darin, wenn die Inhalte der westlichen Schulbücher den Richtlinien der Scharia widersprechen.[7]

Kann man solche Tendenzen verallgemeinern? Der Untertitel des Buches *Kulturkampf im Klassenzimmer* lautet *Wie der Islam die Schulen verändert*. Mit »Islam« ist hier aber, und dies gibt die Autorin klar zu erkennen, nur eine *bestimmte Ausprägung* des Islam zu verstehen. Bei den türkischen Schülern etwa handle es sich vorwiegend um Söhne und

Töchter von Eltern aus dörflichem Milieu, die genauso in modernen Ballungszentren türkischer Großstädte beträchtliche Anpassungsschwierigkeiten hätten. Ähnlich ist es bei vielen muslimischen Schülern anderer Nationen. Weshalb aber misslingt bei den hier erwähnten Migranten die Integration? In Österreich sowie in Deutschland lernte ich eine Reihe Muslime kennen, die erfolgreich die Schule absolviert haben, erfolgreich im Beruf sind und sich sehr differenziert mit der westlichen Kultur auseinandersetzen. Das Scheitern der Integration kann demnach nicht nur allein an der islamischen Kultur und Religion liegen, sondern auch an den sehr unterschiedlichen sozialen und politischen Rahmenbedingungen.

Insbesondere die Zuwanderer aus der Türkei sind zunächst ohne große Ressentiments gegen die ihnen fremde Kultur nach Deutschland wie auch nach Österreich gekommen. Viele von ihnen, vor allem wenn sie in Dörfern aufgewachsen waren, hatten oftmals Schwierigkeiten, sich an ihre neuen Lebensumstände anzupassen. Vorbehalte gegen die westliche Kultur kamen erst auf, als viele der Türken und andere Muslime eine Ablehnung gegenüber muslimischen Zuwanderern feststellen mussten. Je mehr sich die Zuwanderer diskriminiert fühlten, desto mehr kapselten sich gerade die ohnehin wenig gebildeten Migranten aus Dörfern von der fremden Welt ab. Viele zogen sich in Moscheevereine zurück, in denen sie in ihren konservativen Werten bestätigt, ja bestärkt wurden. Um zunächst beim Beispiel Österreich zu bleiben: Das Jahr 2000 bildete eine Zäsur, als die konservative Partei ÖVP in Koalition mit der rechtspopulistischen Partei FPÖ ihre Regierungsarbeit aufnahm; ab da wurden die zugewanderten Muslime ausdrücklich als »kulturfremd« bezeichnet. Die Autorin Susanne Wiesinger stellte damals im Rahmen ihrer Tätigkeit als Lehrerin eine sprunghaft wachsende Aggression besonders bei türkischen Schülern fest, die sich noch steigerte, als 2017 die ÖVP und die FPÖ zum zweiten Mal eine Regierungskoalition schlossen.[8]

In Deutschland brachte bereits das Jahr 2010 eine Wende. In jenem Jahr erschien ein Sachbuch mit dem Titel *Deutschland schafft sich ab. Wie wir unser Land aufs Spiel setzen.* Sein Autor ist Thilo Sarrazin, ein ehemaliger Berliner SPD-Finanzsenator und prominenter Bankier. Das Buch demonstriert deutlich, wie sehr sich die Angst vor einer fremden Kultur verstärkt, sobald eine größere Zahl von Zuwanderern in unserer unmittelbaren Nachbarschaft wohnt. Das Erschreckende daran ist vor allem, dass ausgerechnet dieses Sachbuch zum größten Bestsellererfolg der deutschen Nachkriegsgeschichte wurde und schließlich rechtspopulistischen Bewegungen zusätzliche Argumente für ihre ressentimentgeladenen Ideologien lieferte.

Sarrazin thematisiert in seinem Buch die mutmaßlichen Folgen massenhafter Zuwanderung aus Ländern der sogenannten Dritten Welt, vor allem aus dem islamischen Kulturraum und hier besonders aus der Türkei. Heftig kritisiert er in diesem Zusammenhang die Entstehung von Parallelgesellschaften gerade durch Muslime. Eine solche Kritik könnte durchaus anregend für eine konstruktive Diskussion sein – aber Sarrazin setzt sich nicht sachlich mit Fehlentwicklungen in der Integration auseinander, sondern verknüpft seine Hinweise mit einer biologistischen, rassistischen Ideologie. Er geht davon aus, dass es zwischen den einzelnen Völkern große genetische Unterschiede gibt. Türken, Araber und andere muslimische Völker ließen sich angesichts ihrer genetisch verankerten Eigenschaften nicht in »unsere« Gesellschaftsordnung einer liberalen Demokratie integrieren. Sie seien von ihrer Veranlagung her unfähig, in einen Dialog mit Angehörigen des westlichen Kulturraums zu treten. Und weil die islamische Kultur ohnehin der westlichen weit unterlegen sei, wäre es verhängnisvoll, wenn solche Menschen durch ihre massenhafte Zuwanderung und hohe Geburtenrate unseren Lebensraum »überschwemmen« und schließlich die Grundlagen der westlichen Gesellschaft erschüttern würden. Daher spricht er ein kategorisches Nein zu jeder weiteren Zuwanderung und eine kategorische Absage an das Modell einer »multikulturellen« Gesellschaft aus.

Sarrazins *Deutschland schafft sich ab* war zum großen Bestseller geworden, schon bevor 2015 die großen Flüchtlingsströme aus den von Bürgerkrieg zerstörten Ländern wie Syrien, dem Irak und Afghanistan einsetzten und noch bevor sich ein wesentlich größerer Andrang sogenannter Wirtschaftsflüchtlinge aus Afrika ankündigte. Bereits die Existenz von rund drei bis vier Millionen Türken angesichts einer Gesamtbevölkerung von rund 80 Millionen Menschen in Deutschland genügte, um die Ängste vor einer ernsthaften Bedrohung des »Abendlands« zu aktivieren. Dass sich die Ängste gerade an den Türken festmachen ließen, ist kein Zufall: Die Türken waren und sind bis heute die einzige »orientalische« Bevölkerungsgruppe, die manche Stadtviertel in ihrem Erscheinungsbild stark verändert. Dies beginnt mit bunt gekleideten, kopftuchverhüllten Frauen und endet bei Moscheekuppeln und Minaretten. »Durch die vielen Muslime hier fühle ich mich manchmal wie ein Fremder im eigenen Land«. 2016 stimmten einer solchen Aussage rund 50 Prozent der befragten Deutschen zu, so ergab eine im Januar 2019 veröffentlichte

Studie der Universität Leipzig. 2014 hätten diese Aussage erst 43 Prozent für richtig gehalten. Eine Konsequenz zunehmender Ablehnung war, dass sogar 41,4 Prozent der Deutschen meinten, den Muslimen sollte die Zuwanderung nach Deutschland überhaupt untersagt werden.[9] Diese Zahlen markieren eine Tendenz, an der sich in späteren Jahren nichts geändert hat.

Sarrazins Bucherfolg löste aber nicht nur bei den Deutschen heftige Diskussionen aus, sondern hatte auch beträchtliche Auswirkungen auf die Haltung der in Deutschland lebenden Türken, ja der Muslime insgesamt. Eine im Juli 2018 veröffentlichte Untersuchung des Zentrums für Türkeistudien ergab: Bevor 2010 das Sarrazin-Buch erschienen war, hatten sich die meisten Deutsch-Türken mehr mit Deutschland verbunden gefühlt als mit ihrem Herkunftsland. Denn die Zuwanderer schätzten an ihrer neuen Heimat die größere soziale Sicherheit und politische Stabilität. Dieses Zugehörigkeitsgefühl zu Deutschland hat 2010 einen ersten starken Einbruch erfahren und im folgenden Jahrzehnt noch weiter abgenommen, als rechtspopulistische Bewegungen zunehmend die politische Auseinandersetzung bestimmten. 2018 stand rund die Hälfte der Deutsch-Türken ihrem Herkunftsland Türkei näher als Deutschland. Dieser Stimmungswandel hatte sich noch beschleunigt, als Erdoğan begann, um die Gekränkten zu werben und an ihren »Türkenstolz« zu appellieren.[10]

Sarrazin verschärfte in seinem 2018 erschienenen Buch *Feindliche Übernahme. Wie der Islam den Fortschritt behindert und die Gesellschaft bedroht* seine Frontstellung gegen den Islam noch weiter. Auch dieses Buch avancierte rasch zum Bestseller und ließ alle anderen Veröffentlichungen mit differenzierter Analyse des Themas Integration in puncto

Verkaufserfolg weit zurück. Sarrazin streitet in diesem Buch der islamischen Kultur jede Fähigkeit zu höherer Entwicklung ab, beweist aber nun erst recht seine Unkenntnis über den vielfältigen kulturellen Austausch zwischen »Orient« und »Abendland«. Damit begab sich der Bankier Sarrazin vollends auf ein ihm fremdes Terrain, unbeirrt davon, dass ihm Wissenschaftler jede Kompetenz für die komplexe Materie absprachen. Er fühlte sich jedoch in seinen eigenen Ängsten und seinen Aversionen bestätigt durch ein Massenpublikum, das seine Bücher kauft – und seine Warnung als unbezweifelbare Realität versteht: Der Islam sei wegen der hohen Geburtenzahl muslimischer Zuwanderer in Deutschland, ja in ganz Europa »auf dem Weg zur Mehrheitsreligion«. Und die Muslime würden den Deutschen, den Europäern schließlich die Scharia aufzwingen.

Es sind Warnungen angesichts einer Bevölkerungsminderheit von vier Prozent Muslimen in Deutschland. Selbst wenn die Muslime weiterhin eine hohe Geburtenrate aufzuweisen hätten, würde es Jahrhunderte dauern, um zur Mehrheit zu werden. Aber die bisherige Erfahrung hat gezeigt, dass die Geburtenrate bei muslimischen Familien in Deutschland, sobald sie Sozial- und Krankenversicherung beziehen, innerhalb von zwei Generationen stark zurückgeht. Ebenso realitätsfremd ist die Annahme, die überwiegende Mehrzahl der Muslime sei religiös »fanatisch« und wolle Europa in diesem Sinne »islamisieren«. Nach Umfragen in Deutschland und Österreich 2018 besucht nur noch ein Viertel der zweiten und dritten Generation von Zuwanderern regelmäßig eine Moschee; sie haben sich dem Verhalten der »christlichen« Europäer angeglichen.[11]

Bei der Furcht vor Zuwanderung spielt darüber hinaus

auch folgende Frage eine erhebliche Rolle: Nehmen Migranten, hier vor allem die »massiv andrängenden« Muslime, den Deutschen die ohnehin raren Arbeitsplätze weg? Eine solche Befürchtung wirkt im ersten Moment sachlicher als die undifferenzierte Abwehr der kulturellen »Überfremdung«. Aber solche Argumente lassen sich von vornherein durch Analysen widerlegen, wie sie 1999 etwa von der UNO erstellt wurde: Ohne Migranten würde das geburtenschwache Europa überaltern und die Bevölkerung würde in den nächsten Jahrzehnten beträchtlich schrumpfen. Darüber hinaus stünden ohne Zuwanderung nicht genügend Arbeitskräfte zur Verfügung. Allein Deutschland brauche pro Jahr mehr als 500 000 Zuwanderer, um die gegenwärtige Zahl der Erwerbstätigen – und damit die nötigen Beitragszahler für die Sozialversicherung – weiterhin aufrechtzuerhalten.[12]

Die Angst vor Zuwanderern aus wirtschaftlichen Gründen bleibt. Dies hat mit einer veränderten Wirtschaftspolitik zu tun. Sogar in den hoch entwickelten Sozialsystemen westeuropäischer Staaten ist es nicht mehr selbstverständlich, dass die Mehrheit der Bevölkerung mit einem sicheren Arbeitsplatz auf Lebenszeit rechnen kann, entsprechend auch nicht mit einer ausreichenden sozialen Absicherung. Immer mehr Menschen sehen sich unter dem Druck einer neoliberalen Wirtschaftspolitik gezwungen, sich mit kurzfristigen Arbeitsverträgen zu begnügen und von einem unsicheren Job zum nächsten zu wechseln. In einer solchen prekären Situation erscheinen – trotz gegenteiliger Ergebnisse wissenschaftlicher Studien – Zuwanderer als eine Konkurrenz, die die soziale Unsicherheit weiter verschärft.

Auch die Angst vor kultureller »Überfremdung« bleibt.

Wenn schon Zuwanderung nötig sei, dann solle sie aus europäischen Nachbarstaaten erfolgen. Bei solchen Argumenten sind mir Erinnerungen aus den 1950er-Jahren gegenwärtig, als tatsächlich nur »Gastarbeiter« aus Italien, Spanien, Jugoslawien und Griechenland zu uns kamen. Gegen sie kursierten dieselben Vorurteile wie später gegen die Türken: Sie seien noch sehr stark in rückständigen Traditionen befangen, sie seien nicht so fleißig wie die Deutschen, nicht so diszipliniert, sie würden stärker zur Kriminalität neigen und vor allem seien sie »hinter unseren Frauen her«. Erst angesichts der »türkischen Invasion« wurden »Gastarbeiter« aus Südeuropa milder bewertet, ja sie wurden zunehmend als die »unsrigen« eingestuft, zumal sich beobachten ließ, dass sich viele ohne größere Probleme integrieren konnten. Die Türken aber?

In Gesprächen mit Deutsch-Türken bekam ich immer wieder folgende Aussagen in unterschiedlichen Varianten zu hören: Eher konservativ gebliebene Bauern und Kleinstadtbewohner, die aus Anatolien nach Deutschland abgewandert seien, hätten Schwierigkeiten, sich in eine fremde Kultur einzufügen. Bei ihnen würde tatsächlich die Gefahr bestehen, sich in Parallelgesellschaften abzusondern. Aber die Mehrzahl der Deutschen würde den Blick nur auf solche Muslime richten und nicht registrieren, dass auch zahlreiche Türken aus den großen Ballungsräumen wie Istanbul, Ankara und Izmir nach Deutschland kämen. Sie besäßen aufgrund ihrer kulturellen Ausgangslage von vornherein erheblich bessere Voraussetzungen, sich in die Gesellschaftsform eines fremden Landes einzufügen. Aber diese integrierten Zuwanderer würden von den Deutschen oft schon deshalb nicht mehr wahrgenommen, weil sie mit ihrem Verhalten nicht auffällig seien.

Solche Kommentare kann ich aus eigener Beobachtung bestätigen. Auf Islam-Tagungen, zu denen ich als Referent eingeladen war, lernte ich zur Genüge Muslime kennen – Türken, Araber, Iraner. Diese konnten souverän über Unterschiede und Gemeinsamkeiten verschiedener Kulturen diskutieren, und gerade sie stellten im Diskurs eine Bereicherung dar, weil sie anregten, den interkulturellen Dialog aus einer erweiterten Perspektive zu führen. In Deutschland gibt es inzwischen auch schon etliche Muslime aus Zuwandererfamilien, die es geschafft haben, als Politiker zu großem Ansehen zu gelangen.

Cem Özdemir beispielsweise, geboren 1965 in Urach, Baden-Württemberg, ist nach eigener Aussage sogar das »Schwäbische (...) näher als das Deutsche«.[13] Seine Eltern waren 1961 mit der ersten Generation von »Gastarbeitern« aus Anatolien eingewandert. Seit 1981 ist er Mitglied der Grünen. 1984 gehörte er zusammen mit der Sozialdemokratin Leyla Onur zu den ersten Abgeordneten des deutschen Bundestags mit türkischen Eltern. Von 2008 bis 2018 war er einer der beiden Bundesvorsitzenden der Grünen. Die Türkin Muhterem Aras, 1966 in Anatolien geboren, kam als zwölfjähriges Mädchen mit ihren Eltern, ebenfalls »Gastarbeiter«, nach Stuttgart, wurde 1999 als Grüne in den Stuttgarter Gemeinderat gewählt, wurde 2007 Fraktionsvorsitzende ihrer Partei und 2016 schließlich Präsidentin des Landtags.[14] Tarek Al-Wazir wurde 1971 in Offenbach (Hessen) geboren, sein Vater stammt aus dem Jemen, seine Mutter ist Deutsche. Von 2000 bis 2014 war er Fraktionsvorsitzender der Grünen im hessischen Landtag, seit 2014 ist er in einer Koalitionsregierung mit der CDU Minister für Wirtschaft, Energie und Verkehr. Laut Umfragen von 2018 ist Al-Wazir der beliebteste Politiker Hessens.[15]

In Wien konnte ich eine Reihe positiver Erfahrungen auf privater Ebene machen. Wien ist eine Metropole, die aufgrund ihrer sozialen und auch ethnischen Durchmischung bis heute noch kaum in sich geschlossene Ghettos – und daher auch keine explosiven Spannungen – kennt. Ich wohne im 15. Bezirk, dem Wiener Stadtteil mit dem größten Anteil an Zuwanderern. Dem Internet entnehme ich, dass hier 42,3 Prozent der Bewohner einen Migrationshintergrund haben, die meisten stammen aus dem Balkan, aber immerhin sind 14,7 Prozent Muslime aus Bosnien, der Türkei, dem Nahen Osten, dem Iran. Vom Balkon meiner Wohnung aus blicke ich in einen geräumigen Hof, der auf zwei Seiten von Häusern eines Gemeindebaus umschlossen ist. Dort wohnen neben alteingesessenen Wienern auch etliche türkische Familien. An heißen Tagen gruppieren sich unter den schattigen Kastanienbäumen Wiener und Türken an verschiedenen Tischen. Es ist zwar kein Miteinander, aber ein friedliches und höfliches Nebeneinander. Etliche der türkischen Frauen tragen Kopftuch, etliche aber auch nicht; die Muslime hier tolerieren gegenseitig unterschiedliche Einstellungen zur religiösen Tradition. Nicht anders sind meine Beobachtungen in einem nahegelegenen Park. Dort lassen sich an heißen Tagen ebenfalls »alteingesessene« Wiener und »zugewanderte« Muslime eng benachbart in Gruppen nieder, manche der Frauen wirken wegen ihrer Kopftücher »orientalisch«, manche der Männer rauchen Wasserpfeife. Auf dem geräumigen Spielplatz tummeln sich Kinder der unterschiedlichsten Ethnien und Religionen nebeneinander, miteinander.

Das sind zwar nur subjektive Eindrücke, die man nicht verallgemeinern sollte. Dasselbe muss aber auch für gegenteilige Eindrücke gelten. Faktum ist, dass die mir bekannten Zuwanderer eine Arbeit haben und sich respektiert fühlen – die beste Garantie für eine schrittweise Integration.

Migration und Heimat

Wachsende Spannungen im Zeichen der Globalisierung

»Die Einwanderung verändert alle. Niemand kann bleiben, wie er war«. Dies erklärte die in Wien lebende Philosophin Isolde Charim 2018 in einem Interview mit dem deutschen Nachrichtenmagazin *Der Spiegel*. Und sie begründete dies mit folgenden Worten: Die Einwanderung würde die Art verändern, »wie die Einheimischen sich selbst erfahren. Deutschland und mit gewissen Einschränkungen auch Österreich haben sich lange als homogene Gesellschaft gesehen, was zwar nicht stimmte, aber eine mächtige Fiktion war. Diese homogenen Gesellschaften machten ihren Mitgliedern ein Angebot: Sie durften mit Selbstverständlichkeit dazugehören. (...) Diese Fiktion ist nicht mehr aufrechtzuerhalten – und das macht vielen Menschen zu schaffen. (...) Die Menschen wehren sich gegen eine Veränderung, die auch sie selbst angreift. Sie wollen die Grenzen wieder befestigen, ihre Identitäten fixieren, Bedeutungen festschreiben. Ich verstehe das auch. Ich glaube aber, dass das hilflose Reaktionen sind«.[16]

Was aber bedeutet es konkret, dass sich Deutschland und mit gewissen Einschränkungen auch Österreich lange als »homogene Gesellschaften« gesehen haben? Und mehr noch: dass das nicht stimmen würde, sondern nur eine »mächtige Fiktion« sei?

Ein ethnisch, kulturell und religiös in sich geschlossener Staat – diese Fiktion konnte über Jahrhunderte in vielen Regionen Europas aufrechterhalten werden. Aber eine solche Haltung war nicht von jeher selbstverständlich. In der griechischen wie der römischen Antike war eine große ethnische, kulturelle und religiöse Vielfalt innerhalb eines Staates die Norm. Die unterschiedlichen Gruppen mussten sich nur möglichst reibungslos in das politische, hierarchisch abgestufte Ordnungssystem einfügen. Zwar gab es auch damals zwischen Alteingesessenen und Zuwanderern soziale und politische Spannungen, aber den Menschen erschien das Nebeneinander unterschiedlicher Kulturen und Religionen nicht als Problem. Die christliche Minderheit im Römischen Reich wurde nicht wegen ihres anderen Glaubens verfolgt, sondern weil sie sich nicht in die vorgegebene gesellschaftliche Hierarchie einfügen wollte.

Dass ein Staat religiös eine Einheit zu bilden habe, wurde erst zur Forderung, nachdem sich das Abendland als »christlich« definierte. Neben dem einzig wahren Glauben dürfe es keinen anderen geben. Regierungen gingen schließlich so weit, dass sie nicht einmal verschiedene christliche Konfessionen in ihrem Herrschaftsbereich dulden wollten. Sie nahmen verheerende Glaubenskriege in Kauf, um die Fiktion von Einheit aufrechtzuerhalten. Eine derartige Sehnsucht nach einem ideell uniformen Staat hat den Zerfall aller religiösen Horizonte überdauert. An die Stelle des religiös konfessionellen Ordnungssystems sind zunehmend nationale, allmählich nationalistische und letztendlich rassistische Kriterien getreten. Und auch dieses neue Bedürfnis nach uniformer Einheit war mit verheerenden Konflikten verbunden. Zur letzten Konsequenz einer derartigen Entwicklung ist es schließlich im System des deutschen Nationalsozialismus gekommen. Dort ist anstelle der Fiktion von der bedingungslosen Einheit des Christentums die Fiktion von der bedingungslosen Einheit eines Staates mit einer nationalistischen und rassistischen Ersatzreligion getreten. Seit der Renaissance und erst recht seit der Aufklärung gibt es zwar gegenläufige Traditionen, aber die Anhänger eines kulturellen Pluralismus konnten sich nur teilweise gegen die Traditionen einer antipluralistischen, »homogenen« Gesellschaft durchsetzen.

Vor diesem Hintergrund wurde der Begriff »Heimat« ideologisch aufgeladen. Er wurde sogar zu einem Kampfbegriff, der gerade in unserer unmittelbaren Gegenwart eine große Rolle spielt. Diese Entwicklung hat aber erst Mitte des 19. Jahrhunderts begonnen, als die Industrialisierung die damaligen Lebensverhältnisse sowohl in den Städten als auch in den Dörfern grundlegend veränderte. Für die Zeitgenossen bedeuteten die raschen Veränderungen innerhalb weniger Jahrzehnte einen Schock, und diesen Schock verarbeiteten bürgerlich konservative Menschen, indem sie dem bis dahin neutralen Begriff »Heimat« eine ideologisch konservative Bedeutung gaben. »Heimat diente der Befriedung, war der Versuch der Versöhnung von sozialen Gegensätzen«, so formulierte es 2019 der Kulturwissenschaftler Hermann Bausinger in einem Gespräch mit der deutsch-türkischen Politikerin Muhterem Aras (veröffentlicht in dem Buch *Heimat. Kann die weg?*) »Während sich in der sozialen Realität dramatische Veränderungen abspielten, verwies das Bild des Heimatlichen die Menschen auf das Dauernde in der Natur, auf das Stabile und scheinbar ewig Gültige. Aber parallel dazu war Heimat auch ein politisches Beschwichtigungsangebot. Denn mit dem Heimatbegriff war auch die nationale Beschwörung des gemeinsamen Vaterlandes verbunden. Als viele Menschen im Zuge der Industrialisierung die Bindung an einen einzelnen Ort verloren, sollten dennoch alle eine Heimat haben – im Sinne von Vaterland. (…) Heimat als Antwort auf rasche und tiefgreifende Veränderungen; Heimat aber auch als der Versuch, Tradition gegen Wandel zu stellen«.[17]

In diesem Zusammenhang ist eine Metapher aus dem deutschen Sprachraum aufschlussreich, wonach es heißt, der Mensch sei »in seiner Heimat verwurzelt«. Diese Verwurzelung wird oft als positives Gegenbild zur unsteten Wanderschaft durch soziale Umbrüche verwendet. Der Begriff »Völkerwanderung« wird so zum Synonym für etwas grundsätzlich Unnatürliches: Durch »Völkerwanderung« könnten die Menschen kulturell »entwurzelt« werden und letztendlich zugrunde gehen. Hierzu wieder ein Kommentar von Hermann Bausinger: »Man ist verwurzelt in der Heimat – schön, aber wir sind nun mal keine Bäume, sondern wir haben Beine, mit denen wir weglaufen können. Die Menschen sind höchst mobil – sie waren das schon immer. Das Wurzelbild war in einer weitgehend stationären Gesellschaft lange Zeit gültig, aber sobald es Mobilitätsschübe gibt, stimmt es nicht mehr. (…) Aber irgendwie wurde das im kollektiven Bewusstsein nie so richtig registriert. Die oftmals vorherrschende Vorstellung von Heimat stellt die dauerhafte Sesshaftigkeit als Normalität dar, aber sie negiert, dass es schon immer Migrationsbewegungen unterschiedlichster Art gab«.[18]

Eine skurrile Variante, zum »Ursprünglichen« und »Heimatlichen« zurückzukehren, ist darin auszumachen, dass etliche Städter beginnen, Volkstrachten zu tragen, sobald sie Urlaub in Dörfern und Gebirgsregionen machen (und dort wie »verkleidet« wirken). Eine größere Überraschung aber war für mich, als ich von Freunden erfuhr, es werde zunehmend üblich, auf das Münchner Oktoberfest in Tracht zu gehen. Die Absicht sei, das Fest so viel bodenständiger, uriger, heimatlicher erscheinen zu lassen. Hier kommt jedoch eine weitere skurrile Variante hinzu: Die gekauften Lederhosen und Dirndl haben das Etikett »Made in China«.

»Heimat«, ein Ort des ewig Beständigen gegen alle raschen Veränderungen der Moderne – ein solch ideologisch aufgeladenes Verständnis trägt erheblich dazu bei, Zuwanderer aus fremden Kulturen als Bedrohung zu empfinden. Gerade im deutschen Sprachraum tun sich bis heute viele Alteingesessene schwer, etwa Menschen mit dunkler Hautfarbe als »Deutsche« oder »Österreicher« zu bezeichnen, selbst wenn sie schon seit vielen Jahren die entsprechende Staatsbürgerschaft besitzen. Denn diese Zuwanderer hätten kein »deutsches Blut«. Eine solch rassistisch geprägte Auffassung ist nicht erst im Faschismus, sondern bereits im 19. Jahrhundert aufgekommen, und umso mehr verankert ist sie auch. Ein solches Verständnis war lange Zeit auch auf politischer Ebene ein Hindernis, Deutschland sowie Österreich offiziell zu einem Einwanderungsland zu erklären und »fremdrassige« Zuwanderer einzubürgern. Die ausgrenzende Auslegung von »Volk« motiviert immer mehr Deutsche und Österreicher, rechtspopulistische Parteien zu wählen. Hierbei spielen weniger die ökonomischen Ängste eine Rolle, viel stärker wirkt dabei die Furcht in wirtschaftlich starken Ländern, durch massenhafte Zuwanderung die eigene kulturelle Heimat zu verlieren, so der Befund von Soziologen.[19]

Gegen eine solche Haltung werden oft Staaten als positives Gegenbeispiel angeführt, die sich schon lange offiziell als »Einwanderungsland« verstehen und keine Bedenken gegen »fremdes Blut« äußern. In diesem Zusammenhang sind vor allem die USA gelobt worden, denn dieser Staat habe Zuwanderer aus sehr unterschiedlichen Kulturräumen ohne Vorurteil aufgenommen. Aber wie steht es gerade dort mit der »Integration«? Der Historiker Michael Hochgeschwender, Professor für Nordamerikanische Kulturgeschichte, stellt fest: »Selbst in Ländern wie den USA, die auf Migration eingestellt sind, ist Einwanderung ein schwieriger Prozess, und zwar auf beiden Seiten, für die Migranten wie für die aufnehmende Gesellschaft. Integration ist immer langwierig und bitter und war in den USA oft auch mit Gewalt verbunden.« Hochgeschwender weist auf zahlreiche Beispiele für das Scheitern einer Integration in den USA hin: Bevorzugt wurden Einwanderer aus Nord- und Westeuropa aus dem protestantischen Christentum, dagegen brachte und bringt man vielen anderen Bevölkerungsgruppen Misstrauen entgegen und benachteiligt sie. Besonders Schwarzafrikaner, die lange Zeit nur als Sklaven nützlich erschienen, sehen sich mit Ablehnung konfrontiert. Auch Chinesen, denen zunächst nur erlaubt war, bestimmte Berufe auf der unteren sozialen Ebene anzunehmen, erfuhren häufig eine schlechte Behandlung. Das galt auch für Iren und für Italiener, weil sie katholisch sind, und trifft bis heute für Zuwanderer aus Lateinamerika zu, denn Katholiken wurden lange Zeit als Feinde der Demokratie und Freiheit betrachtet.[20]

Die Konsequenz ist in den USA – teilweise bis heute –, dass diese mehr oder weniger sozial benachteiligten Zuwanderer oft in ärmlichen Verhältnissen oder sogar in Slums leben und angesichts des enormen Wohlstandsgefälles für erhebliche soziale Konflikte sorgen. Solche Verhältnisse existieren eben nicht erst seit der Regierung des offen fremdenfeindlich und rassistisch agierenden US-Präsidenten Donald Trump.

Aber wo auch immer sich Flüchtlinge im westlichen Kulturraum bewegen: Die Probleme für Migration und Integration unterscheiden sich zwar graduell, haben jedoch einen gemeinsamen Kern. Ob wir wollen oder nicht: In sich geschlossene kulturelle Räume existieren nirgends mehr, alle Versuche einer Abschottung werden immer irrealer angesichts eines weltweit weiter anwachsenden Migrationsstroms. In Deutschland ist, so der Befund 2018, fast jeder Vierte dort Lebende entweder im Ausland geboren oder hat ausländische Vorfahren.[21] All die Migranten bringen Erinnerungen an ihre Heimat und die damit verbundene Kultur mit. In keinem der europäischen Staaten gibt es noch *die* Heimat, sondern viele Heimaten nebeneinander. Das bedeutet einen kulturellen Pluralismus, wie es ihn bisher nicht gegeben hat – der aber nicht mehr rückgängig zu machen ist.

Eine solche gesellschaftliche Realität wird gerne als »multikulturell« bezeichnet. Diese Bezeichnung ist schon seit zwei bis drei Jahrzehnten zu einem Schlagwort geworden, das in Wahlkämpfen zu einem Brennpunkt ideologischer Auseinandersetzung geworden ist. Die einen sehen mit dieser Entwicklung die Gesellschaft »bunter« und offener für neue Impulse werden, die anderen lehnen das Bekenntnis zu mehr »Offenheit« als eine falsche Toleranz ab, die die eigene kulturelle Identität gefährdet. In der Tat ist der Begriff »multikulturell« bis heute heftig umstritten und wird gerne salopp als »multikulti« abgewertet. Der Begriff kann missverstanden werden, wenn er gleichgesetzt wird mit kultureller Beliebigkeit, das heißt, man erweist Zuwanderern aus fremden Kulturen so viel »Respekt«, dass man all ihre Verhaltensformen duldet, auch wenn sie mit unserer Vorstellung einer pluralistischen Demokratie nicht vereinbar sind. Letztlich aber soll der Begriff im Sinn von »kulturellem Pluralismus« verstanden werden: ein friedliches Nebeneinander, ja Miteinander unterschiedlicher Kulturen, deren Menschen sich darin einig sind, die Freiheiten eines säkularen Staates zu akzeptieren.

Vor allem konservativ orientierte Parteien warnen vor einer »multikulturellen« Gesellschaft, eben weil sie diesen Begriff mit kultureller Beliebigkeit und entsprechend drohenden Fehlentwicklungen gleichsetzen. So war und ist das in Deutschland teilweise noch heute bei der CDU und CSU, ohnehin bei einer rechtspopulistischen Partei wie der AfD. Aber in der CDU gab es sehr früh auch schon Gegenstimmen. Einer ihrer prominentesten Vertreter in den 1980er- und 1990er-Jahren war der CDU-Politiker Manfred Rommel, damals mehrmals gewählter Oberbürgermeister von Stuttgart. In einem Interview aus dem Jahr 1990 sagte er: »Die multikulturelle Gesellschaft existiert bereits. (...) Eine Gesellschaft, in der nur eine einzige kulturelle Strömung da ist, und nichts anderes, ist keine Kulturgesellschaft, sondern eine sterile Gesellschaft. (...) Wenn hier Angehörige verschiedener Länder in einer Stadt sich begegnen, dann ist das kein Nachteil, sondern ein Vorteil. Es wird immer so getan, als ob eine Politik, die die Interessen der ausländischen Mitbürger berücksichtigt, gegen die Deutschen gerichtet wäre. Im Gegenteil.«[22] In Stuttgart wird seither eine Integrationspolitik betrieben, die ein relativ gut funktionierendes Zusammenleben sehr unterschiedlicher Bevölkerungsgruppen zur Folge hat – ähnlich wie in Wien. Beide Städte kenne ich aus eigener Anschauung, weil sie mir jeweils »Heimat« sind.

In manchen Städten funktioniert dies weitgehend reibungslos, in anderen weniger. Dies hängt stark von der Bereitschaft der Politiker ab, sich auf die komplexen Probleme einzulassen. Aber letztlich bleibt es bei Problemen, die nur in langsamen Entwicklungsschritten zu lösen sind. Dies lässt sich nicht nur im deutschen Sprachraum beobachten, sondern ebenso variantenreich in anderen Teilen Europas wie auch in Nordamerika.

Die komplexen Konfrontationen lassen sich pointiert auf einen Begriff bringen, den Ernst Bloch geprägt hat: »Die Gleichzeitigkeit des Ungleichzeitigen«. Bloch hat diesen Begriff in seinem 1935 geschriebenen Buch *Erbschaft dieser Zeit* eingeführt. Seine nähere Erklärung dazu war: »Nicht alle sind im selben Jetzt da. Sie sind es nur äußerlich, dadurch, dass sie heute zu sehen sind. Damit aber leben sie noch nicht mit den anderen zugleich. Sie tragen vielmehr Früheres mit, das mischt sich ein.«[23] Für den marxistischen Philosophen Ernst Bloch bedeutete ein solcher Befund 1935 zunächst nur eine Erklärungshilfe für das Entstehen des Faschismus. Aber Bloch hat den Begriff in den 1960er-Jahren erneut aufgegriffen und ihn, wie später auch etliche Historiker, als eine »Erfahrungssignatur der neuzeitlichen Gesellschaft« verstanden.[24]

Auf den Begriff bin ich Ende der 1960er-Jahre gestoßen. Und für mich ist diese Äußerung eine zusätzliche Erklärungshilfe für die Konflikte in Asien und Afrika geworden, woher die meisten Zuwanderer nach Europa kommen. Die Migranten bringen ihre Kultur mit, die durch die »Gleichzeitigkeit des Ungleichzeitigen« gekennzeichnet ist: Es sind Gegensätze zwischen urbanen, säkular gesinnten Gruppierungen und traditionell orientierten Menschen oder gar betont antimodernen Fundamentalisten.

Unsere Zukunft hängt nicht zuletzt davon ab, dass wir die fremden Kulturen verstehen lernen, welche die Zuwanderer mitbringen – andererseits können wir auf Fehlentwicklungen reagieren und auch besser auch eigene Missverständnisse korrigieren. In dieser Hinsicht sind für mich jede neue Reise in fremde Länder und die Konfrontation mit dem dortigen Alltagsleben zu einer neuen Entdeckungsreise geworden.

Epilog
Ich bin ein Europäer

Auf Umwegen zurück zur eigenen Kultur

Vom Fenster meines Hotelzimmers aus blicke ich auf Kokospalmen und Bananenstauden, im Hintergrund der Turm eines Tempels. An der Zimmerdecke kreist surrend ein altmodischer Ventilator und wirbelt die tropisch feuchtheiße Luft durcheinander. Von irgendwoher dringt aus einem fernen Lautsprecher eine sehr fremdartige Musik. Ich döse in einem Sessel, um das Ende der Mittagshitze abzuwarten ...

Es herrscht eine Atmosphäre anheimelnder Exotik, wie ich sie auf Reisen immer wieder erlebe. Aber ausgerechnet in solchen Mittagspausen habe ich plötzlich auch ganz andere Bilder vor Augen: ein Dorf, überragt von einem Kirchturm, eine Frühlingswiese oder die Straße einer Kleinstadt im Winter, gesäumt von Fachwerkhäusern, die Dächer mit Schnee bedeckt ... Ich ertappe mich bei dem Gedanken, dass mich die Sehnsuchtsbilder der eigenen Kultur mit einem Mal mehr anziehen als die des Fremdartigen. Doch um das zu begreifen, muss ich lange genug unterwegs gewesen sein.

Heimat ... Es ist Heimat auf einer sehr emotionalen Ebene. Solche Gefühle konzentrieren sich aber nicht nur auf das Ländliche, Kleinstädtische. Ebenso liebe ich das Ensemble von Hochhäusern, dies besonders im Kontrast zu historisch gewachsener Architektur, dazu pulsierende Großstadtstraßen. Jedoch wächst das Unbehagen, sobald ich beim Anblick von Betonwohnblocks nicht mehr weiß, ob ich mich in Berlin, Kairo oder Tokio befinde. Und ich habe Probleme damit, wenn eine total gesichtslose Betonarchitektur regional unverwechselbare Architektur verdrängt. Ich fühle mich dann in meinem Bedürfnis nach »Heimat« vor allem durch *solche* Veränderungen bedroht.

Es ist ein Ausspruch des Architekten Le Corbusier, der in dieser Hinsicht meine Aggressionen weckt. Le Corbusier hat 1930 mit Blick auf eine globalisierte Moderne eine zukunftsweisende Empfehlung für den Städtebau ausgesprochen: »In unserer Epoche der weltweiten Verbreitung von wissenschaftlichen Techniken schlage ich eine einzige Bauart für alle Nationen und Klimazonen vor.«[1] Er propagierte als die finanziell effizienteste Wohnform das Hochhaus mit glatter Fassade und flachem Dach, von allen traditionellen Schnörkeln befreit. Und tatsächlich hat Le Corbusier mit seinen Werken wesentliche Impulse geliefert, weltweit im selben Einheitsschema zu bauen.

Darüber, dass die unverwechselbare Eigenart von »Heimat« durch die Prozesse der Globalisierung bedroht sei, äußern sich allerdings auch Menschen sehr kritisch, bei denen noch eine ganz andere Angst hinzu kommt: Die Globalisierung ebne letztendlich alle kulturellen Unterschiede ein, würde sämtliche spezifischen Eigenarten gewohnter Lebensformen erschüttern, den Alltag gar auf den Kopf stellen. Was bleibt dann noch von dem Bewusstsein, in unverwechselbarem Sinn ein Deutscher, ein Österreicher, ein Franzose, ein Italiener oder im weitesten Sinn ein Europäer zu sein?

Solche zusätzlichen Befürchtungen zeigen, wie schillernd und ambivalent der Begriff »Heimat« ist. Nicht weniger zwiespältig ist es, das Bewusstsein einer »kulturellen Identität« angesichts drohender Veränderungen bewahren zu wollen. Ebenso das Bedürfnis, auf der »Leitkultur« einer Nation zu beharren, weil man sich sonst einer sogenannten »multikulturellen Beliebigkeit« ausliefern würde.

Die Situation ist deshalb so kompliziert geworden, weil die Wanderungsströme von einem Kulturraum in den anderen weiterhin zunehmen. Denn weltweit bleibt das schroffe soziale Ungleichgewicht bestehen, dauern die mörderischen politischen Konflikte an, was ein Überleben in den Krisenregionen immer schwieriger macht. Und die Migranten bringen ihre Lebensgewohnheiten, ihre Kultur, ihre Vorstellungen von »Heimat« in die ihnen zunächst fremd erscheinenden Zufluchtsorte mit. Fast nirgendwo auf der Welt gibt es weiterhin in sich geschlossene Kulturräume – im Gegenteil, wir müssen uns an den Gedanken gewöhnen, dass alle Versuche scheitern, sich gegen Zuwanderung abzuschotten. Das Fremde kommt zu uns, wird hautnah. Wie kann man unter solchen Bedingungen das erhalten, was jedem Einzelnen durch kulturelle Gewohnheit lieb und teuer – oder sogar unverzichtbar – geworden ist? Werden wir »überrollt« von Entwicklungen, die nicht zu unserer eigenen Kultur passen? Solche Fragen stellen sich immer häufiger, seit die Umbrüche der Globalisierung nicht mehr ausschließlich von westlichen Industriegesellschaften ausgehen.

Was bedeutet es, ein Europäer zu sein? Nach jeder Rückkehr aus Asien und Nordafrika stelle ich mir die Frage neu. Die Diskussionen auf Reisen haben mir in immer neuen Varianten gezeigt, dass individuelle Selbstbestimmung und Meinungsfreiheit weltweit keine Selbstverständlichkeit sind – eher das Gegenteil. Der statistische Befund des Jahres 2018 belegt dies bestürzend eindeutig. Nach einer Studie der Bertelsmann-Stiftung werden 3,3 Milliarden Menschen von autokratischen Regimen beherrscht, aber nur 4,5 Prozent der Weltbevölkerung, rund 350 Millionen Menschen, leben in einer »vollständigen Demokratie«, die meisten davon in Westeuropa.[2] Aber selbst in der EU gibt es Staaten, deren Regierungen sich immer weiter von den Idealen einer liberalen Demokratie entfernen oder solchen Idealen nie wirklich nahegestanden sind, so Ungarn, so Polen. Und die USA zeigen spätestens seit Donald Trump auffallend ähnliche Tendenzen.

Wenn ich mich der westlichen Kultur zugehörig fühle, stellt sich die Frage: Was eigentlich ist westliche Kultur? Was heißt es heute, ein Europäer zu sein? So eindeutig ist diese Frage nicht zu beantworten, erst recht nicht, wenn wir in die Vergangenheit blicken. Aus den Umbrüchen der westlichen Moderne ist einerseits die Aufklärung mit ihrer Vision individueller Selbstbestimmung und pluralistischer Demokratie hervorgegangen – andererseits aber auch der Kommunismus, der die Demokratie bürgerlicher Herkunft als Scheindemokratie bekämpfte, und erst recht ist es der antidemokratische und außerdem extrem rassistische Faschismus.

Umso mehr müssen wir wertschätzen, in welche Richtung sich zumindest die Staaten in Westeuropa seit dem Ende des Zweiten Weltkriegs entwickelt haben: nahezu sieben Jahrzehnte ohne Krieg, Massenwohlstand, wie es ihn in dieser Form bisher nicht in der Menschheitsgeschichte gegeben hat, dazu eine liberale Demokratie mit einer bisher nicht gekannten Möglichkeit, Freiheit zu leben. Ich bin immer wieder irritiert, wenn ich in Gesprächen mit Deutschen oder Österreichern feststelle, dass viele von ihnen einerseits soziale Probleme zu Recht kritisieren, aber andererseits positive Errungenschaften oft mit einer mürrischen Gleichgültigkeit als selbstverständlich hinnehmen. Umso wichtiger erscheint es mir, nachdrücklich für das Positive, das Prinzip einer pluralistischen Demokratie einzutreten. Das hat aber gerade auch Konsequenzen für die Auseinandersetzung mit Zuwanderern, die eine fremde Kultur in unsere Lebenswelt mitbringen. An dieser Auseinandersetzung kann sich beweisen, wie ernst wir es mit dem Pluralismus der Weltanschauungen und Religionen meinen.

Es ist für mich kein Problem, wenn Muslime, Hindus, Buddhisten, Konfuzianer und Angehörige anderer Glaubensrichtungen in unserem Kulturraum ihre religiösen und ethnischen Feste feiern. Auch nicht, wenn sie ihre fremde Kleidung tragen oder ihr Befremden über manche unserer Verhaltensweisen äußern. Entscheidend ist, dass sie eine Diskussion darüber zulassen, inwieweit die Unterschiede problematisch für ein Zusammenleben werden können. Konflikte sind vorprogrammiert, sobald Zuwanderer sich nicht an die Regeln unserer Verfassung halten und sich auch auf lange Sicht nicht daran orientieren wollen. Dann entstehen jene Debatten darüber, dass es unsere »kulturelle Identität« zu schützen gelte und man auf einer »Leitkultur« zu bestehen habe.

Zu besonderen Missverständnissen ist es bisher im Streit um den Begriff »Leitkultur« gekommen. Den Begriff hat der deutsch-syrische Politikwissenschaftler Bassam Tibi in seinem 1998 veröffentlichten Buch in die Diskussion eingeführt. Darin befasst er sich mit dem Problem der Migration und den Folgen für den europäischen Kulturraum. Das Buch hat den bezeichnenden Titel *Europa ohne Identität? Die Krise der multikulturellen Gesellschaft.* Das Bemerkenswerte daran ist, dass ausgerechnet ein Muslim, der 1958 selbst als Zuwanderer nach Deutschland gekommen ist, das Problem mit der nötigen Differenziertheit behandelte. Tibi brachte die erforderlichen Voraussetzungen mit, denn er hatte sich im Verlauf der Jahrzehnte intensiv mit den Grundlagen europäischer Geistesgeschichte auseinandergesetzt. So schreibt er in seinem Buch: »Die Werte für die erwünschte ›Leitkultur‹ müssen der kulturellen Moderne entspringen, und sie heißen Demokratie, Laizismus, Aufklärung, Menschenrechte und Zivilgesellschaft«.[3] Tibi definiert in diesem Zusammenhang »Leitkultur« als die notwendige Klammer zwischen Deutschen und Migranten.

Tibi fühlte sich allerdings missverstanden, als nun traditionalistisch orientierte Deutsche den Begriff »Leitkultur« dankbar aufnahmen in dem Sinn, dass sich die Migranten eng an deutsche Traditionen anpassen müssten. Solche Traditionalisten betonten, Migranten müssten sich assimilieren und damit weitgehend ihre kulturellen Eigenarten aufgeben. In diese Richtung argumentieren heute vor allem die Anhänger und Sympathisanten rechtspopulistischer Bewegungen. Tibi aber meinte nicht »Assimilation«, sondern »Integration«, was heißt: Die Zuwanderer können ihre eigenen Traditionen weiter pflegen, sofern diese nicht den Richtlinien des deutschen Grundgesetzes und der europäischen Aufklärung widersprächen.

Integration … Assimilation. Immer wieder werden im deutschen Sprachraum diese beiden Begriffe miteinander verwechselt, manchmal aus Unwissenheit, manchmal aber auch in gezielter Absicht, um eine Eingliederung »kulturfremder« Zuwanderer zu verhindern.

Eine weitere konstruktive Perspektive lieferte in diesem Zusammenhang wiederum ein prominenter Muslim: der

Deutsch-Iraner Navid Kermani. Er wurde 1967 in Siegen (nahe Köln) geboren, studierte Philosophie, habilitierte in Orientalistik und lebt als Publizist und Schriftsteller in Köln. Seine Eltern stammen aus Isfahan und waren aufgrund der Diktatur des Schahs nach Deutschland emigriert, wo der sehr religiös geprägte Vater als Arzt arbeitete. Navid Kermani war 2005 zum 50. Jahrestag der Wiedereröffnung des Burgtheaters nach Wien eingeladen worden. Hierbei war ihm als einem deutsch-iranischen Muslim bemerkenswerterweise die Ehre zugedacht, die Jubiläumsfestrede für ein Gebäude zu halten, das als eines der symbolisch herausragenden Kulturdenkmäler des deutschen Sprachraums gilt. Dies zeugt von einer entsprechenden Offenheit auch der Gastgeber.

Die Festrede Kermanis ist noch im selben Jahr 2005 als Taschenbuch unter dem Titel *Nach Europa* erschienen. In dieser Rede stellt Kermani anschaulich dar, was es bedeutet, Europa aus der Sicht eines integrierten Zuwanderers zu betrachten. So sagt er etwa: »Auch heute findet man den größten Enthusiasmus *für* Europa dort, wo die Existenz *in* Europa nicht als selbstverständlich empfunden wird, in Osteuropa, auf dem Balkan oder in der Türkei. (...) Wer wissen will, wieviel dieses überbürokratisierte, apathische, satte, unbewegliche, entscheidungsschwache Gebilde namens Europäische Union wert ist, muss dorthin fahren, wo es aufhört. Ich habe das getan, um diese Rede über Europa zu schreiben. Ich bin zu denen gegangen, die alles aufgegeben haben, um nach Europa zu gelangen: zu den Flüchtlingen an den Toren der Europäischen Union. Heute Morgen bin ich aus Marokko zurückgekommen.«[4] Kermani bemerkt auch: »Nehmen Sie nur ein einziges Wort: Rechtsstaatlichkeit. Ich kann zu einem Gericht gehen, eine Klage vorbringen und auf einen fairen Prozess hoffen, gleich ob ich der Sohn des Bundeskanzlers oder ein Arbeitsloser bin. Sie können mir viel darüber sagen, dass der Arbeitslose sich keinen guten Anwalt leisten kann und ähnliches mehr. Aber sagen Sie einmal einem Arbeitslosen in Ghana, in Bolivien, in Syrien oder in China, er möge einen Antrag auf kostenlose Rechtsbeihilfe stellen. Er wird Sie nicht verstehen, egal wie gut der Übersetzer ist.«[5]

Hier habe ich exemplarisch zwei prominente Muslime mit deutscher Staatsbürgerschaft zitiert, die beide den Europäern erklären, welche Errungenschaften es an Europa zu bewundern gilt. Sie demonstrieren mit ihrem Bekenntnis zu Europa, dass sie geistig in der neuen Heimat angekommen sind. Beide sind aber gläubige Muslime, beide können sich wissenschaftlich versiert sowohl über die islamische als auch über die westliche Kultur äußern. Sie sind die idealtypischen Beispiele dafür, dass es gelingen kann, geistige Brücken zwischen unterschiedlichen Kulturen zu schlagen. Mit dieser Haltung können sie vorbildhaft weiterwirken auf all jene, die nicht von vornherein die sozialen oder die intellektuellen Voraussetzungen haben, das Fremde zu verstehen.

Nicht zufällig habe ich in diesem Zusammenhang Muslime zitiert. Denn viele Europäer nehmen, wenn es um tiefgreifende kulturelle Gegensätze geht, zuallererst Muslime wahr. Hierbei konzentriert sich die Aufmerksamkeit einerseits auf Muslime, die in der sich zuspitzenden Krisensituation des Nahen Ostens eine Rolle spielen. Andererseits rücken muslimische Zuwanderer in den Fokus, die aus provinziellen Regionen kommen, und hierbei wird betont, diese seien auf das Leben in westlichen Industriestaaten nicht vorbereitet und würden in Parallelgesellschaften einen Halt suchen. Aus einem ähnlichen Blickwinkel registrieren viele von uns auch die Migranten aus Schwarzafrika. Aber dabei wird oft übersehen, dass viele jener Zuwanderer, die aus urbanen Regionen stammen, gerade der Enge ihres eigenen Kulturraums entfliehen wollen und offen sind für ein anderes Leben in Europa oder Nordamerika. Für mich war die Erfahrung interessant, dass etwa in den Krankenhäusern von Wien und anderswo ein Teil des Personals, ob nun Ärztinnen oder Ärzte, ob nun Krankenschwestern und Pflegerinnen, nicht nur aus den Nachbarländern in Osteuropa kommt, sondern ebenso häufig mittlerweile auch aus dem islamischen, indischen und fernöstlichen Kulturraum – bestens integriert und als Arbeitskräfte unverzichtbar. Zuwanderer aus der indischen und fernöstlichen Welt kommen ohnehin meist aus urbanen Ballungsräumen, sie bringen schon deshalb günstigere Voraussetzungen für eine Integration mit – und werden von Europäern und Nordamerikanern von vornherein als weniger bedrohlich, als weniger »fremd« wahrgenommen

Was bedeutet in diesem Zusammenhang das viel strapazierte Schlagwort »kulturelle Identität«? Und was »Heimat«? Die Begriffe geraten inhaltlich ins Fließen, sie können nicht mehr das zum Ausdruck bringen, wofür sie bisher in einem weitverbreiteten europäischen oder deutschen oder österreichischen Selbstverständnis gestanden haben. Ob wir es wollen oder nicht: In *unserem* Kulturraum leben längst schon Menschen mit sehr unterschiedlichem Verständnis von »Identität« und von »Heimat« nebeneinander. Der entscheidende Schritt muss also sein, aus dem Nebeneinander ein Miteinander zu machen. Wie ich an vielen Beispielen zu zeigen versuchte, ist diese Entwicklung teilweise schon gelungen, jedoch sind wir auf breiter Ebene von diesem

Ziel noch weit entfernt. Daher ist es zunächst wesentlich, das Prinzip eines kulturellen Pluralismus zu akzeptieren. Dieses Prinzip ist zwar seit vielen Jahrzehnten in der deutschen und österreichischen Verfassung festgeschrieben, ebenso in den Verfassungen anderer westeuropäischer Länder, aber noch ist es nicht im Bewusstsein *aller* Bürger angekommen. Ein solches Defizit gilt nicht nur für eine Reihe jener Menschen, die aus fremden Kulturen zugewandert sind, sondern teilweise auch noch für solche, deren Vorfahren bereits seit Jahrhunderten »deutsch« sind.

Was bedeutet aber konkret ein Pluralismus der Kulturen? Mit dieser Frage komme ich auf jene Erwartung zurück, die ich in den 1960er-Jahren gehegt hatte, bevor ich die ersten intensiven Begegnungen mit dem »Orient« hatte. Ich reiste in der Erwartung, völlig eigenständige Kulturen anzutreffen, die sich kontrastreich von der »unsrigen« unterscheiden. Diese Erwartung habe ich heute noch. Nur habe ich längst den zusätzlichen Wunsch, es sollten Kulturen sein, die sich fremden Einflüssen stärker öffnen und trotzdem ihre »Identität« nicht verlieren. Umgekehrt gilt dies auch für unseren westlichen Kulturraum – nur dass hier die Entwicklung schon weiter in Richtung eines geistigen Austausches fortgeschritten ist.

Eine solche Entwicklung ist nicht vom Prozess der vielzitierten, hochgelobten oder verteufelten Globalisierung zu trennen. Dieser Prozess ist allerdings immer noch von dem Missverständnis belastet, der Anstoß zu sozialem und kulturellem Fortschritt könne allein von der »überlegenen« westlichen Zivilisation ausgehen. Und eine solche Entwicklung bedeute eine rigorose »Verwestlichung« der gesamten Welt. Aber mehr noch: Es würde eine globale Einheitskultur entstehen, in der jede Vielfalt unterdrückt werde. Angesichts solcher Befürchtungen rückt ein anderer Aspekt in den Hintergrund: dass die Globalisierung mit ihrer Beschleunigung der Kommunikation weltweit auch eine Chance eröffnet. Es bietet sich mehr als je zuvor die Möglichkeit, das Andersartige fremder Kulturen detaillierter als bisher wahrzunehmen und auf dieser Basis einen Dialog der Kulturen auf Augenhöhe zu beginnen.

In dieser Hinsicht sind die Empfehlungen von Mahatma Gandhi anregend, der sich ja selbst als ein Wanderer und Brückenbauer zwischen »Ost« und »West« verstanden hat. Indem er als gläubiger Hindu zuallererst den Dialog der Religionen forderte, lieferte er bereits in der ersten Hälfte des 20. Jahrhunderts ein Rezept für eine allumfassende Verständigung: »Der beste Weg, um einem Hindu zu helfen, ist, ihn zum besseren Hindu zu machen, ebenso wie der beste Weg, einem Christen zu helfen, wenn man ihn zum besseren Christen macht.«[6] Und außerdem merkte er an: »Was der Augenblick erfordert, ist nicht eine Einheitsreligion, sondern gegenseitige Achtung und Toleranz der Gläubigen der verschiedenen Religionen. Wir erstreben keine totale Gleichmacherei, sondern Einheit in der Verschiedenheit. Jeder Versuch der Ausrottung der Traditionen, die aus Erbschaft, Klima und sonstigen Umweltbedingungen stammen, ist nicht nur zum Scheitern verurteilt, sondern ist ein Sakrileg.«[7]

Wenn wir tatsächlich einen echten Pluralismus, eine bunte Vielfalt an Kulturen in unserer zunehmend sich globalisierenden Welt wünschen, ist dies nur unter einer Bedingung möglich: Wir müssen jedem Andersdenkenden und Andersgläubigen die Entscheidung überlassen, inwieweit er bereit ist, sich fremden Kulturen zu öffnen. Wir können von niemandem erwarten, all unsere Denkmuster und Lebensformen für nachahmenswert zu halten – auch wenn wir selbst davon überzeugt sind, dass das »Abendland« oder der »Westen« allgemeinverpflichtende Werte für die ganze Menschheit zu bieten habe. Sofern Angehörige fremder Völker manche unserer zentralen geistigen Errungenschaften aus uns unbegreiflichen Gründen zurückweisen, soll uns das aber Anlass sein, über die Ursachen solcher Zurückweisung nachzudenken und erneut einen Weg für den Dialog zu suchen. Umgekehrt können wir – müssen wir – von Völkern außerhalb unseres Kulturraums dieselbe Offenheit einfordern.

Je enger fremde Kulturen im unumkehrbaren Prozess der Globalisierung auch räumlich zusammenrücken – ja inzwischen oft schon auf engstem Raum nebeneinander leben –, umso dringlicher ist es, andere Kulturen aus deren eigenen Voraussetzungen heraus zu verstehen. Aber wie schwierig das ist, habe ich gerade während meiner eigenen Reisen seit 1960 immer wieder erneut erfahren. Oft bleibt es bei einem nur mühsamen Herantasten, ohne letztendlich sicher sein zu können, die vielfältigen Aspekte fremder Kulturen auch nur annähernd zu erfassen. So etwa die Frage, weshalb sich in vielen Staaten »noch immer nicht« die Freiheitsvorstellungen einer pluralistischen Demokratie durchgesetzt haben. Aber bei solchen Problemen sind wir umgehend auf einen Vergleich mit der eigenen abendländischen Kultur verwiesen, in der es viele Jahrhunderte gedauert hat, ehe diese Ideale breitenwirksam an Raum gewannen.

Islam, Hinduismus, Buddhismus, Konfuzianismus, Daoismus und Shintoismus – schwierig gestaltet sich auch die Auseinandersetzung mit den Religionen, nicht nur den hier genannten. Allerdings habe ich im vorliegenden Buch das Thema Religion nur in einigen Abschnitten behandelt. Nicht wenige Leser mögen daran kaum Anstoß nehmen.

Aber es wäre falsch, aus unserem weitgehend säkularen Blickwinkel die weltweite Dynamik des Religiösen zu unterschätzen. Denn sobald wir über die abendländischen Grenzen hinausblicken, entdecken wir, dass in vielen Teilen Asiens und Nordafrikas Religionen weiterhin einen beträchtlichen Einfluss auf das gesellschaftliche Leben und damit auch auf die Politik ausüben.

Es ist unmöglich, den fortschreitenden Prozess der Globalisierung in seinen zahlreichen Verästelungen zu begreifen, ohne nicht auch die Bedeutung religiöser Entwicklungen zu verstehen. Dieses Problem habe ich am Negativbeispiel des islamischen Fundamentalismus angedeutet, dessen Dynamik letztlich nur im Zusammenhang mit wachsenden sozialen und kulturellen Krisen zu erklären ist. Offen bleibt jedoch, inwieweit Religionen eine positive Rolle bei der Bewältigung globaler Krisen spielen.

Offen muss auch bleiben, in welchem Ausmaß die Corona-Krise die Welt nachhaltig verändern wird. Ich hatte im Jahr 2020 seit der globalen Verbreitung der Seuche nicht mehr die Gelegenheit, ein Land außerhalb Europas zu besuchen und Eindrücke zu gewinnen, ob die Auswirkungen des Corona-Virus in den sogenannten Entwicklungsländern oder Schwellenländern die sozialen Gegensätze noch weiter vertiefen. Ohnehin wird es Jahre dauern, bis klar wird, wie unterschiedlich sich Länder des islamischen, indischen, fernöstlichen und westlichen Kulturraums entwickeln – und was die Ursachen für die dann entstehenden Diskrepanzen sind .

Ich konnte im vorliegenden Buch nur einen Ausschnitt meiner vielfältigen persönlichen Erfahrungen bieten. Bei jeder weiteren Exkursion begleitet mich das Gefühl, noch lange nicht am Ende meiner Entdeckungsreisen angekommen zu sein – ja überhaupt nie an ein Ende zu kommen. Und so lässt sich auch der Prozess nicht abschließen, auf dem Umweg über fremde Kulturen meine eigene Kultur aus einem neuen Blickwinkel besser zu verstehen.

Anhang

Anmerkungen

Einleitung: Über die eigene Kultur hinaus

1 Ich weiche allerdings von der Darstellung in meinen früheren Büchern insofern ab, indem ich mich vor allem im ersten Kapitel, *Begegnungen mit dem touristischen Ich,* stärker als bisher auf autobiographische Aspekte konzentriere.
2 Online. Statistiken zum Tourismus weltweit. Veröffentlicht von Statista Research Department. 15.11.2019. (https://de.statista.com/themen/702/tourismus-weltweit/) Letzter Zugriff: 30. März 2020.

Begegnungen mit dem touristischen Ich

1 Yassin Mushabash: »Hast du Dschihad-Erfahrung?« In: Die Zeit, 7.4.2016, S. 5.
2 Rill: Atatürk, S. 83.
3 Frankfurter Allgemeine Zeitung, 30.12.1994, S. 8.
4 Schöning-Kalender: Mobilität und Mobiliar. Binnenmigranten in Istanbul, S. 44.
5 Hermann Bausinger: Volkskultur in der technischen Welt. Tübingen 1961, S. 86f.
6 Wikipedia: Afghanistan 2019.
7 Zitiert nach J. M. Robards: Der Triumph des Abendlandes. Düsseldorf 1986, S. 353.
8 Auf und davon. Weltmacht Tourismus. Österreichisches Fernsehen ORF 2 am 6.4.1992.

9 Berit Latzka: Sextourismus in Südostasien. Frankfurt a. M. 1987, S. 242.
10 Jürgen Hamelehle: Zum Beispiel Tourismus. Göttingen 1990, S. 15.
11 Kritisch reisen: Thailand. 3Sat am 8.7.2019.
12 Dieter Nohlen: Lexikon der Dritten Welt. Hamburg 1984, S. 425.
13 Nepal verstehen. Studienkreis für Tourismus. Starnberg 1989.
14 Gabriele Ötgen in: Merian, Himalaya, 1985, S. 20.
15 So der Stand von 2011.
16 Niels Gutschow: Architektur im Kathmandu-Tal. In: Dieter Bedenig: Nepal. Kathmandu, Tor zum Nepal-Trekking. Köln 1986, S. 62f.
17 Herbert Tichy: Was ich von Asien gelernt habe. Wien 1984, S. 31.
18 Lonely Planet: China. 3. Auflage, Oktober 2011, S. 720.
19 Andrea u. Oliver Fülling: China. Reise-Know-how. Bielefeld 1998, S. 661.
20 Wikipedia: Lijiang.
21 Die Übernahme. In: Der Spiegel, Nr. 32/2018, S. 81f.
22 Online: Chinese theme park risks offending Campodians with Angkor Wat replica. 2018.
23 Anne Lachmann: Chinas geklonte Dörfer und Städte. In: Die Welt, 22.5.2015.
24 Mehr chinesische Urlauber. In: Die Presse. 25.9.2018, S. 10.
25 Robert Rief: Wie wir erfuhren, dass China Hallstatt kopiert. In: Die Presse, 16.6.2019, S. 67.
26 Anne Lachmann: Chinas geklonte Dörfer und Städte. In: Die Welt, 22.5.2015.
27 Karl Gaulhofer/Anne-Catherine Simon: Wie Touristen dem Trugbild Europa verfallen. In: Die Presse, 24.1.2019, S. 23.
28 Busreise. Chinesen auf Europa-Tour. ORF 2, Weltjournal am 9.8.2017.
29 Christine Mukharji: Bergträume. In: corporAID Magazin. Januar/Februar 2020, Online; Katharina Kainz-Traxler: Ein Reisegigant erwacht. In: corporAID Magazin. Januar/Februar 2020. S. 16ff.

Beginn einer Völkerwanderung

1 Carl E. Buchalla in: Merian, Ägypten, 1984, S. 34
2 Gabriele Venzky. In: Die Zeit, 4.6.1976.
3 Indien. Das andere Land. In: Neue Züricher Zeitung Folio, Beilage Nr. 11/November 2001, S. 47.
4 TV-Diskussion. Scobel: Luxusgut Lebensraum. 3sat am 22.8.2019.
5 John H. Bodley: Der Weg der Zerstörung. Stammesvölker und die industrielle Zivilisation. München 1983, S. 13.
6 Erhard Eppler: Wenig Zeit für die Dritte Welt. Stuttgart 1971, S. 15f.
7 Seufert/Kubaseck: Die Türkei, S. 87.
8 Werle/Kreile: Renaissance des Islam, S. 49.
9 Heiko Flottau: Leben wie vor tausend Jahren. In: Süddeutsche Zeitung, 21.6.1982.
10 Steinbach: Geschichte der Türkei, S. 92f.
11 Schmitt: Türkei, S. 33.
12 Internet: Deutsch-Türkische Nachrichten, 14.2.2013.
13 Internet: Statista com. Länder. Türkei. Alphabetisierung bis 2015.
14 Internet: Deutsch-Türkische Nachrichten, 14.2.2013.
15 Heiko Flottau: Leben wie vor tausend Jahren. In: Die Zeit, 21.6.1982.
16 Polyglott: Türkei, 1963, S. 49.
17 Internet: Knoema.com. Weltdatenatlas Ägypten. Alphabetisierungsrate.
18 Bechtholdt: Indien oder China, S. 112.
19 Schmitt: Indien. Bd. 1, S. 191f.
20 Die Presse, 3.6.2017, S. 3.
21 Der Standard, 24.10.2002, S. 6.
22 Wikipedia: Bhopal.
23 Indien. Informationen zur politischen Bildung. 1997, S. 7.
24 Ebd.
25 Internet: Wikipedia: Liste der Bundesstaaten und Unionsstaaten in Indien.
26 Das Parlament, 19./26.2.1993, S. 17.

27 Wikipedia: Non-resident-Indians.
28 Rothermund: Staat und Gesellschaft in Indien, S. 156.
29 Frankfurter Allgemeine Zeitung, 17.6.2000, S. 11.
30 Hendrick Andenbrand: China geht brutal gegen seine Unterschicht vor. In: Frankfurter Allgemeine, Online, 1.12.2017.
31 Weggel: China. Zwischen Marx und Konfuzius, S. 162.
32 Internet: Statista com. Das Statistik-Portal. 2018 China.
33 Internet: Statista com. Das Statistik-Portal. 2018. Indien.
34 Heilig: Das Städtewachstum, S. 195.
35 Wikipedia: Hongkong.
36 Internet: Auslandschinesen. Letzte Bearbeitung 26.7.2018.
37 Indonesien. In: Neue Züricher Zeitung, 2.2.2017, Thailand: Wikipedia: Chinesisch-stämmige Thailänder.
38 Internet: Auslandschinesen.
39 Der Spiegel, Nr. 38/1987. S. 166–175.
40 Weggel: China im Aufbruch. München 1997, S. 69.
41 Weggel: China. Zwischen Marx und Konfuzius, S. 186ff.
42 Wolfgang Funk: Maos blutige Ernte. In: Die Zeit, Online, Nr. 17/2012.
43 Die Volksrepublik China. Informationen zur politischen Bildung. 1983, S. 26.
44 Capital, Nr. 8/1997, S. 91 u. 94.
45 Martin U. Müller: Stadt der Träumer. In: Der Spiegel, Nr. 43/20.10.2018, S. 88f.
46 Internet: Sonja Fröhlich: Wie die Spielzeughersteller in China ihre Arbeiter ausbeuten. In: Berliner Morgenpost, 29.11.2017. Vgl. auch: Internet: Weltzeit/Archiv/Beitrag vom 13.12.2011: Chinas Arbeiter immer unzufriedener. Zum Beispiel im südchinesischen Shenzhen.
47 Weggel: China. Zwischen Marx und Konfuzius, S. 134.
48 Der Spiegel, Nr. 5/1999, S. 129f.
49 Internet: Bevölkerungswachstum in China.
50 Felix Lee: Chinas Wirtschaft wächst stärker. In: Die Presse, 6.3.2018, S. 15.
51 Angriff auf den Dollar. In: Die Presse, 7.8.2019, S. 1.
52 Walter Meyr: Ticket nach Europa. In: Der Spiegel, Nr. 17/2016, S. 92f.

53 Martin Staudinger: Hallo Nachbar. In: Profil, 4.12.2017, S. 54.
54 Der Spiegel, Nr. 7/9.2.2019, S. 72f.
55 Heilig: Das Städtewachstum, S. 204.
56 Schädle: Umweltprobleme in der Dritten Welt, S. 223.
57 Profil, 6.8.2018, S. 60.
58 Der Spiegel, Nr. 7/9.2.2019, S. 73.
59 Verbrannte Erde. In: Der Spiegel, Nr. 39/21.9.2019, S. 94.
60 Gerhard Hofer: Die Dürre führte zu Krieg und Elend. In: Die Presse, 24.1.2019, S. 16.

Soziale und religiöse Krisen

1 Ralph Schulze: Reform stoppt Revolutionäre nicht. In: Die Presse, 1.7.2011, S. 8.
2 Michael Köhler: Marokko, S. 19.
3 Mensching/Wirth: Nordafrika und Vorderasien, S. 78.
4 Brigitte Kerouach in: Merian, Marokko, 1975, S. 84.
5 Der Spiegel, Nr. 37/1984, S. 129.
6 Fatima Hausmann in: Merian, Marokko, 1987, S. 96.
7 Der Spiegel, Nr. 5/1984, S. 107f.
8 Michael Köhler: Marokko, S. 25.
9 Die Presse, 10.3.1984, S. 5.
10 Robert Gernhardt: Auch Marokko gibt dem Islamisierungsdruck nach. In: Die Presse, 10.3.1984, S. 5.
11 Walter Haubrich: Muslim oder Marokkaner. Anspruch und Wirklichkeit islamischer Erziehung im scherifischen Königreich. In: Frankfurter Allgemeine Zeitung, 27.11.2001, S. 14.
12 Ebd.
13 Binebine: Die Engel von Sidi Moumen. Nachwort, S. 149.
14 Ebd., S. 128.
15 Ebd., S. 125.
16 Regula Reuschler 2011 im Nachwort von Binebine: Die Engel von Sidi Moumen, S. 154.
17 Ralph Schulze: Reform stoppt Revolutionäre nicht. In: Die Presse, 1.7.2011, S. 8.
18 Wikipedia: Madrider Zuganschläge. Zugriff 17.5.2018.

19 Maghreb und Sahel als neues Afghanistan? In: Neue Züricher Zeitung, 20. 3. 2007, S. 6.
20 Yassin Mushabash: »Hast du Dschihad-Erfahrung?« In: Die Zeit, 7. 4. 2016, S. 5.
21 Köpfungsvideo aus Marokko wohl echt. In: Die Presse, 22. 12. 2018, S. 10.

Zusammenprall der Kulturen

1 Wiesinger: Kulturkampf im Klassenzimmer, S. 24.
2 Ebd., S. 23.
3 Ebd., S. 37f.
4 Ebd., S. 14.
5 Ebd., S. 20.
6 Ebd., S. 28.
7 Ebd., S. 27 u. 31.
8 Ebd., S. 76.
9 Erich Kocina: Wie die Deutschen ticken. In: Die Presse, 16. 6. 2016, S. 89.
10 Arnfrid Schenk: Integration. In: Die Zeit, 20. 8. 2018, S. 68.
11 Christa Zöchling: »Liberale Bastarde«. In: Profil, 16. 4. 2018, S. 29.
12 Die Presse, 15. 1. 2000, S. 8.
13 Wikipedia: Cem Özdemir.
14 Aras/Bausinger: Heimat. Kann die weg?, S. 11f.
15 Wikipedia: Tarek Al-Wazir.
16 Isolde Charim: Die Einwanderung verändert alle. In: Der Spiegel, Nr. 41/8. 10. 2018, S. 128f.
17 Aras/Bausinger: Heimat. Kann die weg?, S. 31 u. 33.
18 Ebd., S. 79.
19 Karl Gaulhofer: Auch die Eliten haben gekränkte Seelen. In: Die Presse, 4. 6. 2019, S. 23.
20 Langwierig und bitter. Ein Interview. In: Der Spiegel, Nr. 40/28. 9. 2018, S. 47.
21 Ebd.
22 Aras/Bausinger: Heimat. Kann die weg?, S. 86f.

23 Online. Die Gleichzeitigkeit des Ungleichzeitigen. In: Rotsinn. 29.3.2015.
24 Ebd.

Epilog: Ich bin ein Europäer

1 Zitiert nach Karl Gaulhofer: Wir haben verlernt, ökologisch zu bauen. In: Die Presse, 17.12.2019, S. 19.
2 Christian Esch, Maximilian Popp u.a.: Sehnsucht nach dem starken Mann. In: Der Spiegel, Nr. 24/9.6.2018, S. 10.
3 Tibi: Europa ohne Identität?, S. 154.
4 Kermani: Nach Europa, S. 15.
5 Ebd., S. 13.
6 Zitiert nach Fritz Kraus: Vom Geist des Mahatma. Baden-Baden 1957, S. 182.
7 Ebd., S. 196.

Ausgewählte Literatur

Aras, Muhterem/Bausinger, Hermann: Heimat. Kann die weg? Ein Gespräch. Tübingen 2019.

Bausinger, Hermann (Hrsg.): Ausländer – Inländer. Arbeitsmigration und kulturelle Identität. Tübingen 1986.

Bechtholdt, Heinrich: Indien oder China. Die Alternative in Asien. München 1964.

Binebine, Mahi: Die Engel von Sidi Moumen. Roman aus Marokko. Basel 2014.

Bodley, John H.: Der Weg der Zerstörung. München 1983.

Eppler, Erhard: Wenig Zeit für die Dritte Welt. 8. Aufl. Stuttgart u.a. 1981

Heilig, Gerhard: Das Städtewachstum. In: Opitz. Die Dritte Welt in der Krise. S. 186–207.

Kermani, Navid: Nach Europa. Rede zum 50. Jahrestag der Wiedereröffnung des Burgtheaters Wien. Zürich 2005.

Köhler, Michael: Marokko. Richtig reisen. Köln 1992.

Mensching, Horst/Wirth, Eugen: Nordafrika und Vorderasien. Frankfurt a. M. 1980.

Opitz, Peter (Hrsg.): Die Dritte Welt in der Krise. Grundprobleme der Entwicklungsländer. 2. Aufl. München 1983.

Rill, Bernd: Atatürk. Reinbek b. Hamburg 1987.

Rothermund, Dietmar: Staat und Gesellschaft in Indien. Mannheim 1993.

Schädle, Werner: Umweltprobleme. In: Opitz: Die Dritte Welt in der Krise. S. 45–63.

Schöning-Kalender, Claudia: Mobilität und Mobiliar. Binnenmigranten in Istanbul. Tübingen 1985.

Schmitt, Eberhard: Indien. Politik, Ökonomie, Gesellschaft. 2 Bde. Berlin 1982–1984.
Schmitt, Eberhard (Hrsg.): Türkei. Berlin 1985
Schweizer, Gerhard: Indien. Ein Kontinent im Umbruch. 2. Aufl. Stuttgart 2001.
Schweizer, Gerhard: Indien und China. Asiatische Wege ins globalisierte Zeitalter. Stuttgart 2001.
Schweizer, Gerhard: Iran verstehen. Geschichte, Gesellschaft, Religion. 2. Aufl. Stuttgart 2020.
Schweizer, Gerhard: Islam verstehen. Geschichte, Kultur und Politik. 3. aktual. Aufl. Stuttgart 2016.
Schweizer, Gerhard: Syrien verstehen. Geschichte, Gesellschaft und Religion. 10. aktual. Aufl. Stuttgart 2018.
Schweizer, Gerhard: Türkei verstehen. Von Atatürk bis Erdoğan. 2. Aufl. Stuttgart 2016.
Schweizer, Gerhard: Zeitbombe Stadt. Die weltweite Krise der Ballungszentren. 2. Aufl. Stuttgart 1991.
Seufert, Günter/Kubaseck, Christopher: Die Türkei. Politik, Geschichte, Kultur. 2. aktual. Aufl. München 2006.
Steinbach, Udo: Geschichte der Türkei. 4. aktual. Aufl. München 2007.
Tibi, Bassam: Europa ohne Identität? Die Krise der multikulturellen Gesellschaft. München 1998.
Wiesinger, Susanne: Kulturkampf im Klassenzimmer. Wie der Islam die Schule verändert. Bericht einer Lehrerin. Wien 2018.
Werle, Rainer/Kreile, Renate: Renaissance des Islam. Das Beispiel Türkei. Hamburg 1987.
Weggel, Oskar: China. Zwischen Marx und Konfuzius. 2. Aufl. München 1987.
Weggel, Oskar: Geschichte Chinas im 20. Jahrhundert. Stuttgart 1989.
Weggel, Oskar: China im Aufbruch. Konfuzianismus und politische Zukunft. München 1997.

Personen-, Orts- und Sachregister

O

P

R

Z